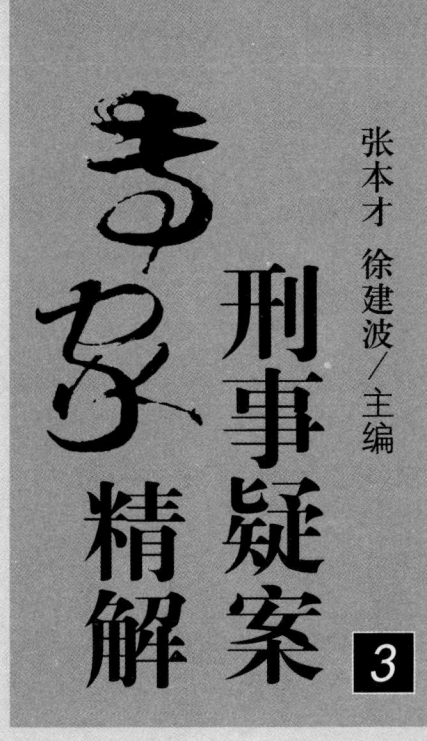

主　编　张本才　徐建波
副主编　张建升　李和仁　倪爱静
编辑人员　（以姓氏笔画为序）
　　　　　王金贵　王　渊　尹　铮
　　　　　孙永生　张志勇　张敬博
　　　　　喻建立　冀永生

中国检察出版社

目录

刑 法

一、总 则 /001

1. 协助抓捕致犯罪嫌疑人伤亡应如何处理 / 黄华生等 /003
2. 因不明情形受攻击驾驶机动车致人死亡如何处理 / 李晓明等 /013
3. 部门负责人以单位名义走私并截留部分货款应如何处理 / 陈兴良等 /024
4. 未成年人故意伤害致人死亡能否适用缓刑 / 康均心等 /035
5. 在警察诱惑下销售假冒注册商标香烟如何定性 / 谢望原等 /046
6. 未被列为立案对象是否受追诉时效期限的限制 / 于志刚等 /056
7. 擅自抽取巨量地下水是否构成犯罪 / 阮方民等 /066
8. 挪用公款成立私人公司为职工谋利应如何定性 / 赵建生等 /076

二、危害公共安全罪 /087

9. 盗挖矿石发生伤亡事故应如何定性 / 陈航等 /089

三、破坏社会主义市场经济秩序罪 /098

10. 国有公司人员骗盖公章签订担保合同造成损失如何定性 / 顾永忠等 /100
11. 银行工作人员以假存单骗用客户存款应如何处理 / 杨建民等 /109
12. 向多人"借"巨款不能归还应如何处理 / 龙宗智等 /120
13. 贩卖盗版光盘应如何定性处罚 / 田宏杰等 /130

四、侵犯财产罪 /141

14. 对象价值认识错误是否影响盗窃罪的构成 / 肖中华等 /143

15. 利用职权擅自降低房价从中获利该如何处理/陈思民等/153
16. 利用ATM机故障恶意取款应如何处理/阮齐林等/164
17. 以假身份证入网利用技术漏洞牟利应如何处理/屈学武等/175

五、妨害社会管理秩序罪/185

18. 交通肇事后找人"顶罪"的行为应如何处理/汪建成等/187
19. 伪造民办高等院校印章制发招生简章应如何处理/梅传强等/198

六、贪污贿赂罪/207

20. 国家工作人员居间介绍并收受回扣的行为应如何处理/贾宇等/209
21. 收取购书回扣并分给员工的行为如何处理/周其华等/220
22. 销售公房时以高价出售他人、低价卖给自己的行为如何处理/陈忠林等/229
23. 改制后医院医务人员冒名虚开处方套取药品应如何处理/李洁等/238

七、渎职罪/247

24. 司法人员私自出具裁定书帮助他人牟取不法利益应如何处理/俞树毅等/249
25. 镇民政干部跨县"扔乞丐"致人死亡如何处理/王志祥等/259
26. 公证员违反程序出具失实公证书造成重大损失应如何处理/刘明祥等/269

刑事诉讼法

1. 减刑后再审改判、监外执行期间又被羁押如何计算刑期/李忠诚等/280
2. 根据法院协助执行通知书实施的行为是否属于行政诉讼受案范围/任进等/290
3. 林业工作人员私下购买林营权转让获利如何处理/杨建民等/301
4. 原租赁合同解除,转承租人应否继续向转出租人支付租金/管晓峰等/313

刑 法

一、总 则

●蔡 田

●黄华生

●宋智勇

●肖显副

●李泽新

X 司法实践中，见义勇为的事情经常发生。但是，对于见义勇为的含义与特征、见义勇为的法律性质以及因见义勇为而可能产生的各种法律后果，理论界与实务界众说纷纭，分歧很大。尤其是对于见义勇为造成侵害人人身伤亡、财产损害，或者因见义勇为导致自身伤亡或财产损害，如何处理，更是一个很有争议的问题。日前，人民检察杂志社与江西省新余市人民检察院联合组织疑案精解研讨会，结合典型案例，特邀专家对这些问题展开讨论。

协助抓捕致犯罪嫌疑人伤亡应如何处理

主 持 人：蔡　田（江西省新余市人民检察院检察长）
特邀嘉宾：黄华生（江西财经大学法学院副院长、副教授、法学博士）
　　　　　　宋智勇（江西省人民检察院检委会委员、研究室主任）
　　　　　　肖显副（江西省分宜县人民检察院检察长）
　　　　　　李泽新（江西省新余市人民检察院检委会委员、研究室主任）
文稿统筹：张志勇　肖　宁
摄　　影：刘东海

【案情简介】

2006年9月10日上午，钟某发现黄某、袁某盗走自己停放在村委会的摩托车，遂骑摩托车追赶，并向派出所报警。黄某、袁某将偷来的摩托车藏匿后共骑另一辆摩托车逃跑，钟某骑摩托车跟在派出所警车后面一起追赶。当追至一火车站路段时，派出所警车追上黄某、袁某，民警示意二人停车接受检查，但二人马上调头逃跑。此时，跟在后面的钟某见二人想逃跑，情急之下将停在路上的一辆摩托车推向黄某、袁某骑的摩托车，致使黄某、袁某倒地。黄某经抢救无效死亡，法医鉴定黄某死亡原因为重度颅脑损伤，袁某的伤势为轻微伤（甲级）。

【分歧意见】

此案在办理过程中，对钟某的行为如何定性，存在以下三种不同意见：

第一种意见认为，钟某的行为不构成犯罪，属见义勇为行为。根据刑事诉讼法第六十三条规定，对于正在实行犯罪或者犯罪后被立即发觉的人，任何公民都可以立即扭送公安机关、检察院或者法院处理。制止犯罪、扭送犯罪嫌人属于公民正当、合法的行为。钟某追赶嫌疑人黄某、袁某的主观意图是想将其扭送公安机关，其行为是合法、正当的，黄某的死亡属意外事件，钟某不应当承担刑事责任。

第二种意见认为，钟某的行为构成故意伤害罪。钟某虽是协助公安干警抓捕犯罪嫌疑人，但钟某看见黄某、袁某骑摩托车逃跑而将停在路上的摩托车推向黄某、袁某骑的摩托车，其主观上明知可能发生死亡或者伤害的后果，而放任这种后果的发生，属于间接故意。

第三种意见认为，钟某的行为构成过失致人死亡罪。钟某在协助公安干警抓捕犯罪嫌疑人时，看见嫌疑人即将逃脱，情急之下将停在路上的摩托车推向嫌疑人所骑的摩托车，导致黄某死亡。钟某主观上没有致人死亡的故意，属于疏忽大意的过失。

【特别观点】

■见义勇为可以界定为，不负有法定或约定义务的自然人，在急迫情况下，为了国家利益、社会公共利益或者他人利益，勇敢地实施正义举动的行为。

■见义勇为与正当防卫、紧急避险是交叉重合的关系，见义勇为完全符合无因管理的特征，是一种特殊的无因管理行为。

■可以将保护见义勇为纳入犯罪被害人国家补偿法来一并考虑，在具体制度上可以规定对见义勇为超过必要限度构成犯罪的，对其被害人实行优先、足额的国家补偿。

■正确处理本案需要查清的一个很重要的事实是：黄某当时驾驶摩托车掉头逃跑时的车速快慢问题。如果当时黄某正在驾驶摩托车高速逃跑，则钟某的行为构成防卫过当，罪名宜定为过失致人死亡罪；如果当时黄某驾驶摩托车逃跑的速度较慢，黄某的死亡可以认定为意外事件，钟某的行为不构成防卫过当，不负刑事责任。

主持人：这次讨论的案件，不仅涉及到罪与非罪、此罪与彼罪等刑法实体问题，而且涉及诉讼程序问题，还涉及到民法、行政法方面的问题，争议很大。为此，我们与人民检察杂志社共同组织此次案例讨论会，欢迎各位发表自己的观点。

问题一：如何理解刑法第十六条的规定？不可抗力与意外事件为什么不负刑事责任？意外事件与疏忽大意的过失有何区别？

主持人： 刑法第十六条规定的不可抗力与意外事件是我国刑法坚持主客观相统一原则的具体体现，正确理解此条规定对于准确认定犯罪非常重要。请问，区分意外事件与疏忽大意过失的关键在哪里？

宋智勇：《刑法》第十六条规定："行为在客观上虽然造成了损害结果，但是不是出于故意或者过失，而是由于不能抗拒或者不能预见的原因所引起的，不是犯罪。"它包括两种情况：一是意外事件，即不能预见的原因引起危害社会的结果的情况；二是不可抗力，即不能抗拒的原因引起危害社会的结果的情况。意外事件和不可抗力的行为人虽然在客观上造成了损害结果，但是由于其在主观上不是出于故意或过失，而是不能抗拒或不能预见的无罪心理状态，因而缺乏构成犯罪和负刑事责任的主观基础，根据我国刑法主客观相统一原则，不能认为是犯罪，所以不应当负刑事责任。

疏忽大意的过失与意外事件中的行为人在主观上都没有预见到自己的行为可能发生危害社会的结果，而且不希望发生这种结果。区别二者的关键在于行为人是否具备相应的预见能力。疏忽大意过失的行为人是可以预见、应当预见自己的行为可能发生危害社会的结果，只因疏忽大意而没有预见；而意外事件行为人则是不可能预见自己的行为会发生危害结果。

问题二：故意杀人罪、故意伤害罪、过失致人死亡罪都有致人死亡的后果发生，它们有什么区别？

主持人： 故意杀人罪、故意伤害罪、过失致人死亡罪的共同点是都可能发生致人死亡的后果，在司法实践中，三者的主观方面有时难以认定，区分它们的关键是什么？

李泽新： 故意杀人罪、故意伤害罪、过失致人死亡罪在客观上都可能发生死亡的结果，它们之间的区别主要体现在主观方面有着根本的不同。故意杀人的行为人具有非法剥夺他人生命的故意，对死亡结果抱希望或者放任的态度；故意伤害致人死亡的行为人具有伤害的故意而无杀人的故意，死亡结果的发生是出于过失；过失致人死亡罪的行为人在主观上既无杀人的故意，也无伤害的故意，其对死亡的结果存在过失的心理状态，包括疏忽大意的过失和过于自信的过失，即应当预见但因疏忽大意而没有预见，或者已经预见但却轻信能够避免。

主持人： 本案中，钟某的主观方面应是一种什么状态？

宋智勇：结合钟某的自身情况来看，其主观上没有犯罪的故意，而且由于其本身认识局限性，很难要求钟某预见致人死亡后果的发生，也难以认定其主观上存在犯罪过失。

黄华生：认定钟某的主观心理状态，应该结合当时黄某驾车逃跑的速度这一具体情形来考虑。如果当时黄某车速很快，则钟某应该能够预见其行为可能导致黄某、袁某二人伤亡的后果，但钟某由于疏忽大意没有预见，具有疏忽大意的过失。

问题三：见义勇为的含义和特征是什么？我国现行法律、法规对见义勇为有何规定？见义勇为与正当防卫、紧急避险、自救行为、无因管理有什么不同？

主持人：我们常说的见义勇为，其法律属性非常复杂，涉及到刑法与民法的评价。在刑法上与正当防卫、紧急避险、自救行为相联系，在民法上与无因管理相交叉。就此请各位专家对见义勇为的含义和特征发表看法。

黄华生：见义勇为，《汉语大词典》中的解释是，看到合乎正义的事便勇敢地去做。最早出现于《论语·为政》："见义不为，无勇也。"我国目前对见义勇为的概念尚无通行的见解。从各地关于见义勇为的地方性立法来看，对见义勇为含义和范围的理解存在一定分歧。

见义勇为在现实生活中的表现多种多样，应当尽量对见义勇为作比较宽泛的理解。见义勇为可以界定为：不负有法定或约定义务的自然人，在急迫情况下，为了国家利益、社会公共利益或者他人利益，勇敢地实施正义举动的行为。一般而言，见义勇为具有以下四个特征：（1）非义务性。见义勇为的主体是不负法定或约定救助义务的自然人。（2）利他性。见义勇为保护的是国家利益、社会公共利益或他人利益。如果为了自己的利益，则构成自救。利己还是利他，是区别自救行为与见义勇为的关键。（3）正义性。见义勇为是受到国家法律、法规和社会道德规范肯定、鼓励的行为，在价值评价上是正当的、符合道义的。（4）紧迫性和勇敢性。见义勇为是在紧急并且面临一定风险的情况下实施的，具有在危难时刻敢于挺身而出的特性。

见义勇为与正当防卫是交叉重合的关系。详言之，正当防卫针对的是不法侵害，根据防卫的主体可以分为本人防卫、他人防卫和公务防卫三种类型；如前所述，见义勇为则都具有利他性，显然两者有部分重合，即利他性的制止违法犯罪行为，既是见义勇为，也构成正当防卫。与此相类似，见义勇为与紧急避险也是交叉重合关系。

见义勇为是一种特殊的无因管理行为。民法通则第九十三条规定："没有法定的或者约定的义务，为避免他人利益受损失进行管理或者服务的，有权要求受益人偿付由此而支付的必要费用。"这就是无因管理制度。见义勇为完全符合无因管理的特征，是一种特殊的无因管理行为。

宋智勇：自救行为又称自助行为，指权利受到侵害的人，来不及按照正常的法律程序等待公力机关的救助，而以自己的力量求得权利恢复的行为。例如，盗窃罪的被害人，在犯罪人将毁损财物或逃跑等场合，来不及通过法律程序挽回损失，便迅速从盗窃犯手中夺回财物，就是一种自救行为。自救行为与见义勇为的区别有两个：第一，自救行为属于违法性阻却事由的一种，救助的是自己的利益；见义勇为救助的不应当是自己的利益，救助自己的，构成自救，这与见义勇为的要求不符。第二，主观上，见义勇为者必须有使国家利益、社会公共利益或他人利益免受或少受损害的目的，而自救行为的主观目的是为了自己的利益。

主持人：钟某的行为是否属于见义勇为？

肖显副：虽然黄某和袁某盗窃的是钟某的摩托车，但钟某的动机是协助公安机关抓捕犯罪嫌疑人，应属见义勇为行为。因为主体上钟某是不负有法定或约定救助义务的公民，客观上协助公安机关抓捕犯罪嫌疑人，并面临较大的人身危险，其救助的对象已不仅仅是自己的利益，而是上升到了国家利益的高度，所以钟某的行为应属于见义勇为。

李泽新：钟某的行为符合我国刑法第二十条关于正当防卫的要件，属于正当防卫行为。钟某发现黄某和袁某盗窃自己的摩托车后，一边骑摩托车追赶，一边向派出所报警，表明其力图使制止不法侵害的行为控制在必要的限度内。只是当黄某、袁某即将逃脱民警抓捕之时，不得已将停在路上的摩托车推向黄某所骑的摩托车，从而制止了正在进行的不法侵害。在当时的情形下，这是唯一有效的选择。

黄华生：本案发生在事主钟某追击盗窃犯黄某的过程中。由于钟某在黄某盗窃其摩托车后立即追赶，且一路追击没有中断，所以钟某的行为应当认定为在盗窃行为尚未结束时当场对盗窃犯黄某进行追击的自我防卫行为。

问题四：见义勇为者造成侵害人人身伤亡或经济上的损失，是否承担相应的责任？见义勇为而使自己的人身或财产受到损害，该如何救济？

主持人：现实生活中侵害事件的发生往往存在突发性与紧急性的特点，因而见义勇为往往会造成侵害人人身伤亡或财产损害,此时,见义勇为者是否应承担责任?同时,见义勇为者也往往会在自身健康或财产方面受到损害,该如何救济?国家是否承担相应的责任?

宋智勇:见义勇为者造成侵害人人身伤亡或经济上的损失,是否承担相应的刑事、民事责任,应区分不同的情况:(1)见义勇为者因正当防卫造成损害的,不应当承担刑事、民事责任。如果其正当防卫超过必要限度,造成重大损害的,应当承担刑事责任,但应当减轻或者免除处罚,还应承担适当的民事责任,但可以减免。(2)见义勇为者因紧急避险造成损害的,不应承担刑事责任,由引起险情的人承担民事责任。如果危险是由自然原因引起的,见义勇为者不承担民事责任,但紧急避险超过必要的限度造成不应有损害的,应当负刑事责任,但应减轻或者免除处罚,同时也应承担适当的民事责任,但可以酌情减免。(3)见义勇为者因其他情形造成损害,情节严重的,则可能构成犯罪,应当承担相应的刑事、民事责任,但可以从轻、减轻或者免除刑事责任,民事责任也可以减免。

肖显副:目前,我国关于见义勇为的规定尚未上升到国家立法的高度,仅有地方性立法。对见义勇为的规定存在如下问题:(1)现有的立法只是地方性法规,立法层次较低,而且各地的差别很大。(2)在现实情况下,如果没有侵害人或侵害人根本无力承担赔偿责任,而受益人也往往无力提供补偿时,见义勇为者的利益很难得到较好的保护,单纯依靠民法和地方性法规很难解决这些问题。(3)对见义勇为者行为事迹的评审与认定标准不一致,事迹呈报有关部门审定时,程序繁杂,时间冗长。(4)现有规定对见义勇为者权利的保护主要是局限于国家、社会保障等方面,而没有明确赔偿义务人的范围、赔偿顺序、赔偿程序等问题。

鉴于此,为依法保障见义勇为者的合法权益,有关法规应从以下方面加以完善:(1)程序上,简化见义勇为行为的确认手续。(2)制度上,建议政府相关部门建立医疗救助、生活补助或抚恤制度。(3)物质上,给予见义勇为者权利保障的资金支持。见义勇为者可以从三个途径来获取其经济权益,即要求侵害人赔偿、要求受益人给予补偿、获取社会保障体系对其行为的奖励。

黄华生:我国正在进行关于犯罪被害人国家补偿制度的立法论证,可以将维护见义勇为者的利益纳入犯罪被害人国家补偿法,在具体制度上可以规定对见义勇为者实行优先、足额的国家补偿。

问题五：假设本案是由派出所的民警将停在路上的摩托车推向黄某、袁某骑的摩托车，导致黄某死亡、袁某轻微伤，那么，该民警是否承担刑事责任与民事责任，为什么？

主持人：身负特殊职责的人在实施职务行为过程中造成不应有的损害，应承担什么样的法律责任？我们假设本案是由民警实施的行为，该如何处理？

肖显副：根据国家赔偿法第三条规定，行政机关及其工作人员在行使行政职权时，有造成公民身体伤害或者死亡的其他违法行为的，受害人有取得赔偿的权利。假如本案是民警在履行职责过程中，将停在路上的摩托车推向嫌疑人所骑的摩托车，导致嫌疑人黄某死亡和袁某轻微伤（甲级），民警在主观上没有致人死亡的故意，而是本应预见由于疏忽大意而没有预见，客观上实施了致使他人死亡的行为，所以该民警的行为构成过失致人死亡罪，应当承担刑事责任，但可以从轻或减轻处罚。因该民警的行为属于职务行为，民事责任则由该民警所在的公安机关给予赔偿。

黄华生：警察在执法活动中同违法犯罪行为作斗争是其法定的职责。警察依法执行职务中造成不法侵害人损害的行为，属于刑法上规定的正当防卫。我们可以把这种正当防卫称为警察防卫。

由于警察在身份、任务、防卫能力、防卫方式等方面不同于一般公民，所以警察防卫与一般的正当防卫并不完全相同。我国有关法律、法规对警察防卫也有一些具体规定。根据这些规定，警察防卫具有四个特征：(1) 职务性。制止不法侵害是人民警察必须履行的一项法律义务。(2) 强势性。警察一般训练有素，团队合作程度高，一般配有警械、武器等装备，具有比一般公民强大得多的防卫能力，通常有足够实力制伏违法犯罪人。(3) 合法性。人民警察实施正当防卫，应当遵守法定的条件和程序。(4) 谦抑性。人民警察实施正当防卫应当尽量控制人员伤亡等损失。《人民警察使用警械和武器条例》第四条规定："人民警察使用警械和武器，应当以制止违法犯罪行为，尽量减少人员伤亡、财产损失为原则。"所以，警察执行职务活动时超出合法限度，造成违法犯罪人不应有的伤亡的，则属于警察防卫过当，应当依法承担法律责任。对遭受不应有伤亡的人员，由该警察所在单位按照国家赔偿法的规定给予赔偿；如果该警察对于造成损害有故意或者重大过失的，单位在赔偿损失后有权向行为人追偿。情节严重构成犯罪的，依法追究行为人的刑事责任；尚不构成犯罪的，依法给予行政处分。

问题六：本案应当如何处理？

主持人：通过讨论，各位专家对相关问题有了进一步的认识。那么，本案究竟应如何处理？

肖显副：钟某协助派出所干警抓捕犯罪嫌疑人黄某与袁某，由于疏忽大意应当预见而没有预见到自己行为可能导致的后果，将停在路上的摩托车推向黄某所骑的摩托车，致使发生黄某死亡、袁某轻微伤（甲级）的后果，其行为构成过失致人死亡罪。故在批捕阶段，可以"无逮捕必要"对钟某不予逮捕。在法院判决时，应以其情节较轻，社会危害性小，属于见义勇为行为等理由，对其从轻或减轻处罚，可判处其缓刑。如果黄某家属及袁某提起附带民事诉讼，钟某还应承担相应的民事赔偿责任。

宋智勇：钟某的行为应该无罪，理由有三点：第一，此案是在见义勇为的过程中发生，在见义勇为的大背景下，对钟某应从宽处理。第二，在当时的环境下，钟某用摩托车推向犯罪嫌疑人阻止其逃跑，是最佳方法。第三，钟某是个农民，平时骑摩托都不戴头盔，他很难预见到自己的行为会致人死亡，主观上没有犯罪的故意或过失。因此，考虑到此案的社会效果，不应追究钟某的刑事责任。

李泽新：钟某的行为属于正当防卫，虽然造成了黄某死亡、袁某轻微伤（甲级）的后果，但钟某主观上没有过错，客观上也没有超过必要的限度。因此，钟某依法不负刑事责任。

黄华生：钟某的行为属于防卫行为，但究竟是正当防卫还是防卫过当，有待进一步分析。根据刑法第二十条第二款规定，防卫行为"明显超过必要限度造成重大损害的"，是防卫过当。也就是说，防卫过当应当具备三个条件：一是行为条件，即防卫行为明显超过必要限度；二是结果条件，即发生了重大损害；三是因果关系条件，即重大损害是由防卫行为造成的。判断防卫过当与否，不能单纯地以结果论定，还要看重大损害结果是否因明显超过必要限度的防卫行为而造成，否则就可能错误地追究正当防卫人的刑事责任。因为有时重大损害结果的发生可能出于受害人自己的原因或者某种意外因素造成。就本案而言，防卫人钟某的行为明显超过必要限度了吗？黄某的死亡是由钟某造成的吗？这需要仔细考察案件事实才能认定。正确处理本案需要查清的一个很重要的事实是：黄某当时驾驶摩托车掉头逃跑时的车速快慢问题。如果当时黄某正在驾驶摩托车高速逃跑，钟某将停放在路边的一辆摩托车推向黄某造成黄某摔死，则钟某的行为构成防卫过当，罪名宜定为过失致人死亡罪（疏忽大意的过失），应当负刑事责任，但是依法应当减轻或者免除处罚。如果当时黄某驾驶摩托车逃跑的速度较慢，钟某将摩托车推向黄某，碰撞后黄某摔死，则钟某的防卫行为并未明显超过必要限度，黄某的死亡具有较大的偶然性，可以认定为意外事件，钟某的行为不构成防卫过当，不负刑事责任。

主持人：再次感谢四位专家参与案例讨论。

●李 赞

●李晓明

●王 钧

●尹 吉

●徐 翔

随着车辆的增多，驾驶机动车涉嫌违法犯罪的现象呈高发态势。驾驶机动车致人死亡，是交通肇事，还是故意伤害、过失致人死亡，理论界与实务界众说纷纭，意见不一。涉及如何理解刑法与民法中的过错，正当防卫的限度、防卫意识、防卫过当与无限防卫权的区分，以及期待可能性在我国刑法理论中的地位与作用，如何认定刑法中的因果关系等理论问题。日前，本刊与江苏省太仓市人民检察院联合组织疑案精解研讨会，结合典型案例，特邀专家对这些问题展开讨论。

刑法

因不明情形受攻击驾驶机动车致人死亡如何处理

主 持 人：李　赞（江苏省苏州市人民检察院副检察长）
特邀嘉宾：李晓明（苏州大学王健法学院教授、博士生导师）
　　　　　王　钧（南京大学法学院教授）
　　　　　尹　吉（江苏省人民检察院研究室主任、全国检察业务专家）
　　　　　徐　翔（江苏省太仓市人民检察院检察长）
文稿统筹：张志勇　金晨曦
摄　　影：顾小芳

【案情简介】

　　沈某是某公司驾驶员。2007年6月某日凌晨3时左右，沈某与韩某共同驾驶重型半挂牵引车，途经某收费站时与被害人刘某所驾驶的重型半牵引车轻微相擦。碰擦发生后，沈某一方并没有意识到，只是以为路面颠簸导致车辆轻微震动，便继续开车前行。刘某感觉车辆震动后，遂停车下车查看，发现车辆被沈某车辆碰擦，便驾驶车辆追赶沈某。由于刘某车辆速度较快，比沈某车辆先赶到下一收费站，通过收费站后，刘某随即找来一根铁棍，与同车的其他五人下车准备拦截沈某车辆讨要说法。

　　当沈某驾车通过收费站领好收费卡进入环城高速公路后，刘某携带铁棍与其他五人上前拦截。沈某见对方人多势众，不知道发生了什么情况，为免不必要的麻烦，便继续缓慢开车前行。刘某见沈某不肯停车，便扒上行进中由沈某驾驶的车踏板上。沈某更加害怕，以为碰到抢劫，一边喝令刘某下去，一边继续开车。两人随即发生争执，随后刘某用铁棍击碎沈某驾驶的车辆右侧玻璃和前挡风玻璃，并用铁棍打副驾驶位上的韩某。沈某见状更加不敢停车，继续加速向前行驶。后刘某在跳下车过程中受伤，导致创伤性休克死亡。

【分歧意见】

对沈某的行为如何定性,有四种不同的意见。

第一种意见认为,沈某的行为构成交通肇事罪。理由是:沈某驾驶机动车违反交通管理法规,当他人站在其行驶的机动车上时,应当预见到可能导致他人人身安全受到威胁的情况,仍然轻信能够避免,导致刘某从行驶的机动车上跳下来受伤,并致创伤性休克死亡的严重后果。依照刑法第一百三十三条的规定,构成交通肇事罪。

第二种意见认为,沈某的行为属于过失致人死亡罪。理由是:沈某在可能遭到他人伤害的情形下,仍然加速驾驶机动车在高速公路上前行,在高速公路车辆多、速度快的情形下,沈某主观上应当预见自己的行为可能造成他人死亡的结果,但是由于轻信能够避免,以致造成他人死亡的结果发生,符合刑法第二百三十三条过失致人死亡罪的犯罪构成要件。

第三种意见认为,沈某的行为属于故意伤害罪。理由是:沈某在遭受攻击的情形下,仍然驾驶机动车前行的行为属于正当防卫,但是,这种正当防卫超过了必要的限度。对于超过必要限度的行为所导致的结果,沈某应负刑事责任,沈某的行为应认定为故意伤害罪。

第四种意见认为,沈某的行为不构成犯罪。理由是:沈某在遭受攻击的情况下驾驶机动车前行确实属于正当防卫,但是,并没有超过必要限度。刘某用铁棍击打的行为属于一种行凶行为,对行凶可以使用无限防卫权,况且结合当时的情形,沈某并没有行使无限防卫,因此,对造成他人死亡的结果在法律上不负刑事责任。

【特别观点】

■评价沈某的责任与过错,如果分别从刑事法律和民事法律的角度来进行分析,其结论是有所不同的。

■期待可能性,属于刑法理论中的责任形式和要素。在缺乏期待可能性或者期待可能性较低的情况下,行为人的违法行为被认为不具有"可谴责性",或者可以减免对行为人的谴责。

■正当防卫要求的只是不法侵害存在,并没有将其起因条件局限于犯罪行为。如果不允许公民对尚未达到犯罪程度的不法侵害进行正当防卫,无异于是对不法侵害人的纵容，很可能对受害人造成更大的损害。

■对于刑法第二十条第三款的规定，有学者称之为特殊防卫，有学者称之为无过当防卫，还有学者称之为无限制防卫。我认为称之为特殊防卫相对来说比较妥当。实际上，这种特殊防卫权的行使仍是有严格的法律限制的。

主持人：这次讨论的案件，不仅涉及到罪与非罪、此罪与彼罪等实体问题，而且涉及到刑法和民法中的过错、期待可能性、因果关系等理论问题，争议很大。为此，我们与人民检察杂志社共同组织疑案精解研讨会，欢迎各位专家发表见解。

问题一：民事行为中如果存在过错要承担相应的责任，沈某没有意识到所驾驶的车辆碰擦刘某的车辆而继续驾驶，导致案件性质复杂化，如何评价沈某的过错？在夜深人静、对方人多势众并持有器械的情况下，如何评价沈某的行为？

主持人：沈某的过错是案情性质发生变化的原因之一，如何认识沈某的过错，又如何评价沈某的后续行为？我国刑法如何看待期待可能性理论？

李晓明：沈某的行为，有两个地方有可能存在所谓的过错：一是碰擦过程中。在该案的民事法律关系中，究竟还有什么案件事实或证据能够证实沈某在先期的碰擦中有过错？如果没有，其在此期间的所谓过错不能认定。二是继续行驶过程中。根据案情介绍，在这一过程中沈某没有过错，尤其开始是缓慢行进，并没有逃跑的迹象。如果他确实不知道撞了车，其行为没有过错，尤其在夜间。该案的关键是：沈某是否知道被追赶的原因？至于民事责任，无过错也可承担。

期待可能性理论源自于德、日刑法中，肇始于1897年3月德国帝国法院第四刑事部所谓的"癖马案"的判例。对期待可能性的表述是："所谓期待可能性，指在行为之际的具体情况下，能够期待行为人避免犯罪行为实施适法行为的情况。"期待可能性的概念，在德、日刑法学界还有广义和狭义的界定。目前，狭义说获得了多数学者的认可。我国刑法学界关于是否引进（借鉴）和如何引进（借鉴）该理论，也存在较大分歧意见。主要有两种代表性的观点：一种是犯罪构成论说，一种是刑事责任论说。我比较赞同"可罚的阻却、减少责任事由说"。这主要是由我国罪责分离的刑法理论所决定的，也是我们依据罪刑法定原则所作出的合理选择；这种处置方式更有利于为刑事司法实践所接受,且可以更加充分考虑犯罪前因,从而合理评价其法律责任。尤其在我国目前形势下,适时恰当地借鉴期待可能性理论,有利于法治人性化、司法公平与构建和谐社会。因此,我不主张从期待可能性的犯罪构成理论来评价沈某的行为。至于从期待可能性的成立要件来讲,应包括:(1)客观要件——处境的非正常性;(2)主观要件——选择的不得已性;(3)价值要件——刑法的可宽宥性。

尹吉:评价沈某的责任与过错,如果分别从刑事法律和民事法律的角度来进行分析,其结论是有所不同的。

在民事法律领域,一般的民事侵权责任的构成要件与刑事法律中的犯罪构成要件极为相近,即必须同时具备损害的事实存在、行为人的行为必须是违反法律的行为、侵权人的侵权行为与损害结果之间必须存在着因果关系、侵权行为人存在着主观上的过错等四个要件。特殊侵权行为的民事责任不适用过错责任原则,而适用无过错责任原则,如民法通则第一百二十三条规定:"从事高空、高压、易燃、易爆、剧毒、放射性、高速运输工具等对周围环境有高度危险的作业造成他人损害的,应当承担民事责任;如果能够证明损害是由受害人故意造成的,不承担民事责任。"显然,对于包括高速运输工具等高度危险作业致人损害等情形,即使行为人在主观上没有过错,也要承担民事责任。

从民事法律的角度看,结合本案分析,沈某在高速公路上驾驶重型半挂牵引车,显然属于高速运输工具的高度危险作业的范畴,应当适用无过错责任的原则;沈某致使扒上该车的刘某掉下致死,沈某在主观上有无过错并不影响其承担民事责任,除非沈某能够证明"损害是由受害人故意造成的"等法律和司法解释明文规定的免责事项,才可以免责。在刑事法律领域,必须坚持主观与客观相一致的原则,反对客观归罪。虽然行为人的行为造成了社会危害性,但是,如果行为人在主观上没有过错(故意或者过失),是不构成犯罪和不承担刑事责任的。它与特殊侵权行为民事责任的无过错责任原则是完全相反的;而且,在举证责任的分配上也是完全不同的,刑事被告人没有证明自己有罪的法律义务,控方才负有法定的举证义务。

王钧:期待可能性,属于刑法理论中的责任形式和要素。其基本含义是,"法律期待行为人做出合法行为选择的可能性"。法律作为行为规范,对人们的行为提出了具体的要求和限制,合法行为会受到法律的支持和肯定,而违反法律的行为则要承担相应的法律责任。然而,法律对人们合法行为的期待是有条件的，在特定的情况下，如果法律无法期待合法行为的出现，或者期待行为人实施合法行为的可能性较小，那么，即使发生了侵害法律保护利益的违法行为，也不能追究行为人的法律责任，或者应当减免行为人的责任。也就是说，在缺乏期待可能性或者期待可能性较低的情况下，行为人的违法行为被认为不具有"可谴责性"，或者可以减免对行为人的谴责。

在本案中，如果不考虑其他情节，只就沈某"在夜深人静、对方人多势众并持有器械的情况下，刘某扒上汽车并砸玻璃打人"这一情节而言，沈某违反交通管理法规，在他人站在其行驶的机动车上，并预见到可能导致他人人身安全受到威胁的情况，仍然继续开车造成"创伤性休克死亡"的严重后果，基本属于"缺乏期待可能性"的条件。

问题二：刘某携带铁棍率五人拦截沈某的汽车，并扒上汽车用铁棍打碎车玻璃、击打韩某的行为，是否属于行凶、抢劫之类的"严重危及人身安全的暴力犯罪"？刑法上如何评价刘某这种"维权"方式？

主持人：毋庸讳言，刘某的行为有过激之处，是正当的民事维权方式，还是行凶、抢劫之类的"严重危及人身安全的暴力犯罪"？

徐翔：结合当时、当地的特殊情境，刘某的拦截、打碎玻璃、伤人的行为在沈某看来，完全可以被认为是一种"严重危及人身安全"的暴力行为，根据刑法第二十条第三款规定，"对正在进行行凶、杀人、抢劫、强奸、绑架以及其他严重危及人身安全的暴力犯罪，采取防卫行为，造成不法侵害人伤亡的，不属于防卫过当，不负刑事责任。"就本条的规定来看，行凶必须具有三个特点：行为内容的暴力性；暴力手段的无法预测性；暴力行为的严重性。对照这三个特点来考察当时情境下刘某的行为，应当说都是具备的。对于刘某的这种维权方式，刑法对其评价应当是否定的。

王钧：如果抛开其他情节，刘某携带铁棍率五人拦截沈某的汽车，并扒上汽车用铁棍打碎车玻璃、击打韩某的行为，应当属于一般意义上的"行凶"，而且的确"严重危及了沈某和韩某的人身安全"。但我认为，这与刑法第二十条第三款关于特殊防卫规定的"行凶、抢劫、严重危及人身安全的暴力犯罪"是有很大差别的。在本案中，刘某等人行为的目的无非是对车体碰擦事故"讨要说法"，扒上汽车用铁棍打碎车玻璃、击打韩某的行为，只是企图阻止沈某的车辆继续行驶，尽管行为是违法的，是对沈某和韩某人身权利的侵害，但不能简单地将其理解为属于"特殊防卫"的前提条件。无论从立法或者司法的角度来说，由于特殊防卫涉及私力救济的界限问题，所以特殊防卫的成立条件是应当严格加以限制的。

从刑法的规定来看，沈某在这种情况下的所谓"维权"，基本属于防卫过当。而且沈某在没有弄清对方意图的情况下，仅仅选择了强行开车离开现场的做法也是不妥当的。如果已经清楚对方仅仅是为"车体碰擦的事故"讨要说法的意图时，仍坚持强行开车摆脱刘某等人，恐怕就会超出"防卫"的范围。

李晓明：根据案情介绍中所描述的情况，刘某的行为属于行凶。因为该案的关键是，我们不知道他们之间具体有什么对话。当然，刘某的这种"维权"方式是动用私人手段，不合法，且据案情介绍，最初刘某似乎没有告诉对方自己行为的原因。

问题三：如何理解正当防卫中"不法侵害"的主客观要件？

主持人：正当防卫是刑法上重要的理论之一，它涉及许多问题，如何理解正当防卫理论？

王钧：正当防卫中的"不法侵害"是相对于防卫行为的正当性而言的。防卫的正当性是指防卫行为的合法性，即基于维护合法权益，在法定限度内对不法行为的抵制和反击。从违法性的角度来看，"不法侵害"是指对法益的侵害或威胁。在一般情况下，应当具备作为"主观违法要素"的故意或过失。

防卫意识，通常是指防卫行为是防卫人有意实施的，而不是偶然的、无意识的。在我国，"偶然防卫"结果的正当性是被完全排除的。对"事先存在过错的行为人是否可以采取正当防卫"，问题较为复杂，不能一概而论。如果该过错属于不法侵害的范围，在对方采取正当防卫的范围内行为人的反击通常不被认为具有"防卫"的性质。在本案中，如果沈某的过错在于"违章行驶导致车体碰擦，造成了对刘某利益一定的损害"，由于过失行为造成这种轻微的损害，虽然可能属于广义的"不法侵害"，但并不符合我国刑法中作为起因条件的"不法侵害"。因此，利益受到一定损害的刘某，采取追打沈某车辆的行为并不符合正当防卫的条件。对于刘某的不法侵害行为，如果符合正当防卫条件的，先前有过错的沈某仍然可以采取正当防卫的措施，来保护自己的合法权益。

李晓明：正当防卫要求的只是不法侵害存在，并没有将其起因条件局限于犯罪行为。如果不允许公民对尚未达到犯罪程度的不法侵害进行正当防卫，无异于是对不法侵害人的纵容，很可能对被害人造成更大的损害。

防卫限度是指正当防卫不能明显超过必要限度且对不法侵害人造成重大损害。是否明显超过必要限度并造成重大损害,是区别防卫的合法与非法、正当与过当的标准。如何理解正当防卫的必要限度?我国刑法并未规定具体的标准,正当防卫的必要限度是刑法理论应予解决的任务。在我国刑法学界主要存在三种观点:客观需要说、基本相适应说、相当说。比较而言,相当说是前两者的折衷,认为防卫行为只要为制止不法侵害所必需,行为的性质、手段、强度及造成的损害又不是明显超过不法侵害的性质、手段、强度或明显超过不法侵害但实际造成的损害并不算重大的,均属于正当防卫的范围,而不能认为是防卫过当。此观点是合理可行的。

防卫过当是指防卫明显超过必要限度造成重大损害应当负刑事责任的行为。防卫过当与正当防卫是两个既有本质区别又有密切联系的概念。首先,防卫过当在客观上有危害性、在主观上有罪过性。从总体上说是一种非法侵害行为,这是它区别于正当防卫的本质特征,也是刑法规定防卫过当应当负刑事责任的根据。其次,防卫过当与正当防卫一样,都具有行为的防卫性,这是它们密切联系之所在。要成立防卫过当,也必须是在不法侵害正在进行,为了制止不法侵害保护合法权益,针对不法侵害人的前提下实施。只是因为防卫明显超过必要限度造成了重大的损害,才使防卫由于正当变为过当,合法变为非法。鉴于严重危及人身安全的暴力犯罪的严重社会危害性及其对被害人潜在的严重危害后果,刑法第二十条第三款对此有明文规定。对此规定有学者称之为特殊防卫,有学者称之为无过当防卫,还有学者称之为无限制防卫。我们认为,称之为特殊防卫相对来说比较妥当。实际上,这种特殊防卫权的行使仍是有严格的法律限制的。

问题四:如果刘某大喊让沈某停车,沈某听见但置之不理,继续高速驾驶,因车速过快导致刘某被甩下而死亡,沈某的主观故意是什么?刘某的死亡与沈某的行为有无刑法上的因果关系?

主持人:因果关系比较复杂,在理论界与司法实务中争议很大,如何理解我国刑法中的因果关系?

李晓明:刑法上的因果关系,是指犯罪行为引起或决定某种侵害结果发生的内在联系。它研究的对象,只限于人的犯罪行为与侵害结果之间的联系。研究刑法因果关系,就是为了揭示危害社会的结果是否是由行为人的行为所造成,以便进一步确定行为人应承担的刑事责任。因此,只有知道了当时的具体案情，才好判断沈某的行为是否与刘某的死亡有因果关系，也才好进一步判断是偶然因果关系还是必然因果关系。

刑法上因果关系的认定要把握以下几点：(1) 客观性。因果关系作为客观世界普遍联系的形式之一，有它自身内在的规律性，这种规律性是不以人的主观意志为转移的，不管人们主观上是否认识它，它都是客观存在的。在解决刑事案件的因果关系时，最基本的，也是首要的要求是：要正确地反映这种客观联系，而不是凭个人主观的臆断，要实事求是，调查研究，深入细致地了解客观实际情况，才能作出正确的结论。(2) 相对性。在客观世界中，一切现象都是普遍联系、相互制约的，从而形成一个错综复杂、相互联结的"链条"，在这个"链条"中，任何一个现象，都既是前一现象的结果，又是后一现象的原因，正是在这个意义上讲，原因和结果都是相对的。(3) 时间顺序性。在因果关系的客观联系中，原因总是在先，结果总是在后，永远不会颠倒。(4) 复杂性。世界上任何一个具体事物的产生，往往是很复杂的，是由多个原因所引起。

尹吉：必然因果关系是指两种现象之间存在着内在的、必然的、合乎规律地引起与被引起的联系。偶然因果关系是指某种行为本身不包含产生某种危害结果的必然性（内在根据），但是在其发展过程中，又有其他原因加入其中，由后来介入的这一原因合乎规律地引起了这种危害后果。在这种情况下，先行行为与最终危害结果之间的偶然联系，就称为偶然因果关系。偶然因果关系一般表现为对量刑有影响，而对行为人是否构成犯罪以及构成何种犯罪没有什么影响，但在某种条件下对定罪也有一定意义。刑法中的因果关系理论，是哲学上因果关系学说在刑法中的具体运用。认定刑法上的必然与偶然因果关系，不能超越或突破马克思的哲学因果关系理论。

王钧：如果刘某大喊让沈某停车，沈某听见但置之不理，继续高速驾驶，因车速过快导致刘某被甩下而死亡，沈某的主观故意应当是对死亡结果的放任。刘某的死亡与沈某的行为存在刑法上的因果关系。即使根据相当因果关系或者客观归责学说，这种因果关系也应当是被肯定的。我国刑法主要依据"原因说"来确定因果关系成立的。即导致结果发生直接的、最后的、具有决定性的条件，就是危害结果的原因。

问题五：刘某的死亡对于沈某而言，是否属于意外事件？如何区分交通肇事罪与意外事故？沈某明知刘某站在其行驶的机动车上而继续驾驶，是否属于违反交通运输管理法规的行为？交通肇事罪与过失致人死亡罪、故意杀人罪都产生致人死亡的结果，三者如何区别？

主持人：对于刘某的死亡，沈某是否有预料？司法实践中，交通肇事罪往往会造成死亡的后果，它与都有死亡后果的过失致人死亡罪、故意伤害罪，如何区分？

徐翔：沈某行为属于一种防卫行为，其主观上是为了避免自己被伤害而对刘某的人身安全的可能损害进行放任，是间接故意；而意外事件是指行为人不是出于故意或者过失，而是由于不能抗拒或者不能预见的原因所引起的行为客观上造成了损害结果。因此，刘某死亡不是意外事件。

李晓明：根据我国刑法第十六条的规定，行为人不是出于故意或者过失，而是由于不能抗拒或者不能预见的原因所引起的行为客观上造成了损害结果，不是犯罪。这种情况就是刑法中的意外事件。在这种情况下，虽然行为在客观上造成了损害结果，但行为人主观上无罪过，既不存在犯罪的故意，也不存在犯罪的过失，因而缺乏构成犯罪和负刑事责任的主观根据，否则就是客观归罪。不能抗拒，是指行为人虽然认识到将会发生损害结果，并且有义务避免损害结果的发生，但由于主客观条件的限制，行为人无力排除或者防止损害结果的发生。不能预见，是指行为人对其行为损害结果不仅未预见，而且根据其实际认识能力和当时的具体条件，行为人也根本不可能预见。就本案而言，沈某的行为不属于意外事件，而是防卫行为。

王钧：交通肇事罪是过失犯罪，包括应当预见危害结果的发生而没有预见的无认识过失（疏忽大意）和已经预见而轻信可以避免的有认识过失（过于自信）；意外事件一般不构成犯罪。沈某明知刘某站在行驶的机动车上而继续驾驶，应当属于违反交通运输管理法规的行为，但继续开车并加速主要是为了摆脱刘某等人，对可能发生的结果实际上持有放任的态度。所以，沈某行为虽然违反交通运输法规，但不符合交通肇事罪的构成要件。

交通肇事罪与过失致人死亡罪属于法条竞合，适用特别法优于普通法的原则。但在本案中，沈某的行为不符合交通肇事罪的构成要件。故意杀人罪与前两罪的区别是罪过形式的差别，即主观上具有故意的心理态度。本案中，沈某对加速行驶可能导致刘某掉下车造成严重后果具有放任的心理态度。

问题六：本案应当如何处理？

主持人： 通过讨论，各位专家对相关问题有了进一步的认识。那么，本案应如何处理？

徐翔： 在当时的环境下，沈某主观上为了力求自保和保护同车的韩某，客观上实施了继续驾驶机动车前行以逃脱侵害的行为，不具备交通肇事罪和过失致人死亡罪、故意伤害罪的主客观要件。沈某为了保护自己和他人的人身权利、财产权利，面对正在进行的刘某的不法侵害（手持铁棍打碎车窗且打人），对扒上自己车辆的刘某采取继续驾驶机动车前行的方式来避免受到不法侵害，虽然造成了刘某死亡的后果，但是根据刑法第二十条第三款的规定，刘某的行为属于行凶范围，对沈某而言，刘某的不法侵害具有明显的紧迫性特征，如不及时制止或逃避，便马上会给自己和他人的合法权益造成损害，不法侵害的紧迫性决定了正当防卫行为的必要性，更决定了防卫人防卫行为的紧急性。沈某在人身、财产权利遭受暴力行为侵害的情况下，可能无暇或者无法准确判断防卫行为的强度，因此，对因防卫行为造成他人死亡的结果，属于正当防卫而不是防卫过当，不负刑事责任。

尹吉： 沈某在高速公路上驾驶重型半挂牵引车，并且在夜深人静、对方人多势众并持有器械的情况下，沈某如果没有意识到所驾的车辆碰擦刘某的车辆而继续驾驶，后来也不知道扒上其车的刘某是二车相擦的对方驾驶员，那么，刘某的行为属于我国刑法第二十条第三款所规定的"正在进行行凶"，是严重危及沈某人身安全的暴力犯罪行为，沈某可以对刘某实施无限防卫权。沈某继续驾驶以致刘某在跳下车的过程中受伤，导致创伤性休克死亡，依法不负刑事责任。

李晓明： 沈某不构成犯罪，但要承担部分民事责任，哪怕是无过错责任。因为沈某毕竟造成了刘某死亡的后果，给刘某的亲属造成精神损害，要承担精神损害赔偿责任，道义上也应有所表示。

王钧： 根据我国的法律规定和案件事实中的主要情节，可以考虑按照防卫过当追究刑事责任。沈某的行为具有违法性，在责任方面虽然不能完全阻却责任，但是从可责性上考虑，可以减免其刑罚处罚。

主持人： 再次感谢四位专家参与讨论。

●李继华

●陈兴良

●张明楷

●石 磊

●蒋熙辉

典型的单位犯罪必须同时具备以单位名义实施、为单位谋取利益以及由单位集体研究决定或者由单位有关的负责人决定三个条件。但现实中也存在许多案例，上述三个特征并不同时具备，比如以单位名义进行，却并非由单位领导集体决定。对于这样的情形是否应认定为单位犯罪，理论上存在着分歧。近日，本刊与北京市人民检察院第二分院共同邀请专家，结合典型案例，对单位犯罪的认定问题展开深入探讨。

部门负责人以单位名义走私并截留部分货款应如何处理

主 持 人： 李继华（北京市人民检察院第二分院法律政策研究室主任）
特邀嘉宾： 陈兴良（北京大学法学院教授、博士生导师）
张明楷（清华大学法学院教授、博士生导师）
石　磊（最高人民检察院检察理论研究所副研究员）
蒋熙辉（中国社会科学院法学研究所副研究员）
文稿统筹： 孙永生　位鲁刚　王　巍
摄　　影： 王宪江

【案情简介】

2006年5月，某公司（非国有公司）国际销售部经理吕某与业务员崔某为了规避国家有关易制毒化学品出口须申领出口许可证的规定，决定以"绿茶减肥冲剂"名义将制毒物品麻黄浸膏粉出口墨西哥，售价为每千克14美元，出口数量为1000千克，并向公司谎称对外售价为每千克7美元。后该公司生产部门按照其国际销售部下达的"需货报告"，开始组织生产。吕某、崔某以公司名义向食品药品监督管理局申请办理"接受境外制药厂商委托加工药品备案"未获批准，为逃避海关监管，将货名先后定为"复方减肥冲剂"、"绿茶减肥冲剂"，以公司的名义，经海关分7批、共计1075千克含有麻黄浸膏粉的混合物（麻黄浸膏粉含量为500余千克）申报出口墨西哥并办结通关手续。案发后，其中375千克被海关缉私局查获，已运至墨西哥的700千克中，350千克被追回。现有证据无法证实公司法定代表人、公司其他董事以及总经理等人事先明知上述走私犯罪事实。

吕某、崔某与外商商定出口麻黄浸膏粉1000千克、售价为每千克14美元,向公司谎称每千克7美元,利用对内、对外报价的差异,将其中1000千克货款10万元及对方预付的8.6万元货款占为己有。

【分歧意见】

本案究竟如何认定,主要存在以下三个问题需要解决:

第一个问题是吕某、崔某走私制毒物品的行为是单位犯罪还是自然人犯罪?一种意见认为,吕某、崔某以公司的名义实施犯罪,所得利益亦部分归单位所有,该行为构成走私制毒物品的单位犯罪。另一种意见认为,吕某、崔某的行为未经公司决策层的集体研究,不能代表单位意志,故不构成单位犯罪,应认定为自然人犯罪。

第二个问题是吕某、崔某在走私制毒物品过程中,私自截留货款的行为是否构成职务侵占罪?一种意见认为,吕某、崔某的行为符合职务侵占罪的构成要件,构成职务侵占罪。另一种意见认为,职务侵占罪的犯罪对象一般是合法财产,吕某、崔某占有的是走私所得的非法财产,故不构成职务侵占罪。

第三个问题是对吕某、崔某的行为应定一罪还是数罪?一种意见认为,吕某、崔某侵占的货款来自于走私制毒物品,应按走私制毒物品罪或职务侵占罪一罪处罚,否则有违一事不再罚的原则。另一种意见认为,走私制毒物品罪和职务侵占罪侵犯的是不同的犯罪客体和犯罪对象,对吕某、崔某的犯罪行为应认定为数罪,实行并罚。

【特别观点】

■ 确定一般人员包括部门领导的意志是否为单位意志,关键就在于确定他的职责范围,只要符合其职责范围,其所从事的行为就应当认定是职务行为。

■ 认定单位犯罪并不能以谁得到好处为标准,是否得到好处是次要的,关键是损害了什么。

■ 法律要维护的首先是秩序,秩序一旦被破坏,法律追求正义的价值目标也就无法实现了,所以即便是犯罪所得,法理上也不允许将其作为对象,再次实施犯罪。

■ 只有当手段行为与目的行为具有通常性,即在实践中,为了达到某种目的,通常都使用这种手段时,该手段行为与目的行为之间才有了牵连关系。

主持人： 随着社会经济的发展，我们在司法实践中发现，犯罪手段和形态也变得越来越复杂，有些不能完全与现行的法律相契合。如何处理类似的案件，人们在认识上还比较困惑。本案就是这样的一个典型，希望得到各位嘉宾的指导建议。

问题一：吕某、崔某的行为是否构成单位走私制毒物品罪？

主持人： 本案中走私行为是以公司的名义进行的，却没有证据证明该行为是由公司董事会集体或者公司董事、经理个人作出的决定。这种情况能认定为单位犯罪吗？

石磊： 对于单位犯罪的认定，国内理论界和司法实践中存在两种倾向：一种是认为成立单位犯罪必须体现单位的意志，要求必须具有公司的法定代表人决策或者领导层决策，如果没有就不认定为单位犯罪；另一种就是如果事先没有单位的认可，但单位工作人员实施的犯罪行为得到了单位的事后追认，也可以认定是单位犯罪。我认为这两种倾向都不妥当。将单位犯罪仅限于单位领导层的意志，不恰当地缩小了单位意志的成立。从民商法上来讲，一个单位里的领导人或一般工作人员，只要在其职责范围内实施的行为就是职务行为，这个职务行为产生的收益归属单位，责任同样也归属于单位。职务行为本身就跟其个人行为区分开来了，这也是成立单位犯罪的根本原因。一般的正常行为我们认为是职务行为，责任应当归属于单位，但当职务行为的内容是犯罪的情况下，我认为其行为也仍然是一种职务行为而非个人行为，其责任也应当归属于单位。如果不这样认定就可能产生一种悖论，在民商法上，单位的中层领导或者一般职员基于职务所进行的一般的侵权行为，产生的责任是由单位承担；而如果从事的是犯罪行为，由此产生的刑事责任却要完全由行为人个人承担，这显然是不公平的。所以我认为不能把单位的意志仅仅限制在单位领导人的意志或领导层的意志，单位意志可以包括一般人员的意志。确定一般人员包括部门领导的意志是否为单位意志，关键就在于确定他的职责范围，只要符合其职责范围，其所从事的行为就应当认定是职务行为。在有些案件中，确定公司职员的职责范围往往是比较困难的，因为并不是所有的公司对各部门及职员的职责都有非常明确具体的分工，对于这种情况就应当按照企业的惯例进行确定，而不应当单纯依靠案发后企业所出具的证明予以确认。因为事后单位一般都会表示行为人没有这方面的职责，是行为人超越职权而从事的个人行为，因而只能认为行为人的行为是一种利用职务之便的行为而不是职务行为。事后取证认定行为人行为是否属于职务行为，从而确认是否构成单位犯罪，这种取证证明是很不可靠的。

在单位犯罪中还有一个很重要的条件，即为了单位利益，我个人认为它不是一个本质条件，尽管在大多数单位犯罪中都有这个条件。为了单位利益和为了个人利益并不是非此即彼的关系，两者之间并不矛盾，还存在着既为单位利益又为个人利益的情况，为了单位利益和为了个人利益可以并存，在同一个犯罪行为中可以同时有这两个目的（动机）。为了单位利益并不能排除也是为了个人利益。关于本案，我认为如果根据某公司的企业文化、惯例或者潜规则能够确定国际销售部经理吕某有权力决定某一单交易的价格或者成交与否，这个案件就可以认定是单位犯罪。

陈兴良：石磊博士对单位犯罪的解释比较全面。这个案件较为复杂，应该说不是一个典型的单位犯罪案件，但是该案与个人犯罪之间也存在明显的区别。

单位犯罪的特征主要有以下三点：一是它是以单位名义实施的，二是为单位谋取利益，三是单位集体研究决定或者由单位有关人员个人决定。只有同时具备这三个特征，才能构成单位犯罪。在一般情况下，如果是一个典型的单位犯罪案件，往往是由单位集体研究决定，并且由单位的有关人员实施。这种行为是单位行为并且体现单位意志，在这种情况下认定单位犯罪是没有问题的。但在司法实践中，大量的单位犯罪案件都是非典型的，主要是单位个别人决定实施的某种行为，另外的人往往不知情，对于这种情况能不能认定单位犯罪可能就会存在一些问题。

就本案而言，我个人还是倾向认为构成单位犯罪。当然在本案中单位犯罪的主体到底是公司还是公司所属的国际销售部，这一点还可以讨论。我之所以倾向于认定单位犯罪，基本理由是因为本案中的走私行为主要还是以公司的名义实施的，应当看作是公司的单位行为。为单位谋取利益这一点也没有问题，尤其像走私这样一种经营性的行为，它和其他犯罪行为还是不一样的。像本案中的走私行为中还包含了生产行为，生产中有人力、物力的投入，这种投入主要是公司投入的，它的所得也主要是归公司所有的，为单位牟利的特点是具备的。本案能否认定为单位犯罪，关键就在于单位犯罪的第三个特征是否具备，即单位集体研究决定或单位有关人员个人决定。在这一点上，本案中存在疑问。主要是因为公司有关领导对于国际销售部走私制毒物品的这一行为并不知情，现在没有证据证明领导知道，当然更谈不上公司领导决定。吕某、崔某是公司国际销售部的经理和业务员，他们对外从事业务是以公司的名义进行的，因此他们的行为应当是职务行为，但他们在履行职务的行为中对于走私的这部分内容对单位领导做了某种隐瞒，这并不能否认这个走私行为是单位行为。

在英美刑法中谈到法人团体的行为责任时，存在"仆人犯罪，主人负责"这样一个原则。在一般的犯罪中，例如一个店员实施了一个犯罪，尽管雇主不知情，但雇主也要对这个行为负责。该原则主要基于雇主对雇员具有一定的监督职责，如果雇主没有尽到监督职责发生了犯罪，雇主就要对其雇员的犯罪行为承担责任。这个原则实际上包含着一定的严格责任的因素。尽管我国刑法不承认严格责任，但在单位犯罪的责任认定中，如果单位领导对犯罪行为不知情，就不应当让单位领导承担犯罪行为的个人责任。这一点与英美刑法还是有区别的，主要看其是否知情，如果不知情，单位领导个人不负责任，但单位还是要负责任的，即构成单位犯罪。

现在对单位犯罪的认定中，确实存在两个极端，一个极端是把单位犯罪理解得过于宽泛，另一个极端是把单位犯罪的界限理解得过于严格，对一些应当认定为单位犯罪的没有按照单位犯罪来处理，这两个极端都是不妥的。我个人倾向于对单位犯罪还是作稍微宽泛一点的认定，有些单位中个别人的行为，只要可以认定为是其职务行为，并且是为单位谋取利益，在这种情况下我个人倾向于认定为单位犯罪，这样还是有利于被告人的。比如在一个单位，有一笔销售业务是100万元，单位会计在履行职务时出于单位偷税的意图，采取了开虚假发票的形式，把100万变成了10万，为单位偷了几万块钱的税款，但他的行为纯粹是个人行为，没有请示单位任何领导，领导都不知情，但单位由于偷税而获利。这种行为如何认定？行为人个人对偷税行为承担责任没有问题，但认定为单位犯罪就会觉得冤。我个人认为还是应当认定为单位偷税，因为这个会计的行为是一种职务行为，而且偷税的非法所得是归单位所有的。这里还是要用到我前面所讲的严格责任原则，不要求单位领导个人承担责任，但单位必须承担责任，因为单位对于员工的职务行为缺乏有效监督。认定为单位犯罪在处罚上来讲对个人可能会轻一些。单位承担一部分责任，这并不违反刑法中的罪责自负原则，因为单位犯罪是较为特殊的，单位不存在独立意志，都是通过自然人的意志体现，并且是由自然人实施的，单位和个人是不可分割的。单位中的自然人的行为只要是职务行为，其责任就应当由单位承担。基于这样一种对单位犯罪的分析，我觉得本案中的行为应当认定为是一种单位犯罪。

蒋熙辉：这个案子首先是一个单位走私的行为，之后还有一个中饱私囊的行为。不能认定单位走私，就不能认定之后的职务侵占行为。本案中吕某、崔某虽然不是公司的高管，但吕某是部门经理，他具有代理权，可以决定这个生意怎么进行，他的行为具有代理性质，能够代表单位的意志，因此可以认定是单位走私。

问题二：本案中的单位犯罪主体应认定为公司还是其国际销售部？

主持人：本案的特殊之处在于，行为以公司的名义作出，实际却是公司内设机构的行为，公司决策层并不知情，因而认定为公司犯罪或者国际销售部犯罪都有一定的道理。请各位专家就此谈一下看法。

张明楷：按照司法解释的思路，我个人比较倾向于认定国际销售部这个单位走私。从实践上看，刑法理论上规定的单位犯罪的许多条件都不是一定要具备的。比如，一个公司找了条船从境外向境内走私货物，这里就不存在是不是以单位名义走私的问题。再如，有的单位犯罪并不存在要为单位谋取利益的问题，如私分国有资产罪。因此，关于单位犯罪的某些成立条件并不是绝对的。但是，单位犯罪的成立，一定要有作为犯罪主体的单位的决策人员的决定或者同意这个条件。基于这样的考虑，我认为认定"国际销售部"走私应该是没有问题的。为什么不认定公司走私呢？因为吕某、崔某毕竟都不是公司决策层的成员；如果认定公司走私的话，就意味着单位犯罪的成立不要求有单位决策人员的决定或者同意。这恐怕不合适。刚才陈老师谈到英美法系的严格责任原则，英美法系对于单位犯罪规定的是一种严格责任，不考虑其故意或者过失；有些大陆法系国家一般认为单位犯罪是一种过失犯罪，可能是因为单位疏于对员工的监督。但是，要求单位监督员工，这在我国还没有被接受，因为我国刑法规定的单位犯罪成立条件，除了主体与自然人犯罪不同以外，其他都是完全一样的。按照我国法律的规定就不得不考虑单位的主观意志，而在本案中不能认定走私是公司的主观意志，因此认定内设机构犯罪更为合适。另外，认定单位犯罪并不能以谁得到好处为标准，是否得到好处是次要的，关键是损害了什么。在刑法保护的法益受到侵害的情况下，谁得到利益是没有实质区别的。评价行为是否构成犯罪时，把多的评价为少的，将重的评价为轻的，是可能的，反过来则是不可以的。我们在评价一个事实的时候，不要想到事实与法律的规定完全吻合，只要事实符合法律规定的成立犯罪的最低的起码的要求就可以了。一方面，本案中走私行为是以公司名义进行的，这比利用国际销售部名义走私更为严重；换言之，既然利用国际销售部的名义走私，都能使国际销售部成立单位犯罪，那么，利用其所属的公司名义走私，更能使国际销售部成立单位犯罪。另一方面，本案中走私行为的部分利益归公司所有，而国际销售部是公司的一部分，故可以认定国际销售部也得到了利益。由于可以将重事实评价为低事实，认定国际销售部构成单位走私是没有问题的。反过来，倘若认定为公司走私，则存在疑问。因为公司的决策者不仅没有决定走私，而且不知道走私这件事情。况且，将公司作为犯罪主体进而对公司判处罚金，会直接或者间接损害公司及其成员的利益。

陈兴良：根据司法解释的规定，单位的内设机构是可以成为单位犯罪主体的，单位内设机构成为单位犯罪主体，要以单位的内设机构的名义从事犯罪活动，并且非法所得归单位内设机构，从这一点看本案是不相符的。本案中走私销售并不是以国际销售部的名义进行的，国际销售部只不过具体实施这一行为，另外销售收入也是归公司所有而不是归国际销售部所有。所以我个人倾向于在这两者之间，把公司整体作为单位犯罪的主体可能更加恰当一些。

问题三：吕某、崔某私自截留部分货款的行为是否构成职务侵占罪？

主持人：对吕某、崔某的行为是否构成职务侵占罪，存在着截然相反的两种意见。一种意见认为，吕某、崔某利用职务上的便利，私自截留部分货款，因而构成职务侵占罪；另一种意见认为，二人截留的货款并非公司所有的财产，并且为非法所得，不符合职务侵占罪的犯罪构成。对此，各位专家有什么意见？

石磊：认定吕某、崔某构成职务侵占罪没有问题，因为本案中涉案的货款应当属于"本单位财物"。作为职务侵占罪犯罪对象的"本单位财物"，既包括本单位"已得"的财物，也包括本单位"应得"的财物，比如说本单位拥有的债权等。本案中，被吕某、崔某占为己有的人民币18.6万元，应当归公司所有。墨西哥进口方是与公司达成的交易，而不是与吕某或崔某个人达成的交易，二人对外商定价格的行为，是单位行为，而非个人行为；同时，进口方先后支付的共计人民币18.6万元的货款，也是按约定支付给公司的。自交易达成之日起，公司对该交易项下的货款（包括预付款）即拥有了债权，债权本身就是一种财产权，公司只是尚未实际占有该货款，即"应得而尚未得"。

吕某、崔某采用向公司有关人员谎报价格的手段，秘密将该货款非法占为己有，公司对此并不知情，更没有默许或明示同意该种做法。因此我认为可以认定职务侵占罪。

蒋熙辉： 我认为吕某和崔某作为国际销售部的经理和业务员，具有职务上的便利，因此可以构成职务侵占。而且，犯罪所得是可以作为犯罪对象的。现代刑法学理论严格禁止"以非法制非法"、"黑吃黑"等现象，因为法律所要维护的首先是秩序，秩序一旦被破坏，法律追求正义的价值目标也就无法实现了，所以即便是犯罪所得，法理上也不允许将其作为对象，再次实施犯罪。如果将犯罪所得作为对象实施了触犯刑法规定的行为，该行为便具有刑事可罚性，应予刑事处罚。

张明楷： 职务侵占罪中的狭义的或典型的侵占，是指将基于业务或者职务而占有的单位财物据为己有。行为人利用职务上的便利，表现在因为业务或者职务而占有了单位财物，而不是指后来据为己有的行为利用了职务上的便利。例如，单位出纳从外单位收取欠款后，不是将欠款置于单位保险柜，而是携款潜逃。这种行为之所以成立职务侵占罪，不是因为携款潜逃时利用了职务上的便利，而是因为他基于职务占有了单位的财产（收取了欠款）。另外，单位非法所有的财产，也可以成为贪污、侵占的犯罪对象，这一点是没有问题的，不存在法律上的障碍。因此，可以认定二人的行为成立职务侵占罪。

问题四：吕某、崔某职务侵占的数额应如何认定？

主持人： 吕某、崔某的犯罪所得分为两部分，一部分是由于虚报单价而高出的10万元货款，另一部分是8.6万元的预付款。两部分都应该认定为职务侵占罪的犯罪数额吗？

陈兴良： 有人主张，预付款还不是单位的财产，因此不能认定为职务侵占的对象，我认为这个理由不能成立。虽然是预付款，但只要是付给公司的就是单位的钱款，即使没有实际交付货物，也属于公司的财产。这里涉及一个民事关系，因为即使钱被个人占为己有了，但如果对方将来要要回这笔钱，一定是向公司而不是向个人要，单位应当支付这笔款项。因此尽管是预付款但只要是支付给单位的，进入单位的账号，就应当认为是单位的钱而不是个人的钱。通过虚构价款多出来的10万元货款，是单位的可得利益，这样一个行为如果不是走私，那么这种通过虚报价款把单位的可得利益据为己有的行为认定为职务侵占是没有问题的。但本案中是走私犯罪行为的所得，我认为走私的犯罪所得也可以认为是职务侵占的对象，因此认定二人的职务侵占数额应当是18.6万元。

张明楷：我同意陈老师的意见，应将侵占的18.6万元全额认定为二人职务侵占的犯罪数额。因为吕某、崔某对外商定价格的行为是单位行为，虽然他们向公司的有关人员谎称了对外售价，但这并不影响将14美元的单价认定为公司的对外意思表示，只是该公司有关人员不知情而已。所以，第一部分10万元的货款应当全额认定为职务侵占的犯罪数额。就8.6万元的预付款而言，公司同样对其拥有所有权，虽然二人并没有向公司其他人员披露这笔款项存在的事实，但毕竟该笔预付款是被他们二人直接非法占为己有了，这显然是侵犯了公司对这8.6万元预付款的所有权。

问题五：吕某、崔某的行为同时触犯了走私制毒物品罪和职务侵占罪两个罪名，应以一罪还是数罪认定？

主持人：有意见认为，二人所犯的两罪之间存在牵连关系，因而应当认定为一罪。两罪之间存在牵连关系吗？

陈兴良：关于这两罪之间是一罪还是数罪，我个人认为这两个罪应该是数罪而不是一个罪，不是吸收也不是牵连，是两个独立的犯罪，这两个犯罪的主体、客体都是完全不同的。有些人在理解牵连犯的时候过于宽泛，而现在的趋势是要逐渐限制牵连犯，不能把两个犯罪都认定为一个犯罪。尤其在有些国家，原来刑法中规定的牵连犯现在都取消了，因此对牵连犯的并罚是一个大的趋势。当然，在刑法理论上我认为如果确实存在牵连关系的，还是按照一个重罪来处罚。但对于牵连关系还是要作较为狭窄的解释，即只有当存在"必要的牵连"时才可认定为牵连关系。只有手段行为和结果行为之间是必要的牵连，才是一种牵连犯。如果两者之间不是必要的牵连，那就不是牵连犯。在本案中，牵连关系并不存在，因为从事走私行为并不是为了侵占，侵占只是在走私的过程中另外产生的一种犯罪行为，它和走私之间并没有必然的联系，因此应当实行数罪并罚。

张明楷：罪数问题我同意陈老师的意见。千万不要把牵连犯理解为凡是有关联的都是牵连犯。只有当手段行为与目的行为具有通常性，即在实践中，为了达到某种目的，通常都使用这种手段时，该手段行为与目的行为之间才有牵连关系。例如，伪造证件进行诈骗可以认定为牵连，而盗窃了枪支后去抢银行就不构成牵连。

蒋熙辉：吕、崔二人先是实施了单位行为，之后又实施了职务侵占行为，这两个行为不构成牵连关系，也不是吸收关系，因此完全可以成立数罪，实行并罚。

主持人：各位嘉宾的发言非常精彩，再次感谢各位嘉宾！

●马晓黎

●康均心

●孙光骏

●胡兴儒

●王 磊

当前，未成年人犯罪正日益演变为严重的社会问题，对此类犯罪行为的研究日益加强。基于对未成年人特定的身心发展阶段的考量，及对未成年人实施刑罚可能给犯罪人、家庭和社会带来的重大影响，我国立法强化了对未成年犯罪人的保护。如未成年人保护法规定，"对违法犯罪的未成年人，实行教育、感化、挽救的方针。"最高人民法院、最高人民检察院也相继出台相关司法解释。但在司法实践中，对未成年人犯罪的刑罚仍然产生了"畸轻畸重"等争论。日前，本刊结合典型案例，与湖北省宜昌市人民检察院、宜都市人民检察院共同邀请专家，讨论了"未成年人故意伤害致人死亡能否适用缓刑"问题。

未成年人故意伤害致人死亡能否适用缓刑

主 持 人： 马晓黎（湖北省宜都市人民检察院检察长）
特邀嘉宾： 康均心（武汉大学法学院教授、博士生导师）
　　　　　　孙光骏（湖北省宜昌市人民检察院检察长、法学博士）
　　　　　　胡兴儒（湖北省宜昌市中级人民法院院长）
　　　　　　王　磊（湖北省人民检察院法律政策研究室副主任）
文稿统筹： 王金贵　李　云
摄　　影： 李正刚

【案情简介】

强强生于1992年4月，案发时系初中二年级学生，成绩优异、表现良好。其父常年在外打工，对强强疏于管教。因其母亲好逸恶劳，强强常被同学取笑。2006年暑假，由于家中无人照料生活，强强就吃住在叔叔家里。7月21日晚，强强回家换衣服时发现两天前换下的衣服仍然未洗，于是操起扁担对母亲的双腿和背部进行殴打。其母被殴打后不久开始呕吐，于当晚9时许死亡。经法医鉴定，死亡原因系疼痛性失血性休克。强强归案后如实供述了犯罪事实。案发后，强强所在的村组、学校、班主任及218名村民都请求法院对强强从轻处罚。

法院审理认为，强强犯罪时刚满十四周岁，认知能力差，应以教育和挽救为主，依法减轻处罚。虽然伤害其母亲身体的故意明显，但对死亡后果则表现为过失，其主观恶性不深，应考虑从轻处罚。被告人因其母亲好逸恶劳被同学取笑，使被告人的心理产生压力，也是被告人持扁担殴打被害人的诱发因素，量刑时也可以酌情考虑从轻处罚。被告人犯罪后认罪态度好，悔罪明显，判处缓刑不致再危害社会，同时为了体现国家对失足青少年的挽救政策，可依法适用缓刑。据此，法院依照刑法第二百三十四条第二款、第十七条第二款和第三款、第七十二条第一款、第七十三条第二款和第三款的规定，以故意伤害罪判处被告人强强有期徒刑三年，缓刑五年。

【分歧意见】

对该案的处理，一种意见认为适用缓刑是错误的。理由有三点，一是若无减轻处罚的情节，被告人应获刑十年以上。二是酌定减轻程序违法。依照刑法第六十三条第二款的规定，对酌定减轻处罚情形的适用，必须上报最高人民法院核准。本案酌定减轻情形没有上报最高人民法院核准，违背程序规定。三是减轻处罚后，其宣告刑应在三年以上，因而不符合缓刑的条件。

另一种意见认为适用缓刑是正确的。依据最高人民法院《关于审理未成年人刑事案件具体应用法律若干问题的解释》的规定，审理未成年人刑事案件，贯彻"教育为主，惩罚为辅"的原则，对未成年罪犯适用刑罚，应当充分考虑是否有利于未成年罪犯的教育和矫正。对符合管制、缓刑、单处罚金或者免予刑事处罚适用条件的未成年罪犯，应当依法适用管制、缓刑、单处罚金或者免予刑事处罚。对未成年罪犯符合刑法第七十二条第一款规定的，可以宣告缓刑。对虽然不符合刑法第七十二条第一款规定，但具有初次犯罪、积极退赃或赔偿被害人经济损失、具备监护、帮教条件等情形，对其适用缓刑确实不致再危害社会的，应当扩大适用缓刑。

【特别观点】

■在当前我国社会转型过程中，未成年人因为各种因素导致犯罪，所以对未成年人犯罪不能简单归罪于未成年人个人。如果仅仅强调打击的一面，显然无助于预防和减少未成年人犯罪。

■司法工作人员应当充分发挥酌定量刑情节对法定量刑情节的调节作用，重视酌定量刑情节在未成年人犯罪处罚中的适用，尽可能根据犯罪中具体的酌定量刑情节，实现未成年人犯罪的非犯罪化、非刑罚化、非重刑化。

■对于刑格的确定应当以刑法的规定为准。如刑法规定某一犯罪可判处有期徒刑三年到十年，那么这一时间段即可视为一刑格，而不要再将其划分为二、三、五、七年等时间段。

■在处理情与法的关系时，法官量刑要正确、合理行使自由裁量权，坚持适用刑法平等和罪刑相适应的原则,既要摈弃重刑观念,也要避免无原则的轻刑主义,应当综合考量案件的所有情节,体现宽严相济的刑事政策。

主持人: 未成年犯罪人权利保护和宽严相济的刑事司法政策为办理未成年人犯罪案件提供了基本的价值遵循。同时,对于具体案件的处理,罪刑法定、罪刑相适应等原则也是不能违背的。在这种情况下,应当说出现有关未成年人犯罪量刑争议是不可避免的。希望参与此次研讨活动的各位嘉宾,能够结合案例,为司法实务部门办理未成年人犯罪案件提供定罪量刑等法律适用方面的思路和方法。感谢各位参与我们的研讨活动!

问题一:对未成年人犯罪从宽处理、适用缓刑的理论依据是什么?

主持人: 首先请各位嘉宾结合司法实践,对目前我国未成年人犯罪从宽处理、适用缓刑的基本情况,及对未成年人犯罪从宽处理、适用缓刑的理论与实践基础做些介绍。

胡兴儒: 从 2003 年至 2007 年 5 月,宜昌市未成年犯罪案件的被告人共 1144 人,占生效判决被告人总数的 11%。其中免予刑事处罚 42 人;给予刑事处罚 1102 人。被判处三年以下有期徒刑 387 人,占 33.83%;判处拘役的有 70 人,占 6.1%;管制 18 人,占 1.57%;单处罚金 16 人,占 1.4%。被宣告缓刑的有 396 人,占 34.62%;非监禁刑占了 38.59%。判处非监禁刑后再犯罪的有 17 人,占适用非监禁刑总人数的 4%。总体上,对绝大多数适用非监禁刑未成年被告人而言,取得了较好的法律效果和社会效果。对未成年人犯罪从宽处理、适用缓刑,在理论上的依据主要有:一是刑法第七十二条的规定和最高法院的相关司法解释。二是宽严相济的刑事司法政策,及对未成年人的教育、感化、挽救方针。

对未成年人犯罪从宽处理、适用缓刑,在实践方面的依据主要有:首先,我们应当认识到引发犯罪的原因具有复杂性,特别是在当前我国社会转型过程中,未成年人因为各种因素导致犯罪,所以对未成年人犯罪不能简单归罪于未成年人个人。如果仅仅强调打击的一面,显然无助于预防和减少未成年人犯罪。其次,从未成年人的身心特点来看,其犯罪具有偶发性、盲目性,一般主观恶性不大,而经教育后可塑性较大,如果从宽处理、适用非监禁刑,更有利于他们重新回归社会。最后,从我国目前构建和谐社会的要求考量,对符合非监禁刑条件的未成年被告人适用缓刑,有利于未成年被告人的家庭稳定,亦有利于社会的稳定。

王磊： 对未成年人犯这一特殊犯罪群体从宽处理、适用缓刑有其理论和实践的必要依据，主要体现在：（1）从缓刑制度设立的历史起源来看，缓刑制度设立之初即只适用于少年犯罪，后来才扩大到成年人犯罪。（2）从刑罚执行思想的变化趋势来看，缓刑作为一种刑罚执行制度，与主张目的刑、教育刑的刑法新派学者的观点相一致，是人类反思报应刑思想的一种转变。在刑罚轻缓化发展道路上，集中体现了刑罚人道性、刑罚公正性和刑罚社会化的缓刑备受当今世界各国的青睐。（3）从我国对未成年人犯罪实行"教育、感化、挽救"的方针来看，对未成年人犯罪少捕、少诉、引入恢复性司法理念试行刑事和解，坚持"非诉化"的立场和适用缓刑，实行社区矫正，走"非监禁化"、行刑社会化的道路，是贯彻对未成年人实行特殊的司法保护的重要载体。（4）从当前贯彻落实宽严相济的刑事政策来看，我国的缓刑制度突出了刑罚的教育、警示功能，体现了宽大政策，能促使未成年罪犯改过自新，避免"监狱亚文化"的感染。近年来，一些司法机关在实践中用足、用活法定和酌定减轻量刑情节，探索放宽和扩大未成年人缓刑的适用，包括检察机关探索的附条件逮捕、暂缓起诉等措施，取得了良好的法律效果和社会效果。

康均心： 对于未成年人犯罪与司法问题，我认为有以下几点需要强调：第一，未成年人的犯罪原因不同于成年人。由于其身心发展没有达到成年人的阶段，思维比较简单，容易感情用事，容易受到外界不良因素的影响，走上犯罪道路。第二，未成年人犯罪主观恶性一般不大，少有预谋，跟成年人有差异。从国家监护责任方面来讲，国家对未成年人有监护义务。根据这个基本的原则，政府应代表国家行使义务，对因成长环境不良而有违法犯罪行为的未成年人国家应该予以监护和保护。第三，从刑事学派的理论发展来看，自古典学派到近代学派经历了从早期的强调惩罚到矫正，到现在提倡恢复性司法，这是刑法关键性的变化。很多犯罪人并不是十恶不赦，尤其对未成年人犯罪更是如此。现在提倡恢复性司法，目的就是为了社会的和谐和融洽。

孙光骏： 根据最高人民检察院的工作部署，2006年以来，全国检察机关开始全面贯彻实施宽严相济的刑事司法政策，其中，探索建立未成年人与成年人共同犯罪案件分案起诉制度，加强对失足青少年的教育挽救和对罪犯监外执行社区矫正工作的法律监督，预防和减少违法犯罪是一项重要内容。另外，最高人民法院2006年1月11日出台了《关于审理未成年人刑事案件具体应用法律若干问题的解释》。《解释》第十六条规定,对未成年罪犯符合刑法第七十二条第一款规定的,可以宣告缓刑。如果同时具有下列情形之一,对其适用缓刑确实不致再危害社会的,应当宣告缓刑:(一)初次犯罪;(二)积极退赃或赔偿被害人经济损失;(三)具备监护、帮教条件。缓刑可以克服自由刑实际执行的弊端,对于未成年人来说应尽可能地扩大适用。但是刑法第七十二条第一款只规定了"可以"宣告缓刑的情况,实践中,有些法官因为担心宣告缓刑后犯罪人又犯罪而使自己承担责任,所以不愿适用缓刑。如今,《解释》明确列举了三种"应当"宣告缓刑的情况,对未成年人的保护是有利的。

问题二:如何理解刑法第六十三条第二款?

主持人: 本案存在哪些法定减轻处罚情节?从理论上如何理解酌定减轻处罚情节呢?本案是否存在"特殊情况",可以根据刑法第六十三条第二款的规定,减轻处罚?

胡兴儒: 根据刑法第六十三条的规定,量刑中的减轻处罚情节有法定的减轻处罚情节和酌定的减轻处罚情节。本案法定减轻处罚情节就是被告人在实施犯罪行为时刚满十四周岁。根据刑法第十七条第三款的规定,对其应当从轻或者减轻处罚。对于应当型的法定减轻处罚情节,法官在适用量刑情节时要严格依法予以从轻或者减轻处罚。如果法官认为被告人虽然不具有刑法规定的法定减轻处罚情节,但是根据案件的特殊情况决定减轻处罚,就必须逐级上报最高人民法院核准,才可以在法定刑以下判处刑罚。我认为,这种"特殊情况"是一种不确定的情况,司法解释未对此作出明确的解释,这需要法官对全案进行综合判断。按照我国刑法理论的通说,刑法第六十三条第二款所规定的"特殊情况"是指案件的判决可能影响我国政治、外交、民族、宗教等关系到国家重大利益和公共利益的情况。我认为,这种解释将酌定减轻情节的适用严格限制在与国家利益、公共利益有关的范围,不利于充分发挥这一制度应有的作用,应当对"特殊情况"进行更加灵活的解释,合理扩大酌定减轻情节的适用范围,应当考虑到个案的具体情况,灵活应用。

王磊: 常见的酌定量刑情节主要包括:犯罪的动机和目的、犯罪的对象、犯罪手段、犯罪的时间、地点;犯罪人犯罪前的一贯表现、初犯、偶犯等。与法定量刑情节相比,酌定量刑情节广泛存在于所有案件中,适用起来更加灵活。司法工作人员应当充分发挥酌定量刑情节对法定量刑情节的调节作用,重视酌定量刑情节在未成年人犯罪中的适用,尽可能借助犯罪中具体的酌定量刑情节，实现未成年人犯罪的非犯罪化、非刑罚化、非重刑化。回答本案中是否存在刑法第六十三条第二款规定的"特殊情况"的问题时，首先应明确，本案具有法定减轻处罚情节，法院在审理中并未依据刑法第六十三条第二款规定。其次，单就是否具有"特殊情况"来看，我认为此案并不典型。"特殊情形"应指那些符合传统道德伦理观念和法律文化意识的情有可宽宥行为，诸如基于义愤杀人或大义灭亲，本案被告人的行为则恰恰相反。

孙光骏：刑法第六十三条第二款规定："犯罪分子虽然不具有本法规定的减轻处罚情节，但是根据案件的特殊情况，经最高人民法院核准，也可以在法定刑以下判处刑罚。"人们容易将此规定理解为是针对没有法定减轻处罚情节的"特殊情况"，进而错误地以为对于已经有法定减轻处罚情节的就不再适用。其实，一个案件的情节不是单一的，就本案来看，年龄只是其中的一个方面，家庭因素、社会因素、被害人自身因素都是本案应该考虑的情节，仅凭年龄因素就否定其他因素的作用，对未成年人是不公平的。因此，本案是可以根据刑法第六十三条第二款的规定，减轻处罚的。

康均心：本案中存在的法定减轻处罚情节主要是年龄的问题。法律规定已满十四周岁未满十八周岁应该从轻处理。刚才提到了酌定情节跟法定情节的关系如何处理的问题。这是一个由来已久的问题。本案的特殊情况应该由法官自己来判断。也许同样的案件，不同的法官可能会有一点差别，但是追求的都是法律效果和社会效果最佳化。

问题三：实践中，法官应如何把握减轻处罚的幅度？

主持人：刑法第六十三条第一款规定："犯罪分子具有本法规定的减轻处罚情节的，应当在法定刑以下判处刑罚。"对此应如何理解？减轻处罚的幅度应如何把握？

胡兴儒：减轻处罚的关键在于把握好以下三点：其一，正确理解法定最低刑。当一个条文中同时规定两个以上量刑幅度时，法定最低刑是指刑法条文为具体犯罪构成配置的相对应法定刑的下限。比如，故意伤害他人身体的，致人重伤，处三年以上十年以下有期徒刑，那么其法定最低刑就应当是有期徒刑三年。就本案被告人强强的犯罪行为而言，对其减轻处罚，量刑时应在十年有期徒刑以下进行判处。其二，减轻处罚幅度的合理性。刑法并没有限制减轻处罚的幅度，但也不能毫无限制地减轻，法官对自由裁量权的行使必须控制在合理的范围内，要体现社会的公平正义。就未成年人犯罪而言，还必须考虑未成年人犯罪案件的刑事方针和司法原则，惩教结合，争取更好的矫治效果。其三，减轻处罚可以是刑期的减轻，也可以是刑种的减轻。在最低刑为管制的情况下，只能选择附加刑；如果法定刑是有期徒刑以上且起刑点较高，就不能减到其他刑种。

孙光骏： 我国刑法对减轻处罚的具体幅度没有规定，理论界也存在较大争议。一种观点认为，刑法规定"应当在法定刑以下判处刑罚"，并没有限制减轻处罚的幅度，主要是出于对被告人所犯罪行的情节和刑罚目的的考虑，不一定要对它限制得很死。另一种观点认为，在法定最低刑以下一格判处，是减轻处罚的最大限度，不能再扩大。我国刑法发展历史上曾经有过对加重处罚"加一格"的解释，最高人民法院、最高人民检察院、公安部、司法部《关于办理劳改犯、劳教人员犯罪案件中执行有关法律的几个问题的答复》中指出，对劳改犯和劳教人员犯罪应当加重判刑的，只能"罪加一等"，即"在法定最高刑以上一格判处，如法定最高刑为十年有期徒刑的，可以判处十年以上至十五年有期徒刑……"考虑到减轻处罚和加重处罚在某些方面的密切联系，尽管上述《答复》已经废止，但将加重处罚的处理方式运用到减轻处罚的领域，应当说有一定合理性，而且"降一格"减轻处罚理论兼顾了防止轻纵犯罪和限制法官自由裁量权两方面的作用，具有可操作性，事实上成为了减轻处罚具体幅度的通说。

王磊： 减轻处罚的操作虽无明确规定，但要注意两个问题：一是减轻处罚要有格的限制。我国刑罚体系针对不同的犯罪作出了不同的量刑规定和幅度，有期徒刑由低到高的顺序，可排列为一年、二年、三年、五年、七年、十年等，每一间隔可称为刑格。当法定最低刑为有期徒刑时，减轻处罚原则上应有格的限制，即应在法定最低刑以下一格判处。二是把握降格幅度。司法实践中，正确理解刑格和运用刑格，必须结合犯罪事实、犯罪性质、社会危害程度、法定、酌定的量刑情节综合考虑。理论上也提出过几种具体思路：一是先定后降。即先根据犯罪情况确定基础刑，然后在基础刑的刑格内降格处罚，但不突破法定最低刑。对于少年犯适用从轻处罚，应首先比照成年人确定基础刑，其基础刑应在量刑幅度内的中档确定。二是先减后定。即先减轻处罚，然后在已减至法定刑以下的刑格内再决定应判处的刑罚。对于少年犯主观恶性不深，犯罪情节一般，易于改造的，应当适用减轻处罚，在法定刑以下一个刑格内量刑。三是减降结合。即在减轻处罚以后，如有数个从轻或酌定从轻情节的，可在减至法定刑以下的刑格内降格处罚。

康均心：我同意对于减轻处罚要有刑格的限制，但对于刑格的确定应当以刑法的规定为准。如刑法规定某一犯罪可判处有期徒刑三年到十年，那么这一时间段即可视为一刑格，而不要再将其划分为二、三、五、七年等时间段。当然，我也认为这个时间跨度有点大。对此，也有观点主张在三年到十年中间划一个线。我倒觉得没有必要，应该由法官自由裁量。

问题四：本案被告人被判处有期徒刑三年，缓刑五年是否妥当？

主持人：根据刑法和有关刑事政策，本案中的未成年人故意伤害致人死亡，可否判处三年有期徒刑，缓刑五年？

胡兴儒：结合本案实际情况，综合考量各种法定情节和酌定情节，选择对被告人强强减轻处罚，判处三年有期徒刑，这是有充分的法律依据的，量刑也是比较恰当的。依照刑法第七十二条的规定，只要是对于被判处拘役、三年以下有期徒刑的犯罪分子，根据犯罪分子的犯罪情节和悔罪表现，适用缓刑确实不至于再危害社会的，原则上都可以宣告缓刑，至于犯罪性质如何，法律上没有给予过多的限制。根据审理未成年人犯罪案件的相关司法解释，对强强宣告缓刑，更有利于对其教育和挽救。

康均心：从刑事政策的角度来讲，法院对本案被告人的判决充分体现了有利于未成年犯罪人教育改造的价值追求。减轻处罚与从轻处罚的思路都属于从宽处理，刑法中很多条款都规定了从轻或者减轻或者免除处罚。就本案而言，这样的判决思路在法律上还是站得住脚的，但是，鉴于本案的特殊性，因此，不能把这个判决结果当作范例。

王磊：本案中，法院的判决不违背法律规定，但是基于社会效果和法律效果考虑，应该注意以下方面：（1）案件的具体情节。本案虽系未成年人犯罪，但属重罪，其犯罪性质已经表明被告人人身危险性和社会危害性很大。身为十四岁的少年，因其母亲未洗衣服便有如此过激举动，严重违背人伦，主观恶性大。（2）法律适用。罪刑相适应是刑法的重要原则，刑法对于量刑档次、法定和酌定情节的规定已经充分考虑到社会生活的复杂性，考虑到各类罪行的轻重、危害程度、犯罪人具体情况等因素，也包含了对未成年人的权益保护。被告人已构成应判处十年以上有期徒刑的重罪，对其降至三年的处罚已经最大限度地考虑了各种法定和酌定量刑情节，体现了区别对待。在此基础上再作缓刑处理，明显不妥。（3）刑事政策运用。本案涉及重罪，仍然要严格依法减轻处罚，但在依法从宽的范围内，又要严格把握，不能忽略犯罪性质和社会危害性等因素。（4）适用缓刑的效果。当前未成年人犯罪呈现低龄化和犯罪手段、社会危害性、人身危险性成人化的趋势。对于此类案件适用缓刑，造成过于宽松的司法环境，在一定程度上减弱了社会对未成年人犯罪的道德谴责，助长了部分未成年人漠视法律心理，刑法威慑作用难以体现，必须考虑社会示范效应。同时，未成年人心理结构不稳定，自我控制能力较弱，也反过来说明其人身危险性不确定性更大，对其一味适用缓刑并不一定是最佳选择。

孙光骏：缓刑制度是对被判处一定刑罚的犯罪人，在一定期间内附条件不执行原判刑罚的一种刑罚制度。其首要价值在于替代短期监禁刑，以避免与狱中其他犯罪人"交叉感染"。因未成年犯易于接受教育改造，可塑性强，易受周边环境影响，对其适用缓刑不仅可以充分发挥缓刑所具有的"可克服监禁刑的弊端、增强感化的力量"的优点，而且对未成年犯的复归社会有着不可低估的重要作用。本案的法定减轻处罚情节是明显的，从理论上说，对其判处三年有期徒刑，缓刑五年是有可能的。

问题五：分析本案对办理未成年人犯罪案件有何启示？

主持人：本案应如何正确处理？本案提出的问题对司法机关执行刑法和刑事政策有何启示？

胡兴儒：法院对这个案件的处理是恰当的，有法律和政策依据。这个案件给我一个启示：对于案件折射出来的道德伦理给法律带来的挑战，在处理情与法的关系时，法官量刑要正确、合理行使自由裁量权，坚持适用刑法平等和罪刑相适应的原则，既要摈弃重刑观念，也要避免无原则的轻刑主义，应当综合考量案件的所有情节，体现宽严相济的刑事政策。对未成人犯罪，一方面要贯彻好"教育为主，惩罚为辅"的原则，坚持教育、感化、挽救的方针，在定罪量刑上要同成年人犯罪有所区别。另一方面，也要防止为了达到适用缓刑的目的，人为突破法律规定，将本不该处三年以下有期徒刑的罪犯，作不恰当的降格判刑。

康均心：本案最大的启示就是应该建立独立的未成年人司法体制，不能用对待成年人犯罪的标准和观念对待未成年人犯罪。未成年人是祖国的未来，建立独立的未成年人司法体系，就能体现出对未成年人的特殊保护。西方国家在19世纪就已经建立了独立的未成年人司法体系，这一点值得我们借鉴。另外，本案也提出了未成年人犯罪的刑罚执行问题。鉴于未成年人不同于成年人的身心特点，建立有别于针对成年人犯罪刑罚执行的替代措施，如场所限制、资格限制等是完全必要的。

王磊： 具体到未成年人犯罪的刑罚适用，我认为建立未成年人犯罪宽缓处理体系是必要的。一是建立独立于成年人的刑事法律（实体与程序）规范体系。二是扩大对未成年人罪犯的缓刑适用。三是完善缓刑适用配套制度。针对缓刑适用只有法官裁量而无社会公众参与的现状，设置有关部门缓刑听证程序；积极推行未成年人刑事案件的社会调查制度，作为量刑参考；参照刑事诉讼法取保候审的保证制度实行有条件的缓刑保证制度，可要求未成年人监护人提供缓刑保证金；建立社区矫正工作体系，完善缓刑后续帮教监管措施；同时注重检察机关法律监督职能的发挥，检察机关应在公诉时对适用缓刑提出量刑建议，对缓刑的判决和执行情况依法监督等。

孙光骏： 缓刑制度是进步的刑罚制度，具有很多优越性，最高人民法院制定的相关司法解释对未成年犯罪宣告缓刑的具体情形作了明确规定。同时，最高人民检察院针对未成年人犯罪，也要求贯彻"教育、感化、挽救"的方针。因此，司法机关在办理未成年人犯罪案件过程中，应当严格执行最高司法机关的有关规定精神，在遵守刑法及司法解释关于缓刑规定的前提下，贯彻宽严相济刑事政策，扩大对未成年犯的缓刑适用。

● 谢望原

● 于志刚

● 陈永生

诱惑侦查是一种非常有效的犯罪侦查方式，但如果滥用亦会侵犯公民的权利。在德国、美国等一些国家，法律对诱惑侦查的规定非常详尽。在我国，实践中也常使用诱惑侦查，但缺少明确具体的法律规范。近日，本刊选取了一个有关诱惑侦查的典型案例，邀请专家就诱惑侦查的范围、条件等进行研讨，以期引起专家、学者及立法机关的重视。此外，本案还涉及非法经营罪、销售伪劣产品罪、销售假冒注册商标的商品罪等其他法律问题。

在警察诱惑下销售假冒注册商标香烟如何定性

主 持 人： 李和仁（《人民检察》编辑部副主任）
特邀嘉宾： 谢望原（中国人民大学法学院教授）
　　　　　　 于志刚（中国政法大学教授、北京市顺义区人民检察院副检察长）
　　　　　　 陈永生（北京大学法学院副教授）
文稿统筹： 王昌奎　孙永生
摄　　影： 孟澍菲

【案情简介】

　　胡某与廖某共谋销售假"中华牌"香烟。2007年1月上旬，通过廖某联系，张某从南方某镇以5.2万元的价格购买16件假"中华"香烟运抵某市，由胡某运回家。此后胡某等多次寻找买方，一直未能销售出去。县烟草专卖局和公安机关获得线索后，立即派员假装成烟贩与胡某等人接洽，最后双方以7.4万元价格达成买卖协议，约定先交胡某等人定金1万元，余款待香烟在指定地点交付时付清。2月11日晚，胡某将该批假烟草运往指定地点，途中被县公安局、烟草专卖局抓获。经市烟草专卖局鉴定，该批"中华"烟系假冒注册商标的伪劣卷烟，价值29.4万余元（按同型号数量相同的真"中华"香烟计价）。

【分歧意见】

　　对胡某等人的行为如何定性，存在以下四种意见：

　　第一种意见认为，胡某等人明知是无生产资格的主体生产的以假充真、以次充好的烟草制品而予以销售，销售金额超过5万元，根据我国刑法第一百四十条的规定，构成销售伪劣产品罪。

第二种意见认为，胡某等人销售的伪劣产品虽然属于以假充真、以次充好的产品，但冒充的产品并非一般意义上的产品，而是受他人注册商标权保护的特殊产品，其行为侵犯的不仅是一般意义上的消费者权益，更直接侵犯了他人注册商标专用权。因此，对胡某等人的行为应根据法条竞合的处罚原则，以销售假冒注册商标的商品罪定罪处罚。

第三种意见认为，胡某等人的行为同时构成非法经营罪、销售伪劣产品罪、销售假冒注册商标的商品罪，属想象竞合犯，对胡某等人的行为应按处罚较重的非法经营罪定罪处罚。

第四种意见认为，无论是销售伪劣产品罪还是销售假冒注册商标的商品罪都必须满足两个条件，即行为人有"销售"行为且"销售金额"达5万元以上。本案中由于"买方"是公安机关，并不是真正的买方，因而胡某等人的销售行为不是真正意义上的销售。而"非法经营罪"中的"经营"行为是指具有一定持续性和重复性的营利行为，胡某等人以前并未经营过假烟草制品，其行为不具有重复性，因而也不构成非法经营罪。

【特别观点】

■如果行为人已有犯罪的意图，并且属于法律规定的诱惑侦查的范围，行为人在诱惑侦查下所为的行为应该定性为犯罪，但量刑上仍然要有所区别。

■西方国家立法只允许实施机会提供型诱惑侦查，禁止实施犯意诱发型诱惑侦查。

■就非法经营罪与生产、销售伪劣产品罪之间的罪名选择而言，在一般情况下，不宜套用非法经营罪，而应当直接使用特定犯罪，即生产、销售伪劣产品罪。

■犯罪分子的获利额以及消费者遭受物质损失的数额都是以该种产品的市场标价为基础的，而非以其实际价值为基础。

主持人：本案是发生在我国西部某市的一个真实案件，涉及到诱惑侦查的合法性问题以及非法经营罪、销售伪劣产品罪、销售假冒注册商标的商品罪的竞合等问题。由于目前我国法律对诱惑侦查的规定并不明确，加之人们对非法经营罪、销售伪劣产品罪以及销售假冒注册商标的商品罪在理解上存在很大的争议，当地司法机关对本案的处理存在分歧。此次研讨具有双重意义。首先，诱惑侦查作为一个一般性的问题，在理论上有深入研究的必要；其次，专家们的观点对司法机关正确处理该案也具有一定的指导意义。欢迎各位嘉宾参与此次研讨！

问题一：关于"诱惑侦查"，国外有哪些成功的立法和理论可资借鉴？

主持人：国外关于诱惑侦查有十分成熟的理论，立法也比较完善。首先请各位嘉宾介绍一下这些方面的情况。

谢望原：从当代人权理论、法律的正义价值追求以及国家整体安全需要多维视角来看，通行的理论认为，不能为了保护国家整体利益而过分牺牲国民的个人权利与自由。此种思想在西方发达国家早已占据主导地位。但是在"9·11"恐怖袭击事件以后，美国等西方国家在平衡国家整体利益保护与公民个人权利保护方面出现了一些新的情况，如允许监听他人电话、网络通讯等，从而在更大的范围内侦缉恐怖主义犯罪。尽管如此，西方国家在利用涉嫌侵犯公民个人权利与自由的手段侦缉犯罪方面，仍然十分谨慎。

陈永生：《德国刑事诉讼法》第116条a规定，诱惑侦查适用于下列犯罪：(1)麻醉物品犯罪、非法武器交易犯罪、有价证券犯罪；(2)危害国家安全犯罪；(3)职业犯或者常业犯；(4)团伙或其他有组织重大犯罪；(5)存在累犯危险时；(6)其他重大案件。根据德国法律，适用诱惑侦查，必须要有表明犯罪嫌疑人确实实施或可能实施重大犯罪的足够的事实根据，且采用其他侦查方式难以达到侦查目标或非常困难。

我国1993年通过的国家安全法和1995年通过的人民警察法规定，国家安全机关和公安机关经过严格的批准手续，可以采用技术侦察措施。通常认为，诱惑侦查属技术侦察措施的一种。然而，对技术侦察手段的适用范围、适用条件、适用程序，却没有任何法律作出规定。

于志刚：在西方国家，理论上一般将诱惑侦查分为两种类型：机会提供型和犯意诱发型。机会提供型的特点是被诱惑者本来就已经产生犯罪倾向或者已有先前犯罪行为，而诱惑者仅仅是提供了一种有利于其犯罪实施的客观条件和机会。犯意诱发型又具体包括两种类型：其一，印证犯罪型的犯意诱发型诱惑侦查：被诱惑者已经被侦查者认为是犯罪嫌疑人，但实际上他并无实施此次犯罪的犯罪意图，而正是诱惑者采取了主动、积极的刺激行为使他在强烈的诱惑下产生犯意，进而实施了犯罪行为。其二，"诱良为娼型"的犯意诱发型警察圈套：故意设置诱饵，使根本没有犯意且没有犯罪嫌疑的人由于经不起诱惑而实施犯罪，此种情况实际上是司法权的滥用，属于国家制造犯罪，应当禁止。对于警察圈套，英美国家一般认为，被告人可以以他的犯罪行为是基于政府诱使而产生作为理由，提出免罪辩护，也称为"警察圈套合法辩护"。落进警察圈套的被告人有罪责但是不定罪，因为如果被告人落进了普通公民设计的圈套就可能构成共同犯罪，所以不能由于圈套设计者不同而改变被告人的犯罪心态。但是为了防止司法官员实施此种应受谴责的行为，因而对落进圈套的被告人免受刑事惩罚是必要的，同时也是对司法官员可能滥用权力的一种限制。

问题二：受警察诱惑作出的行为是否能认定为犯罪？如何评价本案中的诱惑侦查？

主持人： 我国法律未明确规定诱惑侦查，在此情况下，应如何评价受警察诱惑所作出的行为的性质？就本案而言，胡某等人在警察诱惑之下所做的行为本身是犯罪吗？

于志刚： 评价受到诱惑侦查而作出的行为的性质，须依具体情况而定。如行为人携有假烟、毒品等物品意图脱手，正在积极寻找买主，已经具备犯罪意图，此种情况下，公安机关设立圈套和派遣特情人员，运用刑侦手段将其查获，无论行为人是否属于首次实施此类犯罪，均应依法追究刑事责任。因为诱惑行为人出卖假烟、毒品等诱惑侦查行为的目的，只是在于印证、查明行为人确实拥有假烟、毒品并且同时具备出卖的目的。因此，只要行为人持有假烟、毒品，准备或正在进行贩卖，不论是否卖出，也不论卖给何人，都不影响犯罪的认定。如果此种案件中行为人在此次被查获之前一段时间里已有类似的贩卖假烟、毒品的行为，而且在特情人员向其诱惑买入假烟、毒品时还拥有假烟、毒品等同类物品，那么，行为人的这次犯罪行为应作为其整个系列犯罪活动的一个组成部分，此次查获的涉案物品数额应计入总的犯罪数额以内。如果行为人持有假烟、毒品等物品，但未发现有贩卖假烟、毒品等物品的事实证据，缺乏证据证明其意图出卖，例如没有贩卖假烟、毒品的前科等，此时，由于特情人员、侦查人员根据线索知道其人可能持有假烟、毒品，主动约购假烟、毒品而导致行为人卖出假烟、毒品的，一般不宜按照销售行为追究刑事责任。在此种案件中，行为人实际上拥有假烟、毒品等物品这一客观事实是现实存在的，并非是侦查活动引起的，行为人自己承担这一客观事实的刑事责任，对于非法拥有毒品的，应当可以构成非法持有毒品罪，但是，不宜以贩卖毒品罪定性量刑；但是，对于单纯持有假烟的，恐怕不宜追究刑事责任。就本案而言，我认为胡某等人在警察诱惑之下所做的行为本身就是犯罪，但属于未遂。

谢望原：于教授的观点有一定的道理。但我认为，就本案而言，胡某等人出售假烟的行为并不属于重大犯罪行为，没必要采取诱惑侦查的方式，故公安人员的诱惑侦查缺乏法律依据和必要性。如果对胡某等人的行为定罪处罚，也只能针对购买假烟及寻找买主的行为，由于受公安人员诱惑所进行的此次销售行为不应该作刑法评价。当然，就一般情况而论，我同意于教授的观点，如果行为人已有犯罪的意图，并且属于法律规定的诱惑侦查的范围，行为人在诱惑侦查下所为的行为应该定性为犯罪，但量刑上仍然要有所区别。

陈永生：西方国家立法只允许实施机会提供型诱惑侦查，禁止实施犯意诱发型诱惑侦查。本案中，犯罪嫌疑人已有犯罪意图，并实施了犯罪行为，侦查人员只是为犯罪嫌疑人销售伪劣产品提供了机会，因而侦查人员实施的诱惑侦查行为在法理上没有不当之处。因此，侦查人员的诱惑行为不影响犯罪嫌疑人的行为构成犯罪，胡某等人实施的行为是销售（同时也是非法经营）行为。

问题三：如何理解销售假冒注册商标的商品罪中"销售"的含义？商品未销售出去，可否看作是此罪的未遂状态？

主持人：刑法中应如何理解"销售"？数额犯是否存在犯罪未遂，以前学界曾存在过争议，张明楷等学者认为数额犯不存在未遂状态。假冒注册商标的商品没有实际卖出去，是否构成假冒注册商标的商品（未遂）罪呢？

于志刚："销售"的含义，一般理解当然是指把商品销售出去。以前多数学者的观点是认为数额犯不存在未遂，达到数额就是犯罪，没达到就不是犯罪，但现在的通说则认为存在未遂。实际上，数额分为两种情况，即积累性数额和预期性数额（即确定数额），积累性数额中只要没有能够积累达到法律所规定的标准就不构成犯罪，不存在未遂、既遂之分；而预期性数额（行为人事先即确定的固定数额）是犯罪行为直接指向的一次性确定数额，此时已经事先确定的数额本身是固定的，它已经界定了行为本身的法律性质：如果事先确定的预期数额达到法定标准，则行为的性质是犯罪；如果事先确定的预期数额没有达到法定标准，则行为的性质是违法。在此基础上，去判断行为本身是否实施终了等因素，进而判断犯罪是属于既遂还是未遂。以北京地区的盗窃为例，行为事先指向的确定数额超过 1000 元的，那么行为的性质是犯罪；如果行为事先指向的确定数额没有超过 1000 元的，则行为的性质是违法。在行为性质是犯罪的情况下，我们才有必要进一步去判断行为是未遂还是既遂。销售伪劣产品罪也是如此，如果未经处理的长期销售金额未达到 5 万元的，此时属于积累性数额，无所谓未遂问题；如果行为人事先所意图销售的预期数额极为明确，例如，张三想卖给李四 10 万元的假烟，此时，确定数额很清楚，就是 10 万元。那么，行为性质上是犯罪，即使全部假烟在交易时均被查获而没有能够销售出去，仍然属于犯罪，只是未遂而已。

谢望原：在我国刑法理论和实践上，数额犯存在未遂已经被普遍接受了，但这种观点在逻辑上存在值得商榷的地方，司法解释规定未销售的伪劣产品的货值达到 5 万元的三倍才构成销售伪劣产品罪的未遂，其实是一种折中的做法，反映出对数额犯是否存在未遂在理解上是有争议的。国外立法对盗窃等财产类犯罪一般并没有犯罪数额的要求，因而从根本上避免了盗窃罪等是否存在未遂的争论，我国立法应该借鉴。关于"销售"的含义，普遍的解释是指销售出去，但商品摆在货架上算不算销售，广告行为算不算销售，恐怕在理解上有进一步研讨的必要。新修订的专利法将广告等行为界定为许诺销售，此种行为也视为侵权行为，我认为对刑法立法具有参考意义。

陈永生：按照《现代汉语词典》，销售就是"卖出"。本案胡某等意图将假香烟卖给伪装的侦查人员，也是一种意图销售的行为。由于假烟没有卖出去，并且是意图卖给伪装的侦查人员，不可能真的卖出去，因而其行为是未遂。

问题四：销售假冒注册商标的商品罪、销售伪劣产品罪、非法经营罪发生竞合时，应如何适用法条？

主持人：销售假冒注册商标的商品罪、销售伪劣产品罪以及非法经营罪三种罪竞合的可能性很大。相关司法解释规定，行为人的行为同时构成此三罪的，按照处罚较重的罪定罪处罚。请各位嘉宾结合本案谈一下对此问题的看法。

于志刚：非法经营行为可以分为三类：其一，无经营资格而涉嫌经营专营、专卖物品；其二，无经营资格而涉嫌经营非法物品（包括伪劣产品）；其三，有经营资格而涉嫌经营非法物品。第一种情况是刑法第二百二十五条非法经营罪的典型情况，即未经许可经营法律、行政法规规定的专营、专卖物品和其他限制买卖的物品的，而第二种情况和第三种情况，可能同时触及非法经营罪和相关的其他罪名（即基于犯罪对象的特定性而触及特定的罪名），而非法经营罪和该特定罪名之间存在竞合关系。此时，适用哪个罪名，要对立法和司法解释的逻辑结构作全面的理解。

  刑法典第三章破坏社会主义市场经济秩序罪，前七节的每一节，都是同类客体比较清楚、一致而形成犯罪群，而第八节"扰乱市场秩序罪"，实际上是不属于前七节的其他所有"破坏社会主义市场经济秩序"的罪名的集合。因此，第八节"扰乱市场秩序罪"本身是第三章破坏社会主义市场经济秩序罪的一个"筐"。而非法经营罪，作为"筐"中之"筐"，它实际上是所有破坏市场秩序的兜底型罪名，因而导致诸多犯罪行为在触犯其他特定罪名的同时，都触犯了非法经营罪这样一个"筐"型罪名。也就是说，非法经营罪作为"筐"中之"筐"，起到的应当是不得已时才选用的兜底型作用。

  因此，就非法经营罪与生产、销售伪劣产品罪之间的罪名选择而言，在一般情况下，不宜套用非法经营罪，而应当直接使用特定罪名，即生产、销售伪劣产品罪。同时，由于生产、销售伪劣产品罪和非法经营罪之间不存在特定罪名即生产、销售伪劣产品罪的法定最高刑过低的问题，因此，即使在情节特别严重的情况下，也不存在适用非法经营罪的问题。

  关于销售假冒注册商标商品罪与销售伪劣产品罪之间的罪名选择，此时，想象竞合犯的从一重处罚规则较为直接明确。就本案来看，销售金额是7万元左右，按销售假冒注册商标的商品罪，是处三年以下有期徒刑或者拘役，并处或者单处罚金；按销售伪劣产品罪，是处二年以下有期徒刑或者拘役，并处或者单处50%以上二倍以下罚金。因此，应当适用销售假冒注册商标的商品罪。

  谢望原：销售假冒注册商标的商品罪、销售伪劣产品罪以及非法经营罪三种罪存在竞合的可能。如果是特别法条与普通法条发生竞合，原则上应当按照刑法学理论通说的"特别法优于普通法"原则处理，即适用"特别法"。但是，销售假冒注册商标的商品罪、销售伪劣产品罪以及非法经营罪如果发生竞合，则属于特别法条之间的竞合，此时，通说认为应当按照"从一重罪处断"的原则处理。正因为如此，刑法第一百四十九条第二款明确规定："……同时又构成本节第一百四十条规定之罪的，依照处罚较重的规定定罪处罚。"就本案而言，胡某等人销售假"中华"香烟的行为确实可以按照销售假冒注册商标的商品罪处理。问题在于，胡某等人的行为同时触犯了刑法第一百四十条规定的销售伪劣产品罪。这时，应当比较两罪的法定刑，然后按照"从一重罪处断"的原则处理。于教授前述分析思路正确，但是其结论却值得商榷。在我看来，胡某等的涉案货值金额达 29.4 万元，虽然胡某等的犯罪属于未遂，但其法定量刑幅度应当按照刑法第一百四十条第二分句的规定裁量，即适用"销售金额 20 万元以上不满 50 万元的，处 2 年以上 7 年以下有期徒刑，并处销售金额 50% 以上二倍以下罚金"的规定。较之刑法第二百一十四条销售假冒注册商标的商品罪的法定刑，还是销售伪劣产品罪刑罚重。故对胡某等应当按照销售伪劣产品罪定罪处罚。

问题五：如何确定本案的涉案金额？本案该如何处理？

主持人：各位嘉宾的发言非常精彩，但意见并不一致，可见本案确实有深入讨论的必要。大家对胡某等人的行为构成犯罪都没有疑义，该如何确定本案的性质以及涉案数额呢？

于志刚：最高人民法院、最高人民检察院于 2001 年 4 月 10 日施行的《关于办理生产、销售伪劣商品刑事案件具体应用法律若干问题的解释》第二条规定，刑法第一百四十条、第一百四十九条规定的"销售金额"，是指生产者、销售者出售伪劣产品后所得和应得的全部违法收入。伪劣产品尚未销售，货值金额达到刑法第一百四十条规定的销售金额三倍以上的，以生产、销售伪劣产品罪（未遂）定罪处罚。

从以上规定判断，销售金额似乎是卖出去时的市场交易价格的代称。也就是说，销售，就是要卖出去，如果卖出去了，就是销售完成，数额达到 5 万元的，就是成立犯罪；依此推论，如果销售尚未完成，但是，能够查明其所库存的伪劣产品是为了销售而购入的（尤其是在已经部分销售的情况下更能够直接地得出此种推论），即预备用于销售的，那么，犯罪人所拥有的伪劣产品的库存量，实际上应当视为一种犯罪正在实施过程中的预期销售，如果其预期销售数额达到 5 万元以上的，就是犯罪未遂。

这里的问题是，销售金额和市场的正品（相对于伪劣产品而言）价格之间的差异。以假烟为例，售假者和买假者的交易价格即销售金额肯定低于市场上正品的市场价格，因此，以正品的市场价格的金额来作为销售金额肯定是不对的。司法解释规定了"三倍以上"的规则，这种规定容易轻纵犯罪人，还是应当以客观上存在的伪劣产品的交易价格论较好。此案中的交易价格为 7.4 万元，尽管交易尚未完成，这 7.4 万元仍然属于销售金额，只是性质是未遂。绝对不允许以正品的市场价格即 29 万余元来认定为销售金额。至于定性，我前面已经指出，应认定为销售假冒注册商标的商品罪。

谢望原： 根据本案基本事实，我倾向于认为应当以销售伪劣产品罪（未遂）论处。一般而言，实践中使用"诱惑侦查"手段，往往是案情重大，且有此必要，还需主管部门批准。就本案情况来看，烟草管理部门和公安机关已经察觉胡某等人购买假中华香烟准备销售的事实，这时，本来即可将其捉拿归案，绳之以法，且本案纯属一般性个案，无论从其犯罪性质还是其犯罪危害严重程度，都显示出没有理由使用"诱惑侦查"手段来侦缉犯罪。因此可以认定公安机关对胡某等销售假中华香烟的行为使用"诱惑侦查"的手段不具有合法性。因而，按照"证据排除规则"，以不合法手段取得的证据不能作为定罪的依据。故对本案应当以公安机关采取"诱惑侦查"手段之前取得的相关证据来定性，涉案金额应认定为29.4万元。

陈永生： 我基本上同意谢教授的观点，本案涉案金额应当以该种"中华"香烟的市场标价计算，即应当为29.4万元。实践中，生产、销售伪劣产品的犯罪分子最终将伪劣产品销售给消费者时通常都是以该种产品的市场标价计算，而非以该种伪劣产品的实际价值计算。换言之，犯罪分子的获利额以及消费者遭受物质损失的数额都是以该种产品的市场标价为基础的，而非以其实际价值为基础。关于罪名，我认为应当定销售伪劣产品罪。本案犯罪嫌疑人的行为同时构成销售伪劣产品罪、销售假冒注册商标的商品罪以及非法经营罪，但应当以销售伪劣产品罪定罪处罚。因为根据《关于办理生产、销售伪劣商品刑事案件具体应用法律若干问题的解释》以及《关于办理假冒伪劣烟草制品等刑事案件适用法律问题座谈会纪要》，行为人的犯罪行为同时构成生产、销售伪劣产品罪、销售假冒注册商标的商品罪、非法经营罪等罪的，依照处罚较重的规定定罪处罚。就本案而言，根据行为人的犯罪数额（29.4万元）以及犯罪情节，以销售伪劣产品罪定罪处罚相对较重，因而应当以本罪处罚。

主持人： 再次感谢各位嘉宾！

● 于志刚

● 韩 轶

● 刘福谦

X 追诉时效制度是世界上许多国家刑法中确立的基本制度，目前来看，我国刑法确立并实行这项制度的总体效果是值得肯定的，但一些相关规定还存在不完善的地方，如共同犯罪中追诉时效的适用、不受追诉时效期限限制的条件等，在理解适用上存在较大的争议。近日本刊邀请专家学者，围绕典型案例，对追诉时效的有关争议问题进行了探讨。

未被列为立案对象是否受追诉时效期限的限制

主 持 人： 李和仁（《人民检察》编辑部副主任）
特邀嘉宾： 于志刚（中国政法大学教授、博士生导师）
    韩　轶（中央民族大学法学院教授、博士生导师）
    刘福谦（最高人民检察院侦查监督厅处长、法学博士）
文稿统筹： 孙永生
摄　　影： 孟澍菲

【案情简介】

2001年7月中旬，张某、郭某预谋盗窃他人毛驴。7月22日，二人联系好买主后盗窃他人放养的四头毛驴，以800元的价格将毛驴出售，实际价值2750元，所得赃款二人均分。案发后侦查机关予以立案，并于2002年对已经发现但在逃的犯罪嫌疑人张某进行网上追逃，而郭某因未被发现一直在家务农。张某于2008年7月26日被抓获，郭某随之于7月29日被刑拘。

【分歧意见】

对于本案中郭某的行为如何适用追诉时效，存在两种分歧意见：

第一种意见认为，郭某的行为已经超过追诉时效，应当受追诉时效期限的限制，不再追诉。理由是：案发后，立案是针对张某，而不包括未被发现的郭某。逃避侦查的是张某，而郭某未曾逃避侦查。现已时过七年，也没有发现郭某在此期间有其他犯罪行为，其行为应当依据刑法第八十七条第一项的规定，经过五年后不再追诉。

第二种意见认为，郭某的行为不受追诉时效期限的限制，应与张某一起共同追诉。理由是：张某、郭某共同实施犯罪后，侦查机关根据失主报案已对全案立案侦查，并于 2002 年对已经确定的犯罪嫌疑人张某网上追逃。张某的在逃造成同案犯郭某未被发现，但作为共同犯罪，郭某的行为应该随张某的行为而适用刑法第八十八条第一款"在人民检察院、公安机关、国家安全机关立案侦查或者在人民法院受理案件以后，逃避侦查或者审判的，不受追诉期限的限制"的规定，不受追诉时效期限的限制。

【特别观点】

■是否知道案件本身已经被立案，不是"逃避侦查"的条件，也就是说，"逃避侦查"应当以犯罪人本人知晓自己经被列为犯罪嫌疑人为条件。

■逃避侦查不仅包括积极的、明显的逃跑或者藏匿，也应包括行为人为逃避查处所实施的毁灭证据等行为。

■追诉时效制度的设立，主要是为尚未被司法机关所发现、尚未被刑罚打击力所及之犯罪人提供一个处于刑罚真空下的自我悔改机会，是一种不得已而为之的、无奈的立法选择。

■对于严重的对抗司法行为，例如逃避强制措施、经过通缉后拒不归案等行为，可以规定一个相对固定的延长期限，例如将其追诉时效期限加长三分之一乃至二分之一等，但是决不可无限期加长。

主持人：我国刑法中关于追诉时效制度的规定过于抽象，一些规定亦不尽合理，司法实践中出现了一些疑难案件，司法机关在适用意见分歧较大。本案涉及共同犯罪中追诉时效的适用问题。欢迎各位嘉宾。

问题一：如何理解立案的含义？对未确定为立案侦查对象的行为人是否成立立案？

主持人：我国法律规定，人民检察院、公安机关等立案侦查或者人民法院受理案件后逃避追诉的，不受追诉时效的限制，立案是不受追诉时效的前提。显然，如何理解立案的含义，是适用追诉时效规定的关键之一。刑事诉讼法规定，发现犯罪事实或者犯罪嫌疑人，应该立案。立案是对人还是对事？

于志刚：根据刑事诉讼法的规定，人民检察院、公安机关等发现有"犯罪事实"或者"犯罪嫌疑人"，都应当立案侦查，因此，我认为立案可以是对人，也可以是对事。但是，这只是刑事诉讼法上关于立案的抽象规定、一般性规定。具体到追诉时效制度中，刑法第八十八条第一款所称的立案，应当是已经发现了犯罪嫌疑人情况下的立案。仅有犯罪事实而立案的，不属于这里所称的立案，否则，就会导致案件事实一旦被发现，就不适用追诉时效制度，那么追诉时效制度基本上就被完全架空了。例如，张三下班后发现家门被撬开，家里丢了2000元钱，就直接向派出所报案，公安机关随即立案，至于是谁实施的盗窃行为，根本没有任何线索。如果仅仅凭此种只知晓"犯罪事实"的立案，就导致了二十年后当犯罪人由于"不受追诉时效限制"的规定而依然要被追诉，显然会导致整个追诉时效制度归于无效。客观地讲，司法实践中的"无头案"很多，比如说，晨跑的人在河边发现了一具尸体后马上报案，经鉴定发现是凶杀后随即立案。但是，被害人身份不清，犯罪人身份也不清。此时，如果以立案为由对尚不清楚的犯罪人适用刑法第八十八条第一款的规定，即不受追诉时效的限制，显然是不合理的。

刘福谦： 从我国刑事诉讼法第八十三条可以看出，我国刑事诉讼法规定的立案有两种情况：一种是对人立案，即把某人作为实施犯罪的嫌疑人进行立案侦查；一种是发现了犯罪事实，对事立案。如某地发现了一具尸体，经过现场勘验和法医鉴定，排除自杀，那么该案就可以杀人案进行立案侦查。这时的犯罪嫌疑人到底是谁，尚不清楚，还没确定犯罪嫌疑人。但是案必须立起来。过去公安机关经常存在"不破不立"的情况，未找到犯罪嫌疑人就不办立案手续，免得出现案件破不了的现象，影响考核。近年来，检察机关加强了对这方面的立案监督，随着公安机关的执法更加严格、规范，这种情况正在减少。有犯罪事实发生，需要追究刑事责任，就应当立案侦查。总之，我认为，对立案中未确定为侦查对象的嫌疑人也同样成立立案。

韩轶： 根据我国刑事诉讼法八十三条，立案所针对的"犯罪事实"和"犯罪嫌疑人"两者之间是一种选择性关系。换言之，两者存其一即符合该规定，也可以说，立案既可对"事"，也可对"人"。从实践看，前述"发现内容"包括三种情形：一种是既发现了犯罪事实也发现了犯罪嫌疑人；二是只发现了犯罪事实尚未发现犯罪嫌疑人；三是发现了犯罪嫌疑人但尚不清楚犯罪事实。需要说明的是，发现了犯罪嫌疑人但尚不清楚犯罪事实也是能够认为有犯罪事实存在的，这与前述立案的首要条件"有犯罪事实"是相符合的。还应强调的是，立案要求的有犯罪事实仅指某种危害社会、触犯刑法的犯罪行为发生，并不要求清晰地认知整个犯罪过程、具体的犯罪情节、犯罪嫌疑人等情况，尤其是一般共同犯罪和犯罪集团，其案情较为复杂且参与犯罪的人数比较多，因为立案只是刑事诉讼程序的开始程序，案件尚未进行侦查和审理，查明全部的犯罪事实要靠立案后的侦查或审理活动来完成。我比较同意刘处长的意见，未被确定为侦查对象的嫌疑人，不否定立案的成立。

问题二：如何理解逃避侦查的含义？逃避侦查是否以行为人知悉已被立案侦查为条件？

主持人：设立不受追诉时效限制特例，本意应该是对对抗司法行为予以惩罚。犯罪后即刻逃跑，是一般人的正常心态，也是现实中的常态，行为人可能不知道已经立案，更不可能知道已经被作为嫌疑人。在这种情况下，司法程序并未启动，如何理解嫌疑人对抗司法行为的主观动机？什么情况下成立逃避侦查？

于志刚：从犯罪嫌疑人的角度来看，"逃避侦查"在本质上是一种对抗司法的行为，因此，犯罪嫌疑人所知晓的，应当是其自身已经被确定为犯罪嫌疑人，而不是其所实施的犯罪已经被立案。是否知道案件本身已经被立案，不是"逃避侦查"的条件，也就是说，"逃避侦查"应当以犯罪人本人知晓自己已经被列为犯罪嫌疑人为条件。例如，张三因口角之争而临时起意杀了李四，被害人家属下班后发现李四被杀就立即报案，但是，公安机关立案后，怀疑案件也是前一天刚刚发生的另一起故意杀人案的犯罪嫌疑人王五所为，因此，在决定并案侦查后随即通缉王五。张三却装作此案与他根本无关而正常生活，公安机关也从未怀疑过张三。二十五年后张三酒后吐真言才被人举报，由此案发。在这一案件中，不能因为公安机关的立案和张三知悉公安机关已经立案，就以张三"逃避侦查"为由而不受追诉时效限制。

刘福谦：一般而言，逃避侦查是指犯罪嫌疑人在实施犯罪后，知悉公安机关已对其立案，为了逃避法律的追究而实施的一系列影响侦查机关顺利侦查、对其采取强制措施的行为。逃避侦查的行为有很多，常见的是远走他乡、隐姓埋名，或者虽然没有远走他乡，但是一直躲避侦查机关，拒不与侦查机关接触，不让侦查机关发现其藏身之地。逃避侦查并不是一定以知悉立案为条件，有的犯罪分子实施犯罪后，就即刻逃往外地，并不管侦查机关对其或者对其行为是否已经立案，反正先逃走再说，这种逃避侦查的行为，是没有以知悉立案为前提的。实践当中，有的可能是因为犯罪事实未被发现等原因，侦查机关一直未对其立案。但是这不影响其逃避侦查事实的成立。

韩轶：侦查是指有侦查权的机关和部门依法进行的专门调查和采取有关的

强制性措施的活动。有观点认为，逃避侦查应限于积极的、明显的、致使侦查、审判工作无法进行的逃避行为，主要是指逃跑或者藏匿。对于行为人实施毁灭证据、串供等行为的，不宜认定为逃避侦查。我不完全赞同这种观点。我认为，逃避侦查不仅包括积极的、明显的逃跑或者藏匿，也应包括行为人为逃避查处所实施的毁灭证据等行为，因为从诉讼的角度看，侦查的功能主要是为了收集证据和查获犯罪嫌疑人。

逃避侦查的判断应以主客观相统一的标准为依据，即在客观方面，犯罪嫌疑人的行为逃避了侦查，在主观上，犯罪嫌疑人具有逃避侦查的故意和目的。即使行为人的行为在客观上导致了对侦查的阻碍，如果其主观上并没有逃避查处的目的，亦不能认为行为人具有逃避侦查的行为而对其适用追诉时效的延长。

问题三：刑法规定追诉时效的本意是什么？1997 年刑法对 1979 年刑法关于追诉时效规定的修改体现了什么意图？

主持人：追诉时效制度一直被广泛认可，但关于其理论依据却众说纷纭。追诉时效制度的理论基础究竟是什么？我国 1997 年刑法规定的追诉时效与 1979 年刑法有何不同？

于志刚：理论上认为追诉时效的意义有很多，例如证据灭失可能说、悔改说，等等。我认为，追诉时效制度得以存在的理论基础，在于人的可改造性和社会性。刑罚的改造（或者说矫正、矫治）功能是其所具有的基本功能之一，具体含义是指刑罚可以改变犯罪人的价值观念和行为方式，使其成为对社会有用的、健康的新人而重新回归社会。追诉时效制度存在的现实依据，则在于承认犯罪人的自我改造效用，换言之，在犯罪人经过足够长的时间不再犯罪后，在法律上便推定其不需适用刑罚而自我改造成功，成为能为社会所接纳的新人。

从国家的角度来看，犯罪人行为的社会危害性及其可罚性程度，是发展变化的，通常是将随着时间的流逝而逐步变小。社会对犯罪人及其危害行为的否定评价，将随着时间的推移而变化，社会一般人对犯罪事实随着时间推移而逐渐有较为恰当的认识或者适当的否定评价。从被害人角度来讲，其被侵害的委屈感及谋求刑罚干预或者意图进行私力报复心理的强烈程度，将随着时间的推移而逐步缓和或者逐步消失，由此导致对犯罪人加以惩罚的必要性也随之降低。从犯罪人本身的角度来讲，其犯罪的主观恶性及人身危险性伴随着时间的流逝而趋于弱化,并且长期的自我约束已经使针对原罪的刑罚惩罚变得意义不大。正是以上社会三个方面对刑罚干预要求的降低,而导致国家权力对足够长时间前的犯罪的刑罚干预已无必要,因而导致了追诉时效制度的产生。

就刑法第八十八条第一款而言,刑法关注的真正内容没有变化,这一款的核心词依然是"逃避侦查或者审判",也就是说,打击的仍然是对抗司法的"逃避侦查或者审判"的行为。虽然1997年刑法相对于1979年而言有所修正,但是修改的真正内容,只是扩大了对于对抗司法行为的打击范围:从"采取强制措施"之后的对抗司法行为即"逃避侦查或者审判",提前到人民检察院、公安机关、国家安全机关的"立案侦查"和人民法院的"受理案件"之后的对抗司法行为即"逃避侦查或者审判",以此种方式扩大了打击半径,处于这个半径之内的对抗司法行为即"逃避侦查或者审判"的,不再受追诉时效的限制。

刘福谦:通常而言,刑法规定追诉时效的目的主要有以下几点:一是符合刑罚的目的。刑罚的目的之一是预防犯罪。犯罪人在实施犯罪后,在一定期限内没有再犯罪,说明其犯罪的危险性已经消除,一定程度上达到了适用刑罚的目的。二是有利于司法机关集中精力办理当下的刑事案件。这也是一种现实的考虑。现行的犯罪对社会具有极大的危害性,需要公安、司法机关尽快抓获犯罪嫌疑人予以惩罚,及时消除犯罪分子的社会危害性。如果不规定追诉时效制度,公安机关、司法机关一直陷于陈年旧案之中,会影响现行犯罪案件的办理。设置追诉时效制度,同时也可以节约司法资源,节约人力、物力、财力。三是有利于社会的稳定。犯罪分子犯罪后在一定时期内没有再犯罪,表明其对社会的危险性已经消除,随着时间的推移,社会已经逐渐遗忘其犯罪行径,被害人对他的仇恨也会随时间的流逝而消解,被损害的社会关系已经恢复,犯罪人的社会生活、家庭生活已经步入正常。在此情况下,不再追究犯罪人的犯罪行为,有利于社会的稳定。如果再予追究,反倒破坏社会的安宁和稳定。

韩轶:比较1979年刑法第七十七条和1997年刑法第八十八条第一款的规定,现行刑法对1979年刑法的修改主要是将不受追诉期限的限制的首要条件"采取强制措施以后"修改为"立案侦查或者在人民法院受理案件以后",应当认为,现行刑法的规定使不受追诉期限的限制的前提条件更趋严格,也更符合司法实务中出现的情形。采取强制措施主要是针对人,而立案则针对"事"和"人"。

问题四：如何准确理解不受追诉时效限制的条件？

主持人： 我国刑法规定了追诉时效，同时也规定了不受追诉时效限制的情形。请大家概括一下对于不受追诉时效限制的条件的看法。

于志刚： 追诉时效制度的设立，主要是为尚未被司法机关所发现、尚未被刑罚打击力所及之犯罪人提供一个处于刑罚真空下的自我悔改机会，是一种不得已而为之的、无奈的立法选择。但是，对于已经被司法机关所察觉并开始对其采取追诉措施的犯罪人而言，就一般不再对其适用追诉时效制度。因此，处于此种情况下的犯罪人如果对抗司法措施，在司法机关对其开始追诉后逃避、隐匿而使自己处于刑罚打击半径之外的，尽管其在逃避、隐匿的过程中可能遵纪守法，但仍为许多国家的追诉时效制度所不容。刑法第八十八条第一款设置的不受追诉时效限制制度，应当说也是基于此种考虑，即为了防止犯罪人以对抗司法的方式来逃避侦查和审判。因此，依照刑法规定，如果犯罪人在被公安机关、检察机关、国家安全机关立案侦查后或者在人民法院受理案件后，仍然逃避侦查或者审判，而不是在未进入司法机关视野的情况下单纯隐匿自我悔改的，将自陷于终生受追诉之地步，导致司法机关在任何时候都可以对其进行追诉，因而实际上已经不存在追诉时效期限的问题。

刘福谦： 1997年刑法规定的不受追诉时效限制的情形有两种：一是在人民检察院、公安机关、国家安全机关立案侦查或者在人民法院受理案件以后，逃避侦查或者审判的，不受追诉期限的限制；二是被害人在追诉期限内提出控告，人民法院、人民检察院、公安机关应当立案而不予立案的，不受追诉期限的限制。第二个条件比较容易理解，不易引起歧义。目前有分歧的主要是刑法第八十八条第一款。我认为，本款规定的不受追诉讼期限限制，应同时具备两个条件：其一，有关部门立案之后；其二，犯罪人逃避侦查或者审判的。只具备一个条件的，受到追诉时效的限制，并不一定是成为立案对象的，逃避侦查或者审判的，才不受追诉时效的限制。因事立案的情况下，逃避侦查或者审判的，同样也不受追诉时效的限制。

问题五：本案应如何处理？应如何进一步完善我国刑法关于不受追诉时效期限限制的规定？

主持人： 各位嘉宾的结论一致，但对具体问题的看法仍存在分歧。最后，请各位嘉宾总结一下各自的观点。

于志刚： 本案中，由于公安机关立案之时和之后的七年间，确定的犯罪嫌疑人只有张某，而不包括郭某，因此，对于张某应当适用第八十八条第一款的规定，不受追诉时效的限制而可以继续追究刑事责任。但是，对于郭某，则应当认为追诉时效期限已经完成。本案中形成困惑的原因在于出现了共同犯罪这一干扰因素。在前面所举盗窃案和故意杀人案例之中，就不会出现此种困惑。正是由于共同犯罪这一干扰因素的介入，导致了判断的观念性困惑。

虽然从本质上讲，共同犯罪应当一并追究，不能形成一部分犯罪人负刑事责任，一部分犯罪人不负刑事责任的情况；在追诉时效制度中，也不能形成一部分犯罪人追诉时效期限长，一部分犯罪人追诉时效期限短的情况，这是基本的公平观念主导下的判断结论。但是，共同犯罪中追诉时效期限一体化的解决模式，在于所有共同犯罪人的追诉时效期限，无论是主犯还是从犯，无论是实行犯还是帮助犯，都应当适用共同犯罪中刑事责任最重的那个共同犯罪人（例如犯罪集团的首要分子）可能适用的最重法定刑所导致最长的追诉时效期限，而不是各个共同犯罪人根据自身的罪行，来适用长短不一的、各自独立的追诉时效期限，这才是共同犯罪追诉时效的应有解决模式，也是共同犯罪的整体惩罚性所在。

除此之外，共同犯罪人各自所有的其他情节，无论是在量刑上，还是在追诉时效制度的适用上，都不应当影响到其他共同犯罪人。因此，如前所述，刑法第八十八条第一款的打击对象，是主动对抗司法的"逃避侦查或者审判"行为，而在共同犯罪中，犯罪之后是否存在对抗司法的"逃避侦查或者审判"行为，是各个共同犯罪人自己实施的、各自独立的行为，与其他共同犯罪人没有关系，在效力上也不应当影响到其他共同犯罪人。正如各个共同犯罪人的其他案外情节，例如自首、立功等，在效力也不及于共同犯罪人一样。

关于完善问题，我认为，刑法第八十八条第一款过于严厉，立法失调：一方面，立法机关对于犯罪人之是否尊重司法行为的关心，似乎远远超过了对于犯罪行为本身之社会危害性之关心，因为对前者所设置的追诉时效期限是永久性的，而对后者则是存在明确的时效期限；另一方面，轻罪与重罪之间追诉时效期限长短的明确界限，在设置初衷上，是基于不同危害行为的社会危害性的轻重不同。而处于上述法条下之追诉时效期限，则基本上已完全抛开这一标准，将犯罪后之态度作为标准而再度对犯罪之追诉时效期限加以划分，并显然凌驾于前一标准之上。这种立法标准的选择，直接可能导致轻罪之追诉时效期限远远长于重罪之追诉时效期限。未来修正时，应当注意以下几个方面：其一，兼顾追诉方与受刑方双方权益，不能为了单纯维护本已足够强大的司法机关之权威和减少其工作难度，而完全置犯罪人合法权益于不顾，使其难以享有追诉时效制度赋予其的应有权利，因一时的人类所共有的趋利避苦之逃避行为而无限期受到求刑权行使之威胁。其二，区分不同行为。犯罪人对抗司法追诉之行为，无论在种类上还是性质上都是多种多样的，不同行为对于司法机关工作所造成的难度以及对追诉所形成的妨碍，相差甚远。对于恶意地、积极地对抗司法行为，在立法适当延长其追诉时效期限有其合理性，但是，不能不分程度而一概置其于无限期受追诉的境地。而对于消极地逃避性、非对抗性行为，则根本不应当延长其受追诉的时效期限。其三，对于追诉时效期限的延长必须有一个度的限制，不宜全部处以无限期追诉之方式。对于严重的对抗司法行为，例如，逃避强制措施、经过通缉后拒不归案等行为，可以规定一个相对固定的延长期限，例如将其追诉时效期限加长三分之一乃至二分之一等，但是决不可无限期加长。

刘福谦：本案中郭某的犯罪行为已经被公安机关立案侦查，虽然并未对其立案，但是本案中的立案不应仅仅理解为是限于对张某的立案，这种狭义的理解是不妥当的。因此，郭某符合不受追诉时效限制的第一个条件。但是由于郭某一直在家务农，现有证据不足以证明其有逃避侦查或者审判的行为，不符合第二个条件，因此郭某的犯罪行为受到追诉时效的限制。本案应根据刑事诉讼法第十五条处理，或者撤销案件，或者不起诉，或者终止审理，或者宣告无罪。关于完善问题，我认为，我国刑法关于不受追诉时效限制的规定，目前没有太大问题，只是在理解上容易产生一些异议，可以通过司法解释的方式予以明确。

韩轶：关于本案的处理意见和完善我国刑法关于不受追诉时效限制规定的问题，我同意刘处长的意见，具体的理由也基本一致。我只补充一点：如果存在或能够收集到证据证明，郭某知道同案犯张某已远逃，公安机关难以抓获到张某，张某未抓获，也就无人知道他参与了作案，他认为自己无须选择远离家乡，逃匿到偏僻的地方的方式逃避侦查，而选择在家务农的方式也能逃避公安机关的侦查。也就是说，从主客观方面分析，如果郭某主观上具有逃避侦查的意图，客观上选择了自认为"安全"的方式逃避侦查，郭某的行为就应依法不受追诉时效期限的限制。

主持人：再次感谢各位嘉宾！

●宋 跃

●阮方民

●周振晓

●李永红

我国实行取水许可证制度,但在一些地区,企业受利益驱动擅自抽取地下水的现象比较普遍。过量抽取地下水导致地面沉降,严重威胁建筑设施、道路桥梁、防洪堤坝等的安全。目前,对擅自取水行为只是由行政机关予以行政处罚,已无法有效遏制此类违法行为的上升势头。能否在现行法律框架内,对擅自抽取地下水的行为适用刑罚手段予以惩罚,人们的认识还很不一致。近日,本刊与浙江省桐乡市人民检察院共同邀请专家,就擅自抽取地下水的行为是否构成犯罪问题展开深入探讨。

擅自抽取巨量地下水是否构成犯罪

主 持 人：宋　跃（浙江省桐乡市人民检察院检察长）
特邀嘉宾：阮方民（浙江大学光华法学院教授）
　　　　　周振晓（中国计量学院法学院教授）
　　　　　李永红（浙江工业大学法学院教授）
文稿统筹：姚剑良　孙永生
摄　　影：沈利强

【案情简介】

某市制革厂曾获得市水利局颁发的《取水许可证》，根据取水许可证，其生产经营活动可在河道取水。因河水水质差，水处理成本大，为减少生产经营成本，该厂于2005年1月6日擅自启用已被水利局封闭的厂区内深井（深入地下200多米处，水质优良，水温常年恒定保持在18℃，2000年被水利局封闭），修建深井附属设施抽取地下水用于生产经营活动。水利局查获后，责令该厂停止取水、封存取水口，补缴已使用的地下水水资源费50万元，并处罚款2万元。

【分歧意见】

对于擅自抽取地下水的行为是否构成犯罪，主要有三种不同意见：

第一种意见认为，构成盗窃罪。根据我国水法规定，水资源，包括地表水和地下水，为国家所有。擅自抽取地下水侵害了国家对水资源的所有权，因而构成盗窃罪。

第二种意见认为，构成非法采矿罪。《中华人民共和国矿产资源法实施细则》第二条规定，地下水、矿泉水等包括在矿产之内，"地下水资源具有水资源和矿产资源的双重属性"。根据刑法第三百四十三条的规定，非法采矿罪的犯罪对象是矿产，因此，擅自抽取地下水构成非法采矿罪。

第三种意见认为，该行为不构成犯罪。

【特别观点】

■刑法意义上的所有权是人对自然资源施加影响而形成的物的所有权，不是处于自然状态的资源本身的所有权。

■如果是不能为人们所控制、支配的，即使其具有经济价值，也不能成为盗窃罪的对象。

■当水法对擅自抽取水资源的行为只规定了行政责任，没有规定刑事责任时，如果刑法中也没有规定该行为是犯罪，那么就意味着该行为不是犯罪。

■对该厂的行为按照非法采矿罪定罪处罚，既符合罪刑法定原则，也能够通过刑事追究达到刑法的立法目标——通过刑事制裁，确保环境资源管理方面的法律得到有效实施，以实现环境资源和社会的协调与可持续发展。

问题一：地下水能否成为盗窃的对象？关于盗窃犯罪的对象，法律上的具体要求有哪些？

主持人：水资源对社会经济可持续发展具有不可替代的作用，但目前水资源开发利用和环境保护现状令人担忧，已经出现的质量性缺水、区域性污染呈上升趋势，加大对水资源的保护力度迫在眉睫。今天研讨的关于擅自抽取地下水的行为是否构成犯罪问题具有一定普遍性。欢迎各位嘉宾参与研讨。

物体在形态上可分为有形的、无形的，有些是已经为人们所控制的，有些是尚未受到控制的。关于盗窃犯罪的对象，现行法律在这些方面有哪些具体的要求？

阮方民：地下水能否成为盗窃的对象，应当根据不同的情形具体判断。如同本案中的地下水，在被抽取之前是作为一种资源而以原生态的状态存在的，不能成为盗窃等财产犯罪的对象；但如果经过人类的劳动生产活动，将地下水从地下的原始资源状态下抽取出来，是能够成为盗窃等财产犯罪的对象的。理由如下：

第一，虽然经法律的规定，在资源上也存在着特定的所有权，但这种资源的所有权与普通物的所有权是有所不同的。资源在未经开采的原生态状态下，法律规定的国家所有权实质上是一种代表全民实施的对自然状态的资源的专属管理权；只有对资源开采后形成的有形物或者无形物的所有权才是物的所有权。刑法规定的包括盗窃罪在内的财产犯罪的客体——财产所有权是民法上的普通物的所有权，而不是资源的所有权。进言之，刑法意义上的所有权是人对自然资源施加影响而形成的物的所有权，不是处于自然状态的资源本身的所有权。刑法惩治破坏资源犯罪所保护的客体是国家对资源的管理制度或对资源的管理秩序（这是由国家对资源的专属管理权派生而来的），而不是简单保护资源的所有权。这可以从刑法设定的罪名来得到解释，刑法对侵犯资源权益的行为是用非财产犯罪来予以否定评价而不是用财产犯罪来进行否定评价的，如刑法第三百四十二条非法占用耕地罪、第三百四十三条非法采矿罪、第三百四十四条非法采伐、破坏珍贵林木罪、第三百四十五条盗伐林木罪等。如果将普通物的所有权混同于资源的所有权，认为侵犯资源所有权的行为具有侵犯普通财产所有权的性质，那么，凡未经国家主管部门核发许可证而非法擅自开采滥用各类资源的行为，因都是欺瞒国家主管部门而实施的，均可以被评价为"秘密窃取"国家资源的盗窃行为。因而虽可以构成刑法上相关的侵犯资源犯罪，但又同时可能触犯盗窃罪，按照想象竞合犯的"从一重处断"原则，因盗窃罪通常是重罪，均应按盗窃罪定罪处罚。这将"架空"刑法中上述几个保护资源的罪名，使上述保护资源的罪名失去了司法上的实际意义。显然，这是有违立法本意的。

第二，资源要成为盗窃罪等财产犯罪的对象，必须脱离原生态而形成某种特定物，且该特定物必须具有物化劳动的价值性这一法律特征。所谓物化劳动的价值性是指由于人类的特定活动（一般为开采性的生产活动）而使资源得到开采，脱离原生态而形成了特定的有形物或者无形物，在该物中因凝结了人类的物化劳动而具有一定的经济价值。因此，当资源还处在未开采的原生态时，虽然也可能被认为是有价值的，但人们认为的这种价值实际上是一种预期的价值，即当人类将它开采出来以后才具有的经济价值，而不是在原生态时就具有的价值。据此，可以认为，在"两高"的司法解释中提到的"天然气"等无形物可以构成盗窃罪的对象，并非是指处在未开采的原生态状态下的"天然气"资源，而是指脱离了原生态的已经经过人们开采的生产活动而形成的"天然气"产品。

周振晓： 地下水可以成为盗窃罪的对象。刑法第二百六十四条明确规定盗窃罪的犯罪对象是"公私财物",并未加以任何限制。因此,一般而言,一切公私财物,均属于盗窃罪的犯罪对象。通俗地讲,在公私财物中,只要是能够被人"偷得走"的公私财物,都是盗窃罪的犯罪对象。一般认为,盗窃罪中的"公私财物"应该具有以下特征:(1)他人的财物;(2)具有一定的经济价值;(3)具有可支配性(能够被人们所控制和占有);(4)能够被移动(能够被人们通过秘密手段转移或利用、支配);(5)未被刑法排斥。地下水这种资源符合这几个特征,应该属于公共财物(地下水通常不可能是私人财物)。

由于盗窃罪是以"非法占有为目的"的犯罪,盗窃行为的实质在于通过排除他人对财物的支配关系,而建立自己对该财物的非法支配关系。因此盗窃罪的犯罪对象必须能够为行为人所占有,即具有为行为人所支配的可能性。如果是不能为人们所控制、支配的,即使其具有经济价值,也不能成为盗窃罪的对象。比如阳光、风力等自然能源,它们不能被人们控制,没有所有权人,人人都可以自由享用。

如何理解财物的可支配性呢?可支配性包括事实上的支配与法律上的支配。这种支配不仅仅是单纯的物理的有形的支配和占有,还表现为法律上的一种支配关系。国家对地下水有支配权,地下水是受国家控制的财物,国家有权对地下水进行处置。因此,地下水也可以成为盗窃罪的对象。

未被刑法排斥是指盗窃对象应当是未被刑法排除的公私财产。一方面,在盗窃罪的规定中,并没有将地下水排除在其犯罪对象之外;另一方面,在刑法的其他条文中,同样没有将地下水作为特殊财物并构成其他特殊盗窃犯罪的规定。而枪支、弹药、爆炸物、危险物质,虽然同样具有财物的特征,但是由于这些财物具有特殊的属性,刑法另外做了特别规定,盗窃这些财物的,不构成盗窃罪,而构成盗窃枪支、弹药、爆炸物、危险物质罪。

李永红:我国刑法第五章规定了盗窃罪等侵犯财产犯罪,第六章妨害社会管理秩序罪第六节规定了"破坏环境资源保护罪"。该节第三百四十条至第三百四十五条规定了涉及非法捕捞水产品、非法捕杀国家重点保护的珍贵濒危野生动物、非法占用耕地、非法采矿、非法采伐珍贵树木、盗伐森林或者其他林木等破坏资源的犯罪。所有这些犯罪既破坏了国家对自然资源的管理,又侵犯了国家对自然资源的所有权。从犯罪构成要件上分析,以非法占有为目的实施的破坏自然资源的犯罪,同时也可能符合刑法关于盗窃罪的规定。如果某一行为同时符合盗窃等侵犯财产罪又符合破坏环境资源保护罪的犯罪构成,那么对案件的定性应当如何适用法律？是从一重处断还是特别法优于一般法？我认为应当按照特别法优于一般法的规定适用法律。法理依据是：当法律规则对同一事实作出了两个以上的平行规定但又不能区分一般规定与特别规定时，应当按照从一重处断的原则选择适用的法律，因为平行的法律规则具有同等的法律适用效力，适用时不分先后顺序。当法律规则对同一事实的两个以上规定能够区分一般规定和特别规定时，应当优先适用特别规定对该事实定性。由于盗窃罪的法定刑高于非法采矿等破坏自然资源犯罪的法定刑，假如简单地一律适用重法优于轻法的原则，那么破坏自然资源的规定将无法得到适用，立法者就不必要多此一举作出特别规定。因此，如果行为人以非法占有为目的实施了非法捕捞水产品、猎杀珍贵濒危野生动物、非法采矿、非法采伐珍贵树木、盗伐林木、占用农地等行为，则不应认定为盗窃罪，而应按照刑法第六章第六节的特别规定定罪处罚。因此，对本案中擅自抽取地下水的非法行为，应当以非法采矿罪定性，而不应以盗窃罪定性。

问题二：我国水法对擅自抽取水资源的行为只规定了行政责任，没有规定刑事责任，是否意味着排除了对水资源的刑法保护？

主持人：依据刑法追究法定犯的刑事责任，必须在相关的行政法律中有对某个严重的行政违法行为追究刑事责任的衔接性或照应性条款规定，但水法中并未规定对擅自抽取地下水应当追究刑事责任的衔接性或照应性条款。如何理解这种现象？

阮方民：根据刑法学基本原理，按照是否违反了一定的行政法律，将犯罪分为自然犯与法定犯，或称刑事犯与行政犯。自然犯构成犯罪不需要以违反一定的行政法律为前提条件，但法定犯的构成犯罪却需要以违反一定的行政法律为前提条件。盗窃罪属于自然犯，因而，如果对擅自抽取地下水的行为按盗窃罪定罪处罚，是不需要以违反某个行政法律为前提的；而非法破坏环境资源保护的犯罪则属于法定犯，因而，如果对擅自抽取地下水的行为要按该类犯罪定罪处罚，则必定需要以违反某个行政法律为前提。如前所述，由于擅自抽取地下水的行为不符合盗窃罪的对象条件，不应按盗窃罪定罪处罚，因而该行为如果构成犯罪应属于法定犯，要定罪处罚的话，必须以违反某个行政法律为前提。由于水法中未规定对擅自抽取地下水应当追究刑事责任的衔接性或照应性条款，因而意味着对严重的违法开采地下水资源的行为，只能按行政违法处理，而不应当追究刑事责任。

李永红： 我同意阮教授的法理分析，但不同意他的结论。行政犯所侵犯的客体是管理秩序，如果行政法律中没有对严重的不法行为追究刑事责任的规定，的确是个严重的缺陷，会导致无法追究刑事责任。但是本案的情形不一样。水法对非法抽取地下水，只有追究行政责任的规定，没有追究刑事责任的规定，但对地下水的保护，并不仅仅适用水法，地下水作为矿产资源，还适用矿产资源法等行政法律，而矿产资源法对非法开采矿产资源的严重违法行为，都有追究刑事责任的规定。

周振晓： 某种危害行为是否构成犯罪，判定的依据是刑法中有没有规定为犯罪，而不是看在非刑事法律（如水法等行政法）中是否规定了刑事责任的内容。在我国，原来的一些非刑事法律中，曾经超出刑法典另外规定了刑事责任的内容，例如1987年1月22日全国人大常委会通过的海关法第四十七条第四款规定："企业事业单位、国家机关、社会团体犯走私罪的，由司法机关对其主管人员和直接责任人员依法追究刑事责任；对该单位判处罚金，判处没收走私货物、物品、走私运输工具和违法所得。"该规定首次在我国法律中确认了单位可以成为犯罪主体。这表明，在当时是允许存在这种情况的，即刑法典没有规定的刑事责任，在非刑事法律中也可以补充规定。不过现在的情况有所不同。虽然我国刑法第一百零一条规定："本法总则适用于其他有刑罚规定的法律，但是其他法律有特别规定的除外。"但是按照刑法典明确规定的罪刑法定原则的要求，在其他非刑事法律中关于犯罪及刑事责任问题的规定，只能是对应刑法的重复性、照应性的规定，而不能是创设性的规定。并且，根据立法法的规定，全国人民代表大会制定和修改刑事、民事、国家机构的和其他的基本法律。全国人大常委会制定和修改除应当由全国人民代表大会制定的法律以外的其他法律。我的理解是，规定犯罪和刑罚的事项，只能由全国人民代表大会以制定和修改刑事法律的方式来完成。因此，当水法对擅自抽取水资源的行为只规定了行政责任，没有规定刑事责任时，如果刑法中也没有规定该行为是犯罪，那么就意味着该行为不是犯罪。当然，我认为地下水是可以成为盗窃罪的对象的。

问题三： 地下水能否看作矿产？矿产资源法实施细则明确规定，地下水属于矿产分类中的水气矿产，擅自抽取地下水构成非法采矿罪，这样认定能否成立？

主持人： 水资源具有双重属性，既适用水法，又适用矿产资源法，这在一定程度上增加了人们对擅自抽取地下水行为定性上的难度。应如何全面理解水法、矿产资源法中关于擅自抽取地下水行为责任的规定？

阮方民：1994年由当时的地质矿产部制定颁布的矿产资源法实施细则第二条对"矿产资源"所下的定义是准确的，即"矿产资源是指由地质作用形成的，具有利用价值的，呈固态、液态、气态的自然资源"，地下水也是符合这一定义的自然资源的一种。因此，将地下水看作矿产是有法律依据的。但是，这并不意味着能够将擅自抽取地下水的行为按非法采矿罪定罪处罚。因为，根据矿产资源法实施细则第四十四条的规定："地下水资源的勘查，适用矿产资源法和本细则；地下水资源的开发、利用、保护和管理，适用水法和有关的行政法规。"也就是说，对人们从事的对地下水具有影响力的行为，应当根据其行为性质与功能的不同，分别适用不同的行政法律作评价。由于擅自抽取地下水的行为属于"开发""利用"性质与功能的行为，应当适用的是水法而不是矿产资源法。因此，只能依照水法的规定而不能依照矿产资源法的规定对擅自抽取地下水的行为追究法律责任。

周振晓：我同意阮教授的观点，擅自抽取地下水的行为不构成非法采矿罪。补充一点意见，矿产资源法第三十九条第一款规定："违反本法规定，未取得采矿许可证擅自采矿的，擅自进入国家规划矿区、对国民经济具有重要价值的矿区范围采矿的，擅自开采国家规定实行保护性开采的特定矿种的，责令停止开采、赔偿损失，没收采出的矿产品和违法所得，可以并处罚款；拒不停止开采，造成矿产资源破坏的，依照刑法第一百五十六条的规定对直接责任人员追究刑事责任。"其中刑法第一百五十六条的规定是故意毁坏公私财物的规定。可见，在当时矿产资源法是将矿产资源作为特定的财物予以保护的。现在已经按照非法采矿罪定罪。

问题四：对擅自抽取地下水的行为定罪处罚，违反罪刑法定原则吗？是否应该将地下水资源纳入刑法保护范围？

主持人：水危机已成为我国国民经济发展的制约因素，水资源短缺和水污染并存的局面严重地威胁着经济的发展和人民的生活。加强水资源的管理是缓解水危机最为有效的方法，而在经济手段、行政手段已充分应用的情况下，是否还需要以刑事法律手段来保护？

阮方民：在目前情况下，对擅自抽取地下水的行为要定罪处罚的话，是缺乏法律依据的。以任何借口和理由定罪，都违反罪刑法定原则。我们只能通过修改刑法来填补立法空白后,在未来用刑法去打击那些情节严重的擅自抽取地下水的违法行为。但在现行的立法框架下,如果将擅自抽取地下水的行为定罪,无论以什么方式与理由去解释法律(除非是立法解释)与适用法律,都不能不说是一种类推解释或类推适用,这样的解释与适用,恰恰是被现行刑法所废止的。

我认为,应当按照社会的现实需要与未来发展需要,在遵循刑法谦抑性原则的基础上来考虑是否应当将水资源纳入刑法的保护范围。1997年刑法修订时,立法机关尚未将对水资源的保护纳入刑法的视野,这在当时也许是有道理的。但从目前的现状以及今后的发展趋势看,中国是一个水资源极度贫乏的国家,水资源的严重缺乏已经影响到国家与社会生活的各个方面。在这样的情况下,对水资源的非法开采与利用的社会危害性急剧上升,已经较十多年前更为严重地危及到人民群众生活的安宁、经济的健康发展与国家的安全。从这样的战略高度看,已经到了必须动用刑法而不只是依靠行政法来保护水资源的时候了。也就是说,在立法上进行必要的修改,将情节严重的水资源的非法开采与滥用行为入罪应当进入立法机关的视野了。

周振晓: 擅自抽取地下水的行为已经可以定罪,可以盗窃罪认定,目前不需要作特别规定。当然,如果将来有必要,也可以考虑设立特别法予以特别保护。

问题五:本案该如何处理?

主持人: 各位嘉宾的观点非常鲜明,分歧也很大,可见对擅自抽取地下水行为的刑事责任问题确实有深入讨论的必要。最后,请各位嘉宾总结一下自己的观点,该案究竟当如何处理?

阮方民: 我认为,在目前的法律框架之内,本案中擅自抽取地下水的行为不能构成犯罪,而是属于违反水法的一般行政违法行为,只能依法追究其行政责任,不能追究其刑事责任。

周振晓: 我认为擅自抽取地下水的行为构成犯罪,构成盗窃罪。对这种行为进行定罪处罚,在刑法上是没有法律障碍的。当然,目前在人们的观念上肯定会有障碍。考虑到人们的观念需要一个转变的过程,考虑到目前民众对这种行为定罪的可接受程度,考虑到目前大众的普遍认同水平,对这种行为的定罪要特别慎重。

关于对本案的处理,我的意见是:尽管擅自抽取地下水的行为可以构成盗窃罪，但是本案属于单位盗窃，是某制革厂盗窃，而不是个人盗窃。关于单位盗窃，由于刑法第二百六十四条只规定盗窃罪的犯罪主体是自然人，因此对于单位盗窃能否追究自然人的刑事责任是有争论的。2002年7月8日《最高人民检察院关于单位有关人员组织实施盗窃行为如何适用法律问题的批复》指出："单位有关人员为谋取单位利益组织实施盗窃行为，情节严重的，应当依照刑法第二百六十四条的规定以盗窃罪追究直接责任人员的刑事责任。"按照此规定，对本案按照盗窃罪追究该制革厂中直接负责的主管人员和其他直接责任人员的刑事责任是可以的。

李永红：我认为，某市制革厂超越取水许可证规定的取水范围抽取地下水，非法取得自然资源的数量大，并且会因地下水的抽取加速地面沉降，既对自然资源是一种侵害，又破坏了地质环境，具有较为严重的社会危害性，根据水法和矿产资源法的相关规定，其行为事实符合刑法第三百四十三条第一款规定的非法采矿罪的法定要件。因此，对该厂的行为按照非法采矿罪定罪处罚，既符合罪刑法定原则，也能够通过刑事追究达到刑法的立法目标——通过刑事制裁，确保环境资源管理方面的法律得到有效实施，以实现环境资源与社会的协调与可持续发展。技术性操作出路是，由全国人大常委会对刑法第三百四十三条规定的"矿产资源法的规定"进行解释，以明确该条中的"矿产资源法的规定"包括了水法等所有涉及矿产资源管理的法律规定。

主持人：再次感谢各位嘉宾！

●周和玉

●赵建生

●曾粤兴

●龚永强

●邓水云

一个企业,通过合法的途径为职工谋福利本来无可非议。但若动用公款注册私人公司,又经营同类业务,其行为无疑触及了法律的底线。对此类行为该如何处理呢?日前,本刊与云南省昆明市检察院共同组织召开研讨会,对相关法律适用问题进行了深入探讨。

挪用公款成立私人公司为职工谋利应如何定性

主 持 人：周和玉（云南省昆明市人民检察院副检察长）
特邀嘉宾：赵建生（云南省人民检察院副检察长）
　　　　　曾粤兴（昆明理工大学法学院院长、法学博士、教授）
　　　　　龚永强（云南省昆明市人民检察院副检察长）
　　　　　邓水云（云南省昆明市人民检察院公诉四处主诉检察官）
文稿统筹：倪爱静
摄　　影：杨汝泰

【案情简介】

　　陈某、麻某、严某分别系某县自来水厂的正、副厂长和会计。2005年6月，该自来水厂经中层干部办公会议研究并向该县建设局局长口头请示后决定成立一家私人公司，为职工解决福利。由严某从自来水厂账户上汇入人民币50万元到陈某私人账户，并以该款进行验资，注册成立了以三人为自然人股东的某管道工程有限公司（以下简称管道公司）。管道公司成立后，50万元随即被转回自来水厂账户。

　　此后，管道公司以自己的名义承接管道安装工程，但工程材料和施工人员却由自来水厂提供，管道公司收取工程款20余万元。其中，8万元用于发放自来水厂2005年度职工目标责任奖及一次性奖金，8万元用于支付前述管道安装工程伙食费、临时工工资、材料费及税款，剩余资金4万元仍在管道公司账户上留存。

【分歧意见】

　　对于陈某等人的行为如何定性，存在以下四种不同意见：

第一种意见认为，陈某等人的行为构成非法经营同类营业罪。理由是：陈某等人以为职工解决福利为幌子，成立私人公司自己经营与其所任职单位同类的营业，获取非法利益，数额巨大，构成非法经营同类营业罪。

第二种意见认为，陈某等人的行为构成挪用公款罪。理由是：陈某等人以为职工解决福利的名义，将自来水厂50万元资金转至陈某私人账户用于验资，尽管该私营公司的收入有部分用于发放自来水厂职工奖金，但不能因此否定陈某等人利用自来水厂负责人的职务便利成立私营公司经营谋取私利的主观目的和客观行为，符合利用职务之便挪用公款归个人使用，进行营利活动的犯罪构成，构成挪用公款罪。

第三种意见认为，陈某等人的行为构成私分国有资产罪。理由是：陈某等人为了实现将国有企业的资产作为福利待遇在自来水厂职工中进行分配的目的，采用了利用自来水厂资金注册非国有公司，然后再利用自来水厂的人力和物资以该公司名义进行经营活动的手段，将经营活动的收益进行私分。由于这些款项是利用自来水厂的公款注册成立的公司且利用自来水厂人力物资进行经营活动所产生的收益，其本质上应属于国有资产的增值。因此，陈某等人的行为构成私分国有资产罪。

第四种意见认为，陈某等人的行为不构成犯罪。由于刑法处罚的是一种实质的犯罪，即行为本质构成犯罪，并非行为形式上的犯罪，因此，陈某等人的行为由于缺乏本质上的犯罪目的，不构成犯罪。

【特别观点】

■是否属于同类营业，主要看营业执照范围。目前工商行政管理对营业执照上的经营范围仍然区分生产型企业和经营型企业以及生产经营型企业。

■司法实践中，面对社会生活中普遍存在的借资验资行为，往往容易朝虚报注册资本罪方面考虑，事实上这与虚报注册资本有着根本不同，原因就在于没有处理好公司法和投资法的关系。

■理解"利用职务上的便利"，需要与"挪用"行为结合起来考虑：这种便利，应当是能够直接或者间接指向公款，使"挪用"行为得以完成。

■行为人行为的整个过程实质上是假公济公、化大公为小公，将这一过程解释为挪用公款很难说符合法意解释的要求，实质上是一种目的解释。

主持人：近年来，国有企业工作人员贪污、挪用公款和私分国有资产的案件在职务犯罪案件中所占比例越来越大，犯罪手段也日益翻新，给案件查处工作带来极大挑战。今天我们要讨论的案例就牵涉如何准确适用法律，实现惩罚犯罪与保障人权统一的问题。希望各位理论界和实务界的专家各抒己见，畅所欲言。

问题一：如何界定刑法第一百六十五条非法经营同类营业罪"董事、经理"的范围？如何界定同类营业？何谓非法利益？司法实践中对本罪"数额巨大"的标准应如何掌握？

主持人：未经公司改制的国有企业，其负责人往往被称为"厂长"而不是"经理""董事"，对于这类未经公司改制的国有企业负责人，利用职务便利，兼营同类营业的行为，能否受刑法第一百六十五条非法经营同类营业罪调整？何为同类营业，管道公司的营业项目能否为自来水厂的营业项目所包含？陈某等人动用自来水厂资金成立以自己为自然人股东的管道公司，领取目标责任奖及一次性奖金的行为能否视为获取非法利益？

曾粤兴：1997年修订刑法，为了防治国有公司的负责人实施这种竞业行为，在第一百六十五条中规定了非法经营同类营业罪。国企的厂长、国有公司的董事长都是企业法定代表人，职权、地位、责任与公司、企业中的董事、经理并没有实质性差别。因此，刑法第一百六十五条的规定背后隐含的规范，在主体上是"公司、企业的负责人"，而实质上厂长、董事、经理，都是公司、企业负责人的表现形式。

是否属于同类营业，主要看营业执照范围。目前工商行政管理对营业执照上的经营范围仍然区分生产型企业和经营型企业以及生产经营型企业。如果本案中的自来水厂不仅仅是生产自来水，而是生产经营自来水，一般可以推断其经营范围包括供水管道的买卖、铺设、安装等营业范围，这和管道公司的营业范围肯定会有交叉或者说部分竞合关系。当然，这只是推断。在实际办案中还必须查看、对照自来水厂和管道公司的营业执照。

本条所说的非法利益，显然是指公司、企业负责人个人获得的财产性利益以及为他人获得的财产性利益，非财产性利益不属于此范围。同时，对非法利益的解释，宜采取法意解释并且解释的结果应当是限制解释。本案行为人动用自来水厂资金成立以自己为自然人股东的管道公司的行为本身，并不是个人获得的非法利益，其领取的目标责任奖以及一次性奖金，可以解释为非法利益，但好像不是很公平。

赵建生： 同曾教授的观点相一致，这类未经公司改制的国有企业"厂长"，其与"董事"、"经理"在职权上并无本质区别，鉴于刑法第一百六十五条保护的法益是公司的合法利益，不论股份有限公司、有限责任公司，还是国有公司、企业，都应该受到法律同等保护，因此，国企厂长也应受刑法第一百六十五条非法经营同类营业罪调整。

至于管道公司的营业项目能否为自来水厂的营业项目所包含的问题，要看两者工商登记的营业项目包括哪些。行为人原所在单位注册登记营业项目受法律保护，即使其原所在单位并没有实际经营该项目，其兼营单位注册登记了该项目的，也要视行为人经营了同类营业；如果自来水厂注册登记范围内没有管道业务，那么经营管道公司不构成本罪，超出注册登记范围内的营业项目，法律不予保护。

邓水云： 对于"厂长"能否界定到刑法第一百六十五条"董事、经理"的范畴里，我持否定的看法。我个人认为，在一个初步实行罪刑法定的国家，更应该坚持严格的罪刑法定主义，即法条如何规定，国民是否具有可预测性。厂长、经理虽然在实质上是差不多的，但从字面上来看，经理这个词在文义上很难涵盖厂长，两者是并列关系而不是包容关系。从理论上讲，对刑法的解释一般不能超过可能的立法文义，如果把厂长解释为经理的话，则超越了经理可能含涉的文义。因此，刑法第一百六十五条存在挂一漏万，立法不严谨的问题。对待立法疏漏，又超出了国民可预测的时候，司法不能走得太远，最好的解决办法就是通过修正立法来完善。

龚永强： 对于非法经营同类营业罪，刑法规定的主体为"国有公司、企业的董事、经理"，从刑法使用的"国有公司、企业"来看，其含义应当是指一切国有企业，既包括依照公司法设立的公司，也包括依照全民所有制工业企业法等法律设立的非公司制国有企业，所以，该法条的整体含义应当包括"厂长"在内。非法经营同类营业罪规定，是为了"获取非法利益"，这里的非法利益，应当是指国有公司、企业负责人谋取的不符合法律规定的个人私利。在本案中，从实质来看，真正经营同类营业的不是陈某、麻某个人，而是自来水厂，其经营的目的不是为了个人私利而是为了自来水厂全体职工的福利和奖金的发放，因此，陈某等人的行为并不构成非法经营同类营业罪。

**问题二：如何区分刑法第一百五十八条虚报注册资本罪、刑法第一百五十九条虚假出资罪和抽逃出资罪？对在公司法规定的公司以外的企业登记中，虚报注册资本、虚假出资的,能否以刑法第一百五十八条、第一百五十九条的规定追究刑事责任?对于当前经济活动中普遍存在的借资验资、成立皮包公司的行为,司法实践中应如何处理?

主持人: 本案中,行为人将自来水厂50万元资金用于验资,公司成立后立即撤回资金的行为,一定程度上侵犯了公司资本实缴制度,这种行为是否符合刑法第一百五十八条或第一百五十九条的犯罪构成?对于当前经济生活中普遍存在的借资验资行为,司法机关应采取何种态度?

赵建生: 区分刑法第一百五十八条虚报注册资本罪、第一百五十九条虚假出资、抽逃出资罪,重点是对法条的理解:第一,主体不同。虚报注册资本罪的主体是申请公司登记的人;虚假出资、抽逃出资罪的主体是公司的发起人或者股东。第二,行为方式不同。虚报注册资本罪表现为使用虚假证明文件或者其他欺骗手段虚报注册资本的行为;虚假出资表现为违反公司法的规定未交付货币、实物或转移财产的行为;抽逃出资罪表现为在公司成立后又抽逃出资的行为。第三,侵害对象不同。虚报注册资本罪侵害对象是公司登记主管部门;虚假出资、抽逃出资罪侵害对象是公司其他股东、债权人。第四,主观目的不同。虚报注册资本罪目的是为了通过欺骗取得公司登记;虚假出资、抽逃出资罪目的往往是为了牟利。

龚永强: 为了保障公司、股东和债权人的利益,刑法规定了虚报注册资本罪和虚假出资、抽逃出资罪,其中虚报注册资本罪的规范对象是公司登记申请人,而虚假出资、抽逃出资的规范对象则是公司发起人和股东。对于非公司制企业,如果是非法人企业,则由于出资人对企业的债务承担无限责任或者无限连带责任,法律对其资本一般亦不会作强制性的要求,因此,如出资人的出资行为不实的,不得以虚报注册资本罪或者虚假出资、抽逃出资罪追究其刑事责任。如果是非公司制的法人企业,由于该罪刑法明确规定为公司,所以司法人员也不应当擅自立法,将公司扩大解释为所有的法人企业,从而扩大了该罪的追究范围。本案中陈某等人的行为是一种抽逃出资的行为,但由于其行为并没有给债权人、股东造成严重的社会危害,依照最高人民检察院、公安部关于经济犯罪案件追诉标准的规定,不应当以抽逃出资罪处罚。

曾粤兴: 司法实践中,面对社会生活中普遍存在的借资验资行为,往往容易朝虚报注册资本罪方面上考虑,事实上这与虚报注册资本有着根本不同,原因就在于没有处理好公司法和投资法的关系。公司注册是一种投资形式,任何来源的钱款被拿来投资都受法律保护。联系到本案，三个人擅自动用的是国有企业的钱，但它用来投资注册便受法律保护，不存在虚报注册资本的问题。修订后的公司法允许分期到位，但不允许虚假出资，其注重的是形式上资本是否足额到位，即超过法定期限注册资本仍然有较大差距，而这种差距又是因为采用了种种欺诈手段造成的，可以认定为虚报注册资本。至于以谁的名义去注册，注册资金是发起人自己的还是冒用的，并不重要，工商管理机关也在所不问。所以，本案发起人、股东不是自来水厂，而是形式上的陈某、麻某、严某这三个人，本案也不存在虚报注册资本和虚假出资的问题。

问题三：如何把握刑法第三百八十四条挪用公款罪中的"挪用"行为？如何把握"利用职务上的便利"？

主持人：本案中，行为人动用50万元公款用于验资的行为，是否符合财务制度？经过了"合法"的程序，能否视为"挪用"行为？自来水厂中层干部会议研究并向本县建设局局长口头请示以成立私人公司的行为，是否属于利用了行为人职务上的便利？

龚永强：挪用公款罪的构成要件之一就是行为人利用了其职务上的便利，而利用职务上的便利是指国家工作人员利用其职务上主管、管理、经手公款的便利条件。陈某、麻某、严某作为自来水厂的正副厂长和会计，对该厂的公款当然具有主管、管理和经手的职务便利。但是，要构成挪用公款罪，还必须要求行为人是"挪用公款归个人使用"。本案中的50万元，从形式上看，是转入陈某的私人账户后用于由陈某等人担任股东的管道公司的验资，符合挪用公款归个人使用的要求，但从实质来看，该挪用行为并不是陈某等个人决定的，而是由自来水厂中层干部会议研究决定并报请建设局局长同意的，而且管道公司仅仅是自来水厂为解决职工福利而借陈某等人名义成立的公司，陈某等人并没有谋取个人利益，所以，对于本案，不能以挪用公款罪追究陈某等人的刑事责任。

赵建生：行为人动用50万元用于验资的行为违反了专款专存专用的财务制度，但不是挪用公款罪中的挪用行为。因为该行为经过了单位集体研究决定，是单位使用，而不是个人使用，也不是以个人名义将公款提供给其他单位使用。

邓水云：挪用公款罪的保护法益为公共财产的占有、使用、收益权和国家工作人员职务行为的廉洁性。本案中，管道公司是由国有自来水厂决策设立，并以国有资产、资源为依托进行生产经营，利益归于自来水厂的公司，因此，本质上，该公司属名为自然人出资设立，而实为国有的公司，所以，50万元的验资本质上不是挪用公款归个人使用。本质上是一种超越合法权限而实施的滥用职权行为，滥用职权的行为归根到底是一种职务行为，而不能理解为"利用职务便利"。换一个角度来说，投资成立管道公司系由单位的决策机构征得单位中层干部同意并获得单位主管机关领导认可而实施，属单位行为，并非个人的擅自行为，而单位是不构成挪用公款罪的。另一方面，陈某等人所谋取的利益是单位全体职工的利益，而不是个人私利，根据最高人民法院《全国法院审理经济犯罪案件工作纪要》对于经单位领导集体决定将公款给个人使用，或者单位负责人为了单位的利益，决定将公款给个人使用的，不以挪用公款罪处罚的规定，陈某等人的行为不构成挪用公款罪。

曾粤兴：挪用即擅自动用，形式上表现为多种情形，实质上都不符合财务制度。那么，能否认为凡是集体讨论决定而动用公款的行为都经过了必要的合法程序？都不是挪用？当然不是。本案中的行为人经过集体研究决定而动用公款，这肯定不是合法程序，因此，属于挪用。

理解"利用职务上的便利"，需要与"挪用"行为结合起来考虑：这种便利，应当是能够直接或者间接指向公款，使"挪用"行为得以完成。本案中，行为人经过集体研究并向建设局局长口头请示成立私人公司事宜，当然属于利用职务上的便利。

然而，挪用不等于犯罪。除了数额大小，关键在于挪用的用途如何。本案的特殊性在于，陈某等人的行为经历了假公济"私"再到假"私"济公两个过程。其中，假公济"私"即挪用国企公款注册私人公司是表象，假"私"济公即利用私人公司名义承接工程，工程所得用于国企职工福利为实质。这一特殊性要求我们分析此类案件应当透过现象看到本质，否则很容易得出挪用国企公款注册私人公司的行为构成挪用公款罪的结论。本案中，行为人行为的整个过程实质上是假公济公、化大公为小公，将这一过程解释为挪用公款很难说符合法意解释的要求，实质上是一种目的解释。

问题四：如何正确认定"国有资产"？如何区分私分国有资产行为罪与非罪行为的界限？

主持人：《最高人民检察院关于人民检察院直接受理立案侦查案件立案标准的规定（试行）》将私分国有资产罪中的"国有资产"界定为"国家依法取得和认定的，或者国家以各种形式对企业投资和投资收益、国家向行政事业单位拨款等形成的资产。"本案行为人经营管道公司获得的工程款是否为"国有资产"？发放职工目标责任奖及一次性奖金的行为，是否违反了国家有关规定，能否理解为"私分"行为？

赵建生：本案中，管道公司的工程款属于国家对企业的投资收益，虽然设立管道公司违反了相关的财务制度，但是，管道公司的收益都是利用水厂的资金、人员、设备情况下获取的，理应属于国有资产。

构成私分国有资产罪的核心要件是：违反国家规定。国家是否有规定？是如何规定的？若国家规定禁止发放职工目标责任奖及一次性奖金，那么企业违反此规定，则构成私分国有资产罪；若不违反国家禁止性的规定，则依据法无明文规定不为罪的原则，不认为是犯罪。

龚永强：本案中，不仅管道公司的注册资本来源于自来水厂，而且更重要的是管道公司的收益从项目、施工人员、材料等方面来看，都来自于自来水厂，对于管道公司的形式股东陈某等人而言，没有任何的投入，因此，管道公司的所得应当界定为国有资产。

邓水云：之所以得出管道公司的20万元收益是国有资产，可能的原因是由于管道公司由国有单位决策、出资设立，并以国有资源为依托开展经营活动的。但是，如果从微观层面探究下去，则有两个问题不容忽视。第一个问题，国有资产上加入了劳动等其他因素所获得的复合性成果，能否就认定为国有资产？第二个问题，管道公司所收益的是否就能反向推理出是国有单位所失去的？管道公司有收益，从表面上看，是自来水厂的可期待利益减少了，而可期待利益从一般意义上理解，就是不确定利益，因此，这里有一个证据法上的问题，或者是因果关系的问题。对于那种客观上利用了国有资产，但单位作为自由市场主体进行经营活动，投入了经营者的智力成果、劳动力资源所产生的利润，已经是一种复合成果，不能直接认定为国有资产。

曾粤兴：从外延上说，国有资产与公共财产、国有财产不是一回事。从语义解释上看，向国有单位借用的款物形成的收益不是国有资产；被挪用的国有资产形成的收益不是国家对企业的投资及其收益，因而也不是国有资产。因此，我认为，在国家通过法定程序将犯罪所得之收益收归国有之前，不能认为这些收益就是国有资产。

私分对象是否国有资产并达到一定数额，是区分私分国有资产行为罪与非罪的核心。基于上述分析，不能简单认为行为人经营管道公司（即靠挪用来的公款注册成立的私人公司）获得的收益为"国有资产"，因此，本案之行为不应当被解释为私分国有资产罪，此其一。其二，"私分"是本罪之行为表现方式。此处之"私分"，显然与"公分"相对应。如果说后者表现为有法律依据或者政策依据，照章办事的话，那么，前者就表现为没有法律或者政策上的依据而擅自处置。国家并不禁止国有单位借款来发放职工工资、奖金、福利，也没有禁止国有单位用私营企业的收益来发放目标责任奖以及一次性奖金，因此不能说本案的行为属于"私分"行为。

问题五：如何认识陈某等人的主观故意？是为个人谋求非法利益，还是为解决职工福利，还是为了实现将国有企业的资产作为福利待遇在自来水厂职工中进行分配的目的？

主持人：故意是认识因素与意志因素的有机统一。本案中，行为人是否认识到自己行为的法益侵害性？行为侵害的客体是什么，是否具有应受刑罚处罚的社会危害性？

龚永强：主观故意作为行为人内心的一种心理状态，对其必须要从行为人的客观行为出发，全面衡量证据作出认定。陈某等人作为国有企业的工作人员，明知自己利用自来水厂的人力、项目、材料进行施工并将所得在职工之中进行分配的行为会造成国有资产的流失，却仍然以成立私人公司的表面合法的形式以达到实质非法私分国有资产的目的，因此，陈某等人的行为已经侵害了国有财产的所有权，其具有私分国有资产的主观故意。

赵建生：刑法上主观故意是一个复杂的问题，主观故意是停留在人思想层面上的东西，尤其区分认识因素与意志因素无疑更加困难，在实践中需遵循主观见之于客观的原则。本案中，自来水厂本能够自己经营管道安装，直接获取利益发放奖金给职工，但却通过设立私人管道公司，经营管道安装，从而赚取工程款为职工发放奖金，从这点来说，行为人当然认识到了自己行为的法益危害性，具有利用公司收益为掩饰变相私分国有资产的目的。因此，陈某等人的行为具有社会危害性，但是否具有应受刑罚处罚的社会危害性，要靠刑法分则来界定。如果行为人违反禁止性规定证据不足，私分国有资产尚未达到追诉标准，就不具备应受刑罚处罚的社会危害性。

曾粤兴：行为人所成立的私人公司，无资金、无人力甚至无设备，实际上是个空壳公司。假如私人公司成立后，国企负责人们以私人公司名义揽活之所得，大部分留在私人公司，小部分用来解决国企职工福利时，不仅国企丧失了经营机会，国家减少了应得利润，而且私企集腋成裘时，国企负责人们还很有可能成为私营企业主，而他们原来所在的国企很可能倒闭破产。因此，该行为有害于社会，也有害于国企经营管理。且"挪归个人使用"是动机与目的以及目的所指向的结果三者之间的高度统一。故本人认为，经领导班子集体讨论决定，挪用国企公款注册私人公司的行为，并非为满足个人私利而悄悄注册私人公司，被挪用的公款之真正用途不是"归个人使用"，因而不宜解释为挪用公款罪。

问题六：本案应如何处理？

主持人： 犯罪构成是认定犯罪的法律标准。本案是否存在"法无明文规定不为罪"的情况？是否属于刑法第十三条"情节显著轻微危害不大，不认为是犯罪"的情形？本案应如何处理？

龚永强： 从性质上来说，陈某等人的行为是一种变相私分国有资产的行为，其为了逃避法律追究而成立私人公司的行为不影响其私分国有资产的性质认定。但是，对于私分国有资产的数额，我认为应当认定为 8 万元，而对于支付的材料费及税款等项目的 8 万元，应当不予认定，对于还没有私分而仍然留存在管道公司账户上的 4 万元，由于没有私分行为以及行为人的主观故意并不确定，因此也不宜作为犯罪数额进行认定。对于私分国有资产 8 万元的行为，数额并不大，可以界定为刑法第十三条规定的"情节显著轻微危害不大"的行为，不认定是犯罪，而且这也与最高人民检察院关于私分国有资产罪以 10 万元作为立案标准的规定相符。

赵建生： 本案从行为模式上看，符合私分国有资产罪，但是缺乏"违反国家规定"的要件，不能追究其刑事责任，特别是从客观方面看，其行为是为了解决职工的福利而私分了 8 万元的工程款，也达不到追诉标准，故本案不宜以犯罪论处，应以"情节显著轻微危害不大，不认为是犯罪"的情形来处理。

邓水云： 本案的特点是形式与实质的冲突，它涉及了多个罪名，符合很多犯罪的形式，但是从实质犯罪的角度讲，又不符合任何犯罪的构成。具体到刑法第一百六十五条非法经营同类营业罪，如果把厂长解释到董事、经理里面，就有一个司法走得过远的问题，实质合理性要受形式正义的限制，符合法无明文规定不为罪的情形；对陈某等人的行为进行主客观统一评价，既不是挪用，也不是利用职务便利，不符合挪用公款罪的核心构成行为；同时管道公司的收益不是国有资产，不能构成私分国有资产罪；对于抽逃出资的行为，属于情节显著轻微不认为犯罪的情形。

曾粤兴：本案行为人之挪用行为侵害了公款所有权和职务廉洁性，具备挪用公款罪的客体要件，有一定的社会危害性，但缺乏"归个人使用"的行为要件，故危害性未达到可罚的程度；抽逃出资行为侵害了公司登记管理制度，对股东、债权人的权益有潜在的危险，故有社会危害性，但对这种普遍存在且没有造成实际损失的行为现象，宜解释为未达可罚程度，可视为"情节显著轻微危害不大"的行为；"私分"问题，我认为属于法无明文规定之情形，侵害了何种法益，目前还不好界定，需要立法予以解决。因此，对于本案之行为，不宜作为犯罪处理。

主持人：再次感谢各位嘉宾。

刑 法

二、危害公共安全罪

● 袁保伟

● 陈　航

● 张鹤新

● 韩　东

X　重大劳动安全事故罪与重大责任事故罪在犯罪构成方面相似之处颇多。如果在盗挖矿石时发生人员伤亡事故，更增加了适用法律的复杂程度，不但需要准确区分重大劳动安全事故罪与重大责任事故罪，而且需要准确理解重大责任事故罪罪状中"生产、作业"的含义。此外还涉及罪数的认定问题。近日，本刊与甘肃省人民检察院共同邀请专家，对上述问题展开研讨。

盗挖矿石发生伤亡事故应如何定性

主 持 人：袁保伟（甘肃省人民检察院法律政策研究室副主任）
特邀嘉宾：陈　航（兰州大学法学院副教授、法学博士）
　　　　　张鹤新（甘肃省人民检察院检察官）
　　　　　韩　东（兰州商学院法学院教师）
文稿统筹：许栋梁　孙永生
摄　　影：李　苹

【案情简介】

2006年8月，某村农民张某、陈某得知萤石的市场价格上涨，便向主管部门申请采挖该村附近矿山上的萤石，主管部门认为在该矿山采挖萤石十分危险，故未批准张某、陈某二人的申请。张某、陈某二人便与同村村民李某、王某、阎某商议秘密采挖萤石，并达成口头协议：由李、王、阎三人负责采挖，张某、陈某按照每吨40元向李、王、阎三人支付报酬，至于李、王、阎三人的安全，张、陈二人概不负责。同年9月，张、陈二人便组织李某、王某、阎某三人开始采挖。2007年10月19日中午，李某等三人在采挖萤石时突然发生矿壁片帮①事故，致李某、王某死亡，阎某重伤。经评估，非法采矿行为造成矿产资源损失达10.5万元。

【分歧意见】

关于本案，对张某、陈某盗挖矿石造成矿产资源破坏的行为构成非法采矿罪没有争议，但对造成二人死亡、一人重伤后果应如何处理，存在不同意见。

---

①片帮，指矿井作业面、巷道侧壁在矿山压力的作用下变形、破坏而脱落的现象。

第一种意见认为构成重大责任事故罪。根据刑法修正案（六），重大责任事故罪的犯罪主体扩展为一般主体，包括工厂、矿山、林场、建筑企业或者其他企事业单位职工，也包括无证采矿的责任人员，因而张某、陈某二人可以成为本罪主体。客观方面，张某、陈某二人违反安全管理规定，组织李某、王某、阎某三人冒险作业以致发生重大人员伤亡事故。因此，张某、陈某二人的行为构成重大责任事故罪。

第二种意见认为构成重大劳动安全事故罪。张、陈二人是盗挖矿石的组织者，因而对由于缺乏安全生产设施而造成的人员伤亡事故负有直接责任。正是由于安全生产条件不符合国家规定，才造成了重大伤亡事故，行为与结果之间具有刑法上的因果关系。

第三种意见认为不构成犯罪。尽管张某、陈某组织李某、王某、阎某三人盗挖矿石，但李某、王某、阎某均是成年人，对盗挖矿石的非法性、危险性应当是明知的，为谋取利益，三人不顾上述因素而自愿随张某、陈某二人非法采矿，其伤亡是咎由自取。因此让张某、陈某对李、王、阎三人的伤亡承担刑事责任于法无据。

【特别观点】

■按照劳动法及相关解释，用人单位具有营业执照或依法履行了登记、备案手续的，则属于劳动关系的范畴，反之，则属于雇佣关系。

■重大责任事故犯罪中的"生产、作业"概念应当是一个中性概念，不能将之仅仅局限于"合法"之内。刑法之所以禁止形形色色的重大责任事故犯罪，其目的在于防止各种危害合法生产、作业活动安全法益行为发生。

■本案中，组织者与被害者的关系而言，他们之间实质上是一种雇佣劳动关系，从这一角度考虑，组织者也应为雇佣人员的伤亡事故承担法律责任。即便被组织者已承诺对自己的生命健康负责，也不能由此免除组织者的责任。

主持人：合法生产、作业中的重大责任事故、重大劳动安全事故较为常见，法律适用亦相对简单。在非法生产、作业中发生这样的事故，法律适用上则存在一些特殊的问题。本次研讨的就是这样的一个案例，在非法采矿作业中发生了重大人员伤亡，对该行为是否构成重大责任事故罪、重大劳动安全事故罪以及罪数的认定，存在意见分歧。欢迎各位嘉宾参加研讨。

问题一：如何从民事、刑事等方面理解张某、陈某与李某等三人的关系？

主持人： 本案的特别之处在于行为人之间存在着明确的民事关系，那么，张某、陈某二人与李某等三人是买卖关系还是雇佣关系？这种民事关系的具体认定，对行为人刑事责任的认定又有什么影响呢？

陈航： 按照每吨40元向李、王、阎三人支付报酬具有计件工资的性质，因此张某、陈某二人与李某等三人在民事关系上是雇佣关系而不是买卖关系。依据具体事实情况，比如犯意的发生、采挖过程中进度控制等，张某、陈某与李某等三人也可能构成买卖关系。如果是买卖关系，因张某、陈某不具有组织者的身份，其所承担的刑事责任会有不同。

张鹤新： 从案情事实来看，行为人之间的关系应从两个层面进行分析。第一层面的关系：张某、陈某二人是个人合伙关系。根据民法通则第三十条规定，个人合伙是指两人以上的公民按照协议各自提供资金、实物、技术等合伙经营的共同劳动。本案中，张某、陈某为了挖掘萤石先向有关部门提出申请，后在主管部门未批准的情况下，擅自决定秘密采挖，李某等三人采挖的萤石最终由他们处理。因此，张某、陈某二人的关系符合民法上的个人合伙。第二层面的关系：张某、陈某与李某等三人是雇佣关系。张某、陈某在商定私自挖掘萤石的事项后便组织李某等三人挖掘，并以每吨40元的价格收购，已形成民事上的雇佣关系。在刑事方面，张某、陈某二人与李某等三人是非法采矿罪的共犯。

韩东： 本案中，组织盗挖矿石的张某、陈某二人与李某等三人达成采挖萤石的口头协议，从民事角度考察，我同意前面两位嘉宾的观点，双方属于雇佣关系。我想补充的是，双方之间只是雇佣关系，但不是劳动关系。按照劳动法及相关解释，用人单位具有营业执照或依法履行了登记、备案手续的，则属于劳动关系的范畴，反之，则属于雇佣关系。

问题二：如何理解重大责任事故罪中的"生产、作业"、"安全管理规定"等的含义？

主持人： 在本案中，采矿作业并未取得批准，是非法作业。重大责任事故罪中的"生产、作业"既包括合法的生产、作业，也应包括非法的生产、作业，对此争论不大，请各位嘉宾就此谈谈看法。

陈航： 非法采矿活动理当禁止，那么，在非法采矿活动中，还有必要为之设定"安全管理规定"吗？还存在重大责任事故罪中所要规制的"生产、作业"活动吗？我认为，回答应当是肯定的。尽管非法采矿活动理当禁止，但不能由此得出结论说，那些根本没有获得采矿许可的人擅自从事的开采活动就有理由无视采矿安全生产的相关规定；更不能说，他们在生产、作业中无视安全规定并进而导致责任事故的行为就没有违反相关安全管理规定。同时，也不应简单地认为，采矿主体不适格者的采矿活动均完全相同。其实，违法的原因各不相同，有必要区别对等：对那些因非法采矿，违反相关安全规定，导致重大责任事故者，应按重大责任事故罪论处；对那些虽然属于擅自开采，但并没有违反操作规定，也未导致重大责任事故者，则只能按相关法律追究其责任，但不能以本罪论处。

重大责任事故犯罪中的"生产、作业"概念应当是一个中性概念，不能将之仅仅局限于"合法"之内。刑法之所以禁止形形色色的重大责任事故犯罪，其目的在于防止各种危害合法生产、作业活动安全法益的行为发生。

韩东：重大责任事故罪中的"生产、作业"是指工厂、矿山、林场、建筑企业或者其他企业、事业单位等的生产、作业活动，是广义上的一种生产、作业活动。个人认为本案中的采挖矿石活动也应包括在内。尽管是非法采矿活动，仍然可能存在重大责任事故罪中的"生产、作业"、"安全管理规定"等问题。依据最高人民法院、最高人民检察院《关于办理危害矿山生产安全刑事案件具体应用法律若干问题的解释》（以下简称《解释》）第八条第二款，刑法第一百三十四条第一款规定的犯罪主体，包括对矿山生产、作业负有组织、指挥或者管理职责的负责人、管理人员、实际控制人、投资人等人员，以及直接从事矿山生产、作业的人员，刑法第一百三十四条第二款规定的犯罪主体，包括对矿山生产、作业负有组织、指挥或者管理职责的负责人、管理人员、实际控制人、投资人等人员，法律上并未对矿山是否具有合格资质作限定性规定，事实上即便是非法采矿者在采矿作业中，仍负有安全生产的责任，否则不仅要承担非法采矿的责任，还要承担相应的安全生产责任。

问题三：重大责任事故罪、重大劳动安全事故罪的犯罪主体有何不同？张某、陈某二人是否符合二罪的主体条件？

主持人：重大责任事故罪与重大劳动安全事故罪相似之处不少，但在主体上的区别是非常明显的。

陈航：的确，重大责任事故罪与重大劳动安全事故罪有不少相似之处，比如，都是过失犯罪；都造成了重大伤亡或者其他严重后果；都涉及对安全生产规定的违反；都仅追究自然人的刑事责任；而且法定刑幅度相同。但是，两者的侧重点有别：重大责任事故罪旨在规制各类自然人因违反生产、作业过程中具体操作层面上的相关安全管理规定，以作为或不作为的方式导致重大事故的行为；重大劳动安全事故罪旨在规制各种生产经营单位的人员以不作为的方式，违反劳动场所安全生产、作业方面的各种硬件设施或生产条件的国家规定，以致发生重大事故的行为。简言之，前罪的犯罪主体并不限于单位的直接责任人员，行为方式并不限于不作为，涉及的安全规定也不限于劳动场所的硬件设施或生产条件，而是有关生产、作业过程中具体操作层面的各种安全规定。后罪则相反：其犯罪主体是单位的直接责任人员；行为方式是不作为；违反的安全规定仅限于劳动场所的各种硬件设施或其他生产条件方面。就本案而言，第一，张某与陈某并非矿山生产经营单位的组织者，他们与李某、王某、阎某等人仅为自然人意义上的雇佣合作关系，因此，将张、陈二人认定为"矿山生产经营单位"的直接责任人员不妥；第二，张某、陈某二人的组织行为本质上是一种违反国家禁止非法采矿规范的积极行为，将之按重大劳动安全事故罪论处，则是视其为不作为方式实施的犯罪了；第三，作为一种非法的秘密采矿活动，组织者既没提供必要的安全设施和生产条件，也没按照相关的安全操作规范组织生产，显然，这种组织行为不应被单纯视为是违反劳动场所的硬件设施或生产条件方面的安全规定而导致的重大劳动安全罪。由此可见，以具有更大包容性的重大责任事故罪论处更加妥当。因为，从我国刑事立法的发展情况来看，在重大责任事故类犯罪的犯罪"群"中，最初只有重大责任事故罪，其他罪均被包含于其中。此后，随着刑事立法的更加细化，才从中分化出了如重大劳动安全事故罪之类的具体罪名。应当说，只有确实符合这些具体罪名的犯罪，才应按该罪论处，否则，就很难说得到了充分、恰当的评价。

张鹤新： 经刑法修正案（六）修订，重大责任事故罪的主体为一般主体，也就是说，年满十六周岁、有刑事责任能力的人都可以成为该罪的主体。而重大劳动安全事故罪的主体是在单位中负有安全职责的人员，主要是厂长、经理及安全员等。从主观上看，重大责任事故罪的行为人对违反安全管理规定是明知的，在此种心态的作用下执意进行生产、作业，因而发生事故，表现出一种积极的心态；而重大劳动安全事故罪的行为人只是对生产、作业中出现的事故隐患（包括设备、设施硬件和职工安全教育的软件）不采取措施，因而发生事故，所表现的是一种消极的不作为心态。本案中，张某、陈某在明知没有任何安全设备、设施的情况下仍组织挖掘萤石，发生了伤亡事故，是一种积极的心态，符合重大责任事故罪的主观特征。同时，因张某、陈某并非单位中负有安全职责的人员，符合重大责任事故罪一般主体的要件。

韩东：根据刑法修正案（六）及相关司法解释，重大责任事故罪的犯罪主体应当说更为广泛了，与重大劳动安全事故罪的犯罪主体相比更具有一般性。包括对矿山生产、作业负有组织、指挥或者管理职责的负责人、管理人员、实际控制人、投资人等人员，以及直接从事矿山生产、作业的人员。重大劳动安全事故罪的犯罪主体是特殊主体，即必须具有确保劳动安全责任身份的人才能构成本罪。

张某、陈某二人是采矿活动的实际控制人，是否采矿取决于此二人的意志，符合重大责任事故罪的犯罪主体条件，但却难以界定为重大劳动安全事故罪的犯罪主体。根据相关司法解释，重大劳动安全事故罪的主体仅限于单位的负责人、管理人员、实际控制人、投资人，以及对安全生产设施或者安全生产条件负有管理、维护职责的电工、瓦斯检查工等人员。张某等五人只是为了盗挖矿石而临时纠集的松散组合，并非单位，因而也就谈不上单位的经营、管理等人员。同时，张某、陈某也不是电工、瓦斯检查工，所以不能成为重大劳动安全事故罪的犯罪主体。

问题四：对张某、陈某二人的行为应按一罪论还是数罪并罚？

主持人：本案中，行为人的行为既符合非法采矿罪的构成要件，又符合重大责任事故罪的构成要件。按照相关司法解释的规定，应该数罪并罚。但有学者持不同观点。各位嘉宾的观点如何？

陈航：尽管根据《解释》第八条，对行为人既符合重大责任事故罪，又同时符合非法采矿罪的，应当数罪并罚，即按重大责任事故罪与非法采矿罪论处。但我认为，只要将张某及陈某的组织非法采矿行为界定为一个行为，那么无论如何，就不应对张某及陈某的行为进行数罪并罚。因为，犯罪是行为，一个行为只能构成一罪，不可能构成数罪，否则，就属于"无中生有"，这首先就于理于法不合，更遑论什么"司法公正、定罪量刑准确"了。唯一可能的解读是：这一"司法解释"意味着，当行为人不仅实施了非法采矿的行为，而且还有其他过失导致重大人身伤亡后果或其他严重法律后果，按一罪不足以充分评价时，应当按数罪予以并罚。问题是，本案不存在这类情形，因而，也不应数罪并罚。

张鹤新：对一个行为不能在法律上做两次评价。本案中，张某、陈某只有一个行为，即非法采矿行为。因为行为人的这一行为导致了两个结果，即破坏矿产资源和两人死亡、一人重伤，因而成立想象竞合犯，应按照想象竞合犯"从一重处断"的原则处理。关于司法解释的相关规定，我同意陈航教授的理解。

韩东：两位嘉宾的观点有一定的道理，但理论上还需要进一步深入探讨。张某、陈某所涉嫌的两个罪，一个是故意犯罪，一个是过失犯罪。故意犯罪与过失犯罪的想象竞合关系，目前的研究还比较欠缺。

问题五：对李某等三人的伤亡结果，应由谁承担责任？

主持人：经过各位嘉宾的透彻分析，本案的脉络已经很清晰了。最后请嘉宾总结一下自己的观点。

陈航：此案中的被害人本身就是重大责任事故的始作俑者，但是，我们不能因为这一危害后果系其某种程度上的"咎由自取"，就认为组织者不应承担责任，恰恰相反，组织者理应承担应有的责任，只不过应当适度减轻而已。就组织者与被害者的关系而言，他们之间实质上是一种雇佣劳动关系，从这一角度考虑，组织者也应为雇佣人员的伤亡事故承担法律责任。即便被组织者已承诺对自己的生命健康负责，也不能由此免除组织者的责任。

有一种观点认为，尽管张某、陈某组织李某等三人盗挖矿石，发生了严重伤亡事故，但让张某、陈某对这三人的伤亡承担刑事责任于法无据。因为，这三人均已成年，他们对盗挖矿石的非法性及危险性应当是明知的；而且这三人进行非法采矿是出自谋取私利的自愿行为，导致伤亡后果属咎由自取，并非张某、陈某的强制行为所致。据此主张，对张某、陈某的组织行为不应按犯罪论处。我认为，这种主张不能成立。的确，张某、陈某未对李某等三人采取什么强令其冒险作业的行为，但是，构成重大责任事故罪，并不要求组织者强令他人冒险施工。相反，根据"两高"的有关解释，强令他人违章冒险作业导致重大伤亡事故的，应当构成的是"强令违章冒险作业罪"。而且，组织行为仅仅意味着是将原本没有固定联系的分散的个人集合起来，按一定目的、以一定方式，形成一个内部有一定分工与协作关系的活动。至于这种活动是否具有强制性，并不影响对该组织行为之性质的界定。此其一。其二，固然，李某等三人的伤亡结果与其为谋取私利、参与盗挖矿石的活动密不可分，与他们无视这种行为的非法性、危险性而冒险作业有着极为直接的因果关系，但应当指出，李某、王某二人组织李某、王某及阎某等人非法采矿的行为，也是导致三人死伤后果的重要原因。完全有理由认为，在本案中，如果没有张某、陈某二人的组织，就不会有李某、王某、阎某等人的非法采矿行为，更不会有随后的死伤后果。因此，对这一严重后果的发生，尽管在一定程度上可以说是死伤者咎由自取，但张某、陈某也绝对难辞其咎、难脱干系，不可能认为不构成犯罪。如所周知，无论刑法理论还是刑事立法，之所以一致认为应当追究组织者的刑事责任，原因即在于此。

张鹤新：张某、陈某二人在主观上具有非法挖掘萤石的故意，客观上组织李某等实施了非法采挖行为，其行为构成非法采矿罪。但本案中死亡两人、重伤一人的后果是非法采矿罪所不能涵盖的，因为非法采矿罪的法条中没有涉及伤亡情形的内容。刑法上能够涵盖这种情形的相关罪名有三个：重大责任事故罪、强令违章冒险作业罪和重大劳动安全事故罪。本案中没有强令违章冒险作业的情节，此罪名可以排除。重大责任事故罪与重大劳动安全事故罪相比较，张某、陈某二人在非法采矿中发生伤亡结果的行为更符合重大责任事故罪的犯罪构成。根据相关的司法解释，应该以非法采矿罪、重大责任事故罪对张某、陈某二人数罪并罚。但个人认为，应将伤、亡情形作为非法采矿罪的加重情节更为合理。

韩东：李某等三人的伤亡结果，既有其自身的原因，又有雇主张、陈二人的责任，现有案情未能提供更详尽的证据来说明张、陈二人是否明确告知李某等三人将面临的危险，但可以推定的是此二人不顾国家采矿审批部门的告诫，组织、利诱他人实施了采挖的行为，案情也未反映出此二人提供了安全生产的工具、设备，因而从一般情况来说，作为组织者，张、陈二人是负有更大责任的一方。

张、陈二人的行为既构成非法采矿罪，又构成重大责任事故罪。2007年3月1日起施行的《解释》第八条第二款中明确规定：违反矿产资源法的规定，非法采矿或者采取破坏性的开采方法开采矿产资源，造成重大伤亡事故或者其他严重后果，同时构成刑法第三百四十三条规定的犯罪和刑法第一百三十四条或者第一百三十五条规定的犯罪的，依照数罪并罚的规定处罚。据此，对本案张、陈二人应以非法采矿罪、重大责任事故罪两罪并罚。前面两位嘉宾认为二人的行为构成想象竞合，是一个行为，对该司法解释提出不同看法。我认为，非法采矿罪的主观方面是故意,重大责任事故罪的主观方面是过失;非法采矿罪是行为犯,只要被告人着手实施了非法开采的行为,即构成该罪,而重大责任事故罪为结果犯,二罪构成想象竞合非常特殊,还需要进一步探讨。

主持人: 再次感谢各位嘉宾!

刑法

三、破坏社会主义市场经济秩序罪

● 顾永忠

● 刘仁文

● 刘慧玲

经修正的我国刑法第一百六十八条规定了国有公司、企业、事业人员滥用职权罪。但何为滥用职权的行为,由于实践中情况十分复杂,具体适用该规定存在意见分歧,比如,有的是行为人超越了自身本来具有的职权,有的是行为人利用了与自己本职工作并无关联的"职权",还有的是超越了单位临时性的授权,等等。近日,本刊选取有关国有公司人员涉嫌滥用职权犯罪的典型案例,邀请专家针对滥用职权犯罪认定中的相关问题展开探讨。

国有公司人员骗盖公章签订担保合同造成损失如何定性

主 持 人： 李和仁（《人民检察》编辑部副主任）
特邀嘉宾： 顾永忠（中国政法大学教授、博士生导师）
　　　　　　刘仁文（中国社会科学院法学研究所研究员）
　　　　　　刘慧玲（最高人民检察院侦查监督厅处长）
文稿统筹： 孙永生
摄　　影： 孟澍菲

【案情简介】

张某，某国有贸易公司（以下简称国有公司）党委委员，同时任该国有公司出资设立的一集体企业的法定代表人、经理。集体企业成立于20世纪90年代初，其员工也是总公司员工，参加总公司内部承包经营。后来，因经营不善、出现严重债务问题，国有公司决定集体企业停止经营，由张某负责清理债务。在停业清债期间，张某为了继续做生意，遂向李某借款100万元，用于企业经营、还贷款、还借款利息以及支付工人工资、差旅费等。后来，李某急需用钱，多次催张某还钱。因无力偿还，张某提出由国有公司担保，李某同意。

2006年3月，因其他经济纠纷，国有公司被起诉承担连带责任，遂委托张某代表国有公司参加诉讼。张某利用去国有公司办公室在授权委托书上盖章的机会，在另外一张空白信笺上骗盖了国有公司公章。同年5月，在债务到期前，张某利用私自留存的盖有国有公司公章的空白信笺，冒用国有公司名义向李某出具了担保书。借款到期后，由于集体企业无力偿还债务，李某遂向法院起诉。法院判决担保合同有效，国有公司承担连带责任，负责偿还集体企业债务。

【分歧意见】

对张某的行为是否涉嫌国有公司人员滥用职权罪，有两种不同的意见：

第一种意见认为，张某的行为不构成犯罪。理由是：集体企业为国有公司事实上的内设机构，与其他单位形成的债务关系，国有公司本来就应当承担连带责任；张某私自填写担保书的行为，不属于滥用职权的行为，与该案的后果之间没有必然的因果关系。

第二种意见认为，张某的行为涉嫌滥用职权犯罪。理由是：根据城镇集体所有制企业条例，集体企业依法取得法人资格，以其全部财产独立承担民事责任。张某作为国有公司人员，超越权限，擅自向他人借贷，且骗取公司空白信笺，私自填写担保书，属滥用职权行为；张某的滥用职权行为，造成了国有公司100万元的损失。

【特别观点】

■利用国有公司授权其为委托代理人的职务身份和职务便利，并超越了国有公司对他的授权范围，是滥用职权行为，但是，滥用职权行为并不等于构成滥用职权罪。

■对行为人利用与其一般职权无关的权力的行为，可作目的论解释，将其解释为滥用职权，这样做与罪刑法定原则并不矛盾。

■从完善立法角度讲，非国有公司人员滥用职权造成一定损失的，应慎重纳入刑事立法调整范畴。对非国有公司人员滥用职权造成损失的，以民事手段处理为宜。

主持人：本案争议的焦点在于如何理解滥用职权的含义。另外，行为人滥用临时性质的权力是否可以构成滥用职权罪，也是一个应该关注的问题。欢迎各位嘉宾参与今天的讨论。

问题一：国有企业对集体企业债务应当承担责任吗？

主持人：本案中国有公司与集体企业是何关系？从法律和事实层面分析，国有公司对集体企业债务应否承担连带责任？

顾永忠：既然集体企业注册为企业法人单位，就要以自己的全部财产独立承担民事责任，法律对此规定得十分明确。因而一般来讲，国有公司对其出资设立的集体企业的债务并不承担责任。但在事实层面上，如果一个名为独立的集体企业实质上是一个国有公司的内设机构，那么尽管集体企业在法律层面是独立的，但设立人仍然可能为其所设立的企业承担民事责任。判断是否为内设机构，可以从以下几个角度考虑：（1）下设企业经营活动受设立企业监管的程度；（2）下设企业与设立企业在业务资金上是否真正彻底分开；（3）下设企业经营所得的赢利是否为设立企业取得；等等。结合本案的具体情况，我认为，在事实层面，集体企业作为国有公司的内设机构的可能性并不能排除，甚至非常大。因为从案情介绍看，集体企业与国有公司之间存在内部承包关系，国有公司对集体企业的经营活动进行着直接的监管，两个公司的员工都由国有公司统一管理，如此等等。

刘慧玲： 我认为，本案中的国有公司对集体企业的债务并不必然承担责任。从企业法人年检报告和企业法人营业执照看，集体企业只是法律意义上的独立法人，受城镇集体所有制企业条例调整，而不受公司法调整。按照民法通则第四十八条的规定，集体所有制企业以企业所有的财产承担民事责任。从目前的证据情况看，认定集体企业为国有公司的内设机构的证据不足，所以，我认为，只能从法律层面，即根据企业法人年检报告和企业法人营业执照判定该企业的性质。

刘仁文： 实践中存在所谓"戴红帽子"现象，一些实质上是私营性质的企业为了获得国有企业的身份而挂靠国有企业，甚至直接注册为国有企业。如果看形式，则这种企业的工作人员就可能构成贪污罪的主体；但如果看实质，同一个行为则完全具有了不同的性质，不可能构成贪污罪。本案存在着类似的情况，从看形式还是看实质的不同视角会得出完全不同的结论。我认为，集体企业经营执照登记为独立的法人，而且经营了多年，与其进行业务往来的相对方不会把其视为国有公司的内设机构，这一点从李某接受张某以国有公司的财产担保上也可以得到旁证，即李某作为集体企业的相对方并没有将其视为国有公司的内设机构。根据以上情况，我的基本看法是本案中国有公司对集体企业的债务不应该承担责任。

问题二：张某违反国有公司的决定，在集体企业停止清理债务期间借款继续经营的行为是否为滥用职权？

主持人： 集体企业中不存在滥用职权罪的问题，但从滥用职权的含义这一角度看，张某在集体企业停业清理债务期间借款经营的行为是否属于滥用职权呢？

顾永忠：何谓清理债务，一般理解有两层含义：其一，理清本公司对外债务的总体情况，包括有多少笔债务，总额是多少，还款期限是何时，逾期还款的后果特别是违约责任是什么，等等；其二，对于经清理确认并已到期的债务特别是不按时清偿将会给本公司造成更大损失的债务，应当设法清偿。从案情介绍看，张某所借100万元有用于归还贷款和借款的；有用于支付工人工资、差旅费的；有用于继续进行经营活动的。如果认为这都是滥用职权，是否意味着这些款项可以不还、不付、不花并且可以放任由此而给企业造成更大的损失？

应当指出，本案中的集体企业当时虽然处于停止经营、清理债务期间，但停止经营、清理债务并不是要注销企业。在此期间，企业还需要维持生存及必要的发展。这就需要给工人支付工资，支付必要的差旅费。至于继续进行经营活动，也要看具体情况。不能因为国有公司说停止经营、清理债务就把一切经营活动都停下来。比如，在此之前已经开始某项经营活动，与别的企业已经签订了合同或者合同正在履行中，这种情况恐怕就不可以停下来。总之，张某作为企业的法定代表人，即使在企业停止经营、清理债务期间，向李某借款100万元用于以上所述各项用途，也不能认为是滥用职权的行为。

刘慧玲：集体企业并不是真正意义上的公司，不受公司法的调整，应该适用民法通则以及城镇集体所有制企业条例。上述法律法规并无禁止企业法人在清算期间借款经营的规定，而且借款并不必然造成企业的损失。所以，我认为，张某在清债期间为了继续做生意而向他人借款的行为不属于滥用职权的行为。

刘仁文：由于本案中的集体企业系国有公司出资设立，这一特定背景使国有企业事实上成为该集体企业的股东。股东有权决定企业的重大事项，既然它决定停止经营，张某作为集体企业的法定代表人就应该遵守该决定。因此，本案中张某违反决定借款继续经营的行为构成一般意义上的滥用职权。但因为集体企业的集体所有制性质，即便张某的行为给企业造成损失，也不构成国有公司人员滥用职权罪。

问题三：张某骗盖国有公司公章签订担保合同的行为是何性质？

主持人：权力有职务上相对固定的权力，也有临时性质的权力；不当利用权力的情形也比较复杂，比如行使的权力与自己的职务无关、超越自己的职权，等等。结合本案，张某骗盖国有公司公章签订担保合同的行为是滥用职权吗？

顾永忠：从本案中张某骗盖国有公司公章的行为与其职务关系来看，张某之所以能够骗盖国有公司公章，完全是利用了国有公司授权其为委托代理人的职务身份和职务便利，并超越了国有公司对他的授权范围，从这个意义上讲，应该说张某的行为明显是滥用职权行为。假定国有公司的其他人被国有公司授权为代理人做出与张某一样的行为，不管行为人在国有公司的一般职务如何不同，也一样是滥用职权的行为。但我要强调，说张某的行为是滥用职权并不等于说该行为已构成滥用职权罪。

刘慧玲：顾老师的观点有一定的道理，但委托代理只是一种临时性质的诉讼活动，委托代理权是否属于刑法意义上的职权，值得商榷。我认为，张某采取欺骗手段，利用办理委托代理事务之机，骗盖国有公司公章的行为与其国有公司党委委员的职务没有关联，在现行刑法框架内，不构成刑法意义上的犯罪行为。

刑法修正案第二条规定了国有公司人员滥用职权罪，虽然没有相关的司法解释，但是在最高人民检察院《关于渎职侵权犯罪案件立案标准的规定》中，滥用职权罪被界定为"国家机关工作人员超越职权，违法决定、处理其无权决定、处理的事项，或者违反规定处理公务，致使公共财产、国家和人民利益遭受重大损失的行为"。因此，国有公司人员滥用职权罪可以界定为：国有公司人员严重不负责任；或者超越职权，违法决定、处理其无权决定处理的事项；或者违反规定处理公司事务，致使公司利益遭受重大损失的行为。国有公司人员违反法律或者相关规定，在职权范围内违法履行职权或者违法履行其职权范围外的权力，均属于滥用职权。其中超越职权决定、处理其本无权决定处理的事项，应该是指具有一定职权的人，超越其职权的范围行使权力，不包括没有某项职权的人擅自行使该项职权。具体到本案，张某骗盖公章的行为和其在国有公司的职务身份没有关联，其行为不能界定为滥用职权。

刘仁文：我同意刘处长对滥用职权含义的观点。尽管国有公司人员滥用职权罪中滥用职权的含义没有相应的司法解释，但完全可以类比适用针对其他罪名关于滥用职权的司法解释，没必要每个法条都要有个司法解释。

关于滥用职权的含义，学界的观点基本上一致，没有太大分歧。顾教授、刘处长认为超越职权构成滥用职权以行为人具有某项职权为前提，这也是学界的通说。但我认为，应该根据法律的目的、精神来解释法律。结合具体案情，对行为人利用与其一般职权无关的权力的行为,可作目的论解释,将其解释为滥用职权,这样做与罪刑法定原则并不矛盾。就本案而言,张某的行为是一种不反映国有公司真实意志的行为,完全可以通过目的解释的方法被解释为滥用职权。而且实际上,张某骗盖公章的行为与其在国有公司的职务并不是没有任何关联。从常理上看,公司不可能随便将诉讼代理权授予一个普通员工。

问题四:从立法完善的角度看,非国有公司人员滥用职权造成重大损失的,是否也应入罪?

主持人:从所有权性质的角度,企业分为国有企业、集体企业以及私营企业。我国刑法规定了国有公司、企业人员滥用职权罪,却没有针对集体企业等非国有企业规定相应的犯罪。请各位嘉宾谈谈对这一问题的看法。

顾永忠:依据现行法律的规定,国有公司人员滥用职权罪的核心是由于行为人滥用职权造成国有公司、企业破产或者严重损失,致使国家利益遭受重大损失,这里没有涉及集体企业的问题。因此,从现行法律规定看,在集体企业中不存在国有公司人员滥用职权罪的问题,除非对现行法律进行了修改。而在本案中,从企业的性质上讲,既然依法注册登记为集体所有制,那么就不能视其为国有公司,张某的行为当然也不能构成国有公司人员滥用职权罪。

至于非国有公司人员滥用职权造成重大损失的行为是否通过完善立法也规定为犯罪的问题,这要经过大量的调查研究来决定。不能简单地从个案出发或者抽象地从理论上思考某种行为是否应规定为犯罪。特别是在国际上强调非犯罪化、非刑罚化的大趋势和国内强调构建和谐社会的大气候下,对于那些与日常社会生活、经济生活普遍联系、密切相关的行为考虑是否规定为犯罪的时候更要慎重。

刘慧玲:从目前法律规定看,集体所有制企业的工作人员不能成为国有公司人员滥用职权罪的主体。从完善立法角度讲,非国有公司人员滥用职权造成一定损失的,应慎重纳入刑事立法调整范畴。非国有公司人员滥用职权造成损失的,以民事手段处理为宜。

刘仁文:国家所有和集体所有毕竟是两回事。过去我国刑法中的贪污罪主体包括集体经济组织工作人员,但1997年刑法将其排除了。依照罪刑法定原则,国有公司人员滥用职权罪的主体不能扩大到集体企业工作人员。

我的总体思路是:应当将非国有公司人员滥用职权造成重大损失的行为入罪。1997年刑法将集体经济组织工作人员从贪污罪主体中排除掉,立法者可能以为随着联产承包和人民公社的瓦解,今后集体经济组织会走向消亡,这是不对的。事实上,现在农村又出现了一种新的联合,这也是农业规模经营的内在要求,因此对于集体经济仍然需要刑法保护,私营经济也是如此。当然,平等保护不能简单理解为立法上完全相同,而是基本精神和思路一致。另外,为配合宽严相济刑事政策和避免使我国刑法的严厉性加剧,可以在立法思路和技术上做些改革,如规定本人若能在规定时间内赔偿损失,则损失较轻的就不追究(可承担行政处分等责任),损失较重的也可以减轻处罚,等等。

问题五:本案应如何处理?

主持人:各位嘉宾的观点一定会给广大读者很多启发。最后,请各位嘉宾谈一下对本案的处理意见。

顾永忠:综合前面所述,对张某行为的定性,应从两个方面分析。其一,对于张某在集体企业的借款行为,前已论及,其本身不属滥用职权行为,实际上也没有给企业造成破产或者严重损失,同时该企业又属集体企业,依法不构成国有公司工作人员滥用职权罪。其二,对于张某在国有公司骗盖公司公章并出具担保文件的行为,前已分析并论证,从性质上讲应属于滥用职权行为,但还不能就此认定已构成国有公司人员滥用职权罪。因为构成该罪,不仅要有滥用职权行为,还须造成国有公司、企业破产或者严重损失,致使国家利益遭受重大损失。就本案情况来看,国有公司和集体企业在实质层面上不能排除就是公司与内设机构或分支机构的关系,这一点从国有公司与集体企业之间存在内部承包关系以及国有公司直接决定集体企业停业清理债务这两个明确的事实可以推论出来。因为两个真正独立的企业之间不应该存在内部承包关系,也不应该存在一个企业直接决定另一个企业清理债务的问题。此外,两个公司在集体公司的注册资金、经营资金、公司赢利或亏损等方面关系到底是怎样的情况,目前也不清楚。而这些对于国有公司是否应对集体企业的债务承担责任会产生直接的影响。在这种情况下,我认为,虽然张某骗盖国有公司公章并出具保函的行为属于滥用职权行为,但还不能认为其行为足以构成国有公司人员滥用职权罪。

刘慧玲:本案情节恶劣,社会危害性大,造成国有资产损失,但以刑事手段处理张某目前存在适用法律的障碍。如以诈骗罪追究,其不具有非法占有的故意;如以玩忽职守罪、签订、履行合同失职罪追究,其行为是基于故意而不是过失,犯罪主体上也不符合要求。以国有公司人员滥用职权罪追究,争议也较大。认定滥用职权中的超越职权，应该有程度的限制。超越职权，必须以行为人现有的职权为基础，而不能指行为人处理与本人职权毫无关联的其他事务。本案中，张某骗盖公章、私自书写担保书的行为与其职权没有关系，不应认定为滥用职权。对于本案中的行为，应该规定为单独的罪名，尽快从立法上解决。

刘仁文：张某骗盖国有公司公章，私填担保书的行为属于滥用职权行为，且给国有公司造成了重大损失，其滥用职权行为与国有公司损失之间具有直接的因果关系，因此，我认为本案中张某的行为构成国有公司人员滥用职权罪。

尽管本案中张某的行为与其在国有公司的一般职权关联度不是很大，但从目的论解释的角度看，将其行为解释为滥用职权行为没有障碍。因为他超越职权的行为是导致国有公司损失的直接原因，对其处罚符合刑法的目的。所谓目的，既包括刑法的整体目的，也包括全社会的法秩序目的；根据具体案情，还可包括维护个案所保护的法益目的以及协调社会利益与个人利益的目的、维护法的稳定性、妥当性、实用性等目的。目的论解释是指以达到规定条文的目的意识及其价值意识为必要，而将条文意义及其日常使用语例作更扩大的解释方法论。

刑法需要一定的稳定性，不能僵化地理解罪刑法定原则。应该通过合理解释的方法适用法律，不一定要增设新的罪名。除了目的论解释外，问题性思考也是适用法律时比较合理的一种方法。这种方法是从德国介绍过来的，我个人非常赞同。所谓问题性思考，就是在体系性思考之外，在犯罪构成要件等无法准确适用的场合，考虑某个问题在大众法感情层面如何评价。如果大众法感情上认为某个行为应予以刑事处罚的话，则对法律条文意义及其日常使用语例作更扩大的解释，不必另立新法。

主持人：再次感谢各位嘉宾。

● 王永法

● 杨建民

● 朱　军

● 唐保银

● 杨辉忠

X银行工作人员为开拓银行营销业务，劝说客户在本行进行存贷，这在社会经济生活中已是一种普遍现象。但在此过程中，银行工作人员制作假存单，并凭借其掌握的客户信息骗用客户存款的行为该如何定性和处理，在理论界和实务界意见不一，存在较大分歧。日前，本刊与安徽省蚌埠市人民检察院共同组织疑案精解研讨会，特邀请专家对此进行探讨。

银行工作人员以假存单骗用客户存款应如何处理

主 持 人： 王永法（安徽省蚌埠市人民检察院党组书记、检察长）
特邀嘉宾： 杨建民（安徽省人民检察院副厅级检察员、检察委员会专职委员，
全国检察业务专家）
朱　军（安徽省蚌埠市中级人民法院副院长）
唐保银（安徽省人民检察院研究室副主任、法学博士）
杨辉忠（南京大学法学院副教授、刑法教研室主任）
文稿统筹： 倪爱静
摄　　影： 侯伟

【案情简介】

丁某系某商业银行一支行市场部的客户经理，负责拉客户来本行存、贷款的市场营销业务。2005年11月，丁某带其邻居高某到其所在银行办理了一笔17万元的一年期定期存款。2006年3月，丁某因急需筹款购房，想向高某借钱又怕被拒绝，就起意动用高某的这笔存款，待该款到期后再归还本息。故对高某谎称，银行存款利息提高了，可以把这笔定期存款提前取出然后转存。高某同意，并请丁某帮助办理。

同月10日左右，丁某联系假证贩子制作户名为高某的17万元的假存单，并提供了一张自己所在银行的定期存单作为样品。假存单做好后，丁某花600元钱买下。同月13日，丁某陪同高某到银行办理提前取款转存手续。丁某要来高某的原存单，要高某提供户主本人身份证并输入取款密码后，让高某在远离柜台的椅子上坐等。办完提前支取手续后，丁某对柜台工作人员谎称，客户暂时还没考虑好存什么储蓄品种，先把钱取出来等想好了再存。接着，拿出自己的一本活期存折，让柜台工作人员将17万元转入该存折。之后，丁某将事

先伪造的假存单交给高某,谎称转存手续已经办好,将高某送走。

事后,丁某将17万元分批支取使用。但没想到高某在假存单未到期之时,没找丁某帮助就直接到银行要求取款,结果发现存单是假的。当即,高某向公安机关报案。公安机关找到丁某,丁某承认该款已被自己使用,随后退还了17万元本息。

【分歧意见】

对丁某行为应如何处理,存在四种不同意见:

第一种意见认为,丁某的行为构成挪用资金罪。理由是,丁某身为商业银行工作人员,利用自己在银行工作的特殊身份和与本单位其他工作人员熟识的特殊条件,挪用客户资金归个人使用,构成挪用资金罪。

第二种意见认为,丁某的行为构成金融凭证诈骗罪。理由是,丁某虚构事实,隐瞒真相,以假存单欺骗被害人,使其误以为17万元一直存在银行里,而实际上已被丁某个人使用直到案发,其行为构成金融凭证诈骗罪。

第三种意见认为,丁某的行为构成伪造金融票证罪。理由是,丁某向制作假证者提供存单票样和户主信息,再花钱购买伪造的金融票证,表明其与制假证者具有共同伪造的故意,客观上实施了使用伪造的票证骗用钱财的行为,具有一定的社会危害性,构成伪造金融票证罪。

第四种意见认为,丁某不构成犯罪。理由是,本案定挪用资金罪,难以认定丁某利用了职务上的便利;定金融凭证诈骗罪,丁某欠缺非法占有要件;定伪造金融票证罪,丁某只是假存单的购买者,伪造、变造金融票证中,并不存在对买卖行为的评价。根据"法无明文规定不为罪"的刑法原则,丁某不构成犯罪。

【特别观点】

■刑法评价的根本在于行为的社会危害性,单纯的伪造行为本身并不直接产生社会危害,只有在其使用过程中,如用于流通、兑现时,才会造成对本罪规定所保护的社会关系——金融管理制度的破坏。因此,可以说,伪造、变造金融票证罪在主观上必须具有行使之目的,这是伪造、变造金融票证犯罪行为与一般伪造、变造行为的区别之处。

■刑法之所以对集资诈骗罪和贷款诈骗罪均明文规定要具备"非法占有

目的",乃是因为该两者与合同诈骗罪一样,容易和民事或者经济领域内的一般纠纷相混淆从而引起认定上的困难。

■金融凭证诈骗罪的客观方面要求金融凭证诈骗行为必须发生在金融活动中,而且,"金融活动"的本质特征是活动的一方必须是金融机构,另一方则是相对人。

主持人: 对本次研讨案例中的嫌疑人如何定罪处罚是一个"找法"的过程,需要仔细辨析。本案中,丁某实施了伪造、欺骗、挪用等三种行为,均具有一定的社会危害性,但其各自是否达到了应受刑罚处罚的程度,值得探讨,我们院与人民检察杂志社共同召开案例研讨会,对其中的相关问题进行分析,欢迎各位嘉宾的参与。

问题一:如何理解刑法第一百七十七条关于伪造金融票证罪的规定?其与刑法第一百九十四条第二款金融凭证诈骗罪的关系如何?

主持人: 司法实践中,行为人伪造、变造金融票证后往往又将其用于骗取财物,从而在触犯伪造、变造金融票证罪的同时又有可能触及诈骗类犯罪,那么,伪造金融凭证罪与金融凭证诈骗罪是什么关系?本案中,丁某向制假证者提供存单票样和户主信息,再花钱购买伪造的金融票证的行为,算不算是伪造者或是伪造者的共犯?伪造金融票证罪,是否应当以使用为目的?

杨辉忠: 根据刑法第一百七十七条之规定,伪造金融票证罪,是指行为人以各种方式,伪造各类金融票证的行为。本罪的犯罪对象包括汇票、本票、支票、委托收款凭证、汇款凭证、银行存单、信用证以及附随的单据、文件、信用卡等。本罪中的"伪造"是指仿照各种金融票证的式样、图案、颜色、特征、质地等,用印刷、描绘、影印等方法制造假票证。一般认为,下列几种情形属于"伪造":(1)制造不存在的金融机构等经济主体名义的金融票证;(2)制造金融机构等经济主体使用的金融票证以外其他主体名义的金融票证;(3)制造空白的和有内容记载的金融票证;(4)制造已经失效的金融票证。伪造金融票证罪是行为犯。理论上只要行为实施了伪造行为,就构成本罪的既遂。

本案中,丁某向假证贩子提供真的银行存单票样和户主信息,再花钱购买伪造的金融票证的行为,可以看作是伪造者的教唆犯和帮助犯,应以伪造金融票证罪的共犯论处。

唐保银: 伪造、变造金融票证罪在客观方面表现为伪造、变造金融票证的行为，而金融凭证诈骗罪在客观方面表现为使用伪造、变造的银行结算凭证进行诈骗活动的行为。伪造、变造金融票证罪是行为犯，只要实施了伪造、变造行为，便构成此罪；而金融凭证诈骗罪是结果犯，不仅要求行为人有使用伪造、变造的金融票证的行为，而且还要求行为产生了严重的后果即诈骗数额较大。具体到本案，丁某和制假证者虽然有金钱交易，但对伪造银行存单，两者都是明知的，具有共同故意。至于伪造金融票证罪是不是应当以使用为目的，刑法未作要求。因此，认定该罪只要有伪造、变造行为即可，如果伪造、变造后用以诈骗等，则成立牵连犯，"从一重罪重处断"。

杨建民：丁某为了创造"借用"高某存款而不被其所知的条件，向假证制贩者提供了银行真实的存单票样和户主信息，让其造假，虽然没有亲自动手制作假存单，但上述行为足以表明其是这一伪造行为的实施者和主谋。根据刑法第一百七十七条的规定，伪造金融票证罪是行为犯，不要求发生法定的犯罪结果，只要行为人将假的金融票证制作出来，就构成本罪的既遂。但是，刑法评价的根本在于行为的社会危害性，单纯的伪造行为本身并不直接产生社会危害，只有在其使用过程中，如用于流通、兑现时，才会造成对本罪规定所保护的社会关系——金融管理制度的破坏。因此，可以说，伪造、变造金融票证罪在主观上必须具有使用之目的，这是伪造、变造金融票证犯罪行为与一般伪造、变造行为的区别之处。

朱军：行为人故意伪造、变造金融票证，达到追诉标准的，原则上都构成犯罪，除非有充分证据证实其主观上确实出于自我欣赏、收藏等个人目的，而且客观上也确实没有使票证流通，可视为刑法第十三条规定的"情节显著轻微危害不大"的情形，而不认为构成犯罪。

本案中丁某也有伪造金融票证的行为。丁某在伪造过程中实施了"造意教唆"和提供票样及户主信息的行为，虽然由于受技能的限制没有实施具体的伪造行为，但根据共犯理论，丁某仍属伪造金融票证的共犯。

问题二：金融诈骗类犯罪的构成，是否都要以行为人具有非法占有目的为构成要件？

主持人：丁某虚构事实，隐瞒真相，以假存单欺骗被害人，使其误以为17万元一直存在银行里，而实际上已被丁某个人使用直到案发。这种行为是否符合刑法第一百九十四条金融凭证诈骗罪的犯罪构成？金融诈骗类犯罪的构成，是否都要以行为人具有非法占有目的为条件？

杨建民：丁某产生骗用高某存款的犯意后，对高某实施了一系列的欺骗行为：先是编造谎话，欺骗高某银行要提高存款利息，提前取出转存有利可图，后在办理取款时有意将高某支开，为自己"暗度陈仓"创造了可乘之机，特别是最终将假存单交给高某，使其误以为17万元已经转为新的定期存款。在本案中，丁某虚构事实，隐瞒真相的行为，是诈骗行为的典型表现形式。

在刑法1997年修订以后，金融诈骗类犯罪从普通诈骗罪中分设出来，其中对有的金融诈骗罪，如集资诈骗罪和贷款诈骗罪，明确规定了其构成必须以行为人具有非法占有目的为要件；而对有的金融诈骗罪，却没有这样的规定，如刑法第一百九十四条金融凭证诈骗罪，该条第二款规定，"使用伪造、变造的……银行存单等其他银行结算凭证的"，有关司法解释规定诈骗数额在五千元以上的，即构成此罪。本案中，如果不考虑是否具有非法占有目的，单纯从客观方面上，丁某的行为与金融凭证诈骗行为最相类似。

唐保银：2001年1月21日在《全国法院审理金融犯罪案件工作座谈会纪要》中，肯定了非法占有目的是所有金融诈骗罪的主观构成要件。随后有关人士进一步提出，金融诈骗犯罪与普通诈骗犯罪中的主观目的是有所不同的，金融诈骗犯罪主观目的既可以是实际占有，也可以是骗用或者获取其他不法经济利益，此观点在学术界颇有争议。我觉得这种解释有过于扩大之嫌，刑法意义上的占有和骗用是两码事，从主观上看，骗用者想还而占有者一般不想还。如果两者可以并存，何以区分贪污和挪用？我认为，金融诈骗罪必须有非法占有目的，其犯罪数额的规定也说明了这一点，此与普通诈骗罪没有本质的区别，否则，两者不成其为法条竞合关系。

本案中，丁某虽以假存单欺骗高某，但实质上，被骗对象是银行。高某虽然提供了身份证并输入取款密码，但款还在银行掌控并没有实际交付储户，丁某就是利用了这个时间差，利用自己的特殊身份并以言语欺骗柜台经办人员致其疏忽而得逞。因此，如果储户损失，银行应承担赔偿责任然后追偿。所以，银行是受害方。而丁某针对银行所为的行为也只能是普通诈骗行为。但是，由于目前证据不能证明丁某具有非法占有目的，难以成立诈骗罪。

朱军：金融诈骗罪，是从诈骗罪分离出来的，两者之间存在着法条竞合关系，前罪为特别法条，后罪为一般法条。根据法条竞合原则，除有相反规定的以外，应依特别法条定罪处罚。本类犯罪侵犯的客体均为复杂客体，既侵犯公私财物所有权，又侵犯国家金融管理制度，基于复杂客体中侵犯财产所有权的内容，在主观方面则要求表现为故意，且以非法占有为目的。对于此类犯罪中法条没有明确规定"以非法占有为目的"的金融诈骗罪，在认定时也要求该要件的具备。

杨辉忠： 刑法理论和司法实践一般认为，诈骗罪必须以"非法占有目的"为其构成要件，是一个典型的目的犯。刑法之所以对集资诈骗和贷款诈骗明文规定"非法占有目的"，乃是因为该两者与合同诈骗一样，容易和民事或者经济领域内的一般纠纷相混淆从而引起认定上的困难。因此，我认为，金融凭证诈骗罪作为诈骗罪的一种，除了应当具有诈骗罪的客观方面即隐瞒真相、虚构事实以外，还应当具有诈骗罪的主观特征，那就是"非法占有目的"。

根据刑法第一百九十四条之规定，金融凭证诈骗罪，应当是指以非法占有为目的，使用伪造、变造的委托收款凭证、汇款凭证、银行存单以及其他银行结算凭证骗取财物，数额较大的行为。值得注意的是，本罪的客观方面要求金融凭证诈骗行为必须发生在金融活动中，而"金融活动"的本质特征是活动的一方必须是金融机构。本案中，丁某虽然利用了伪造的金融凭证，但丁某使用伪造银行存单的对象是高某，而非金融机构，显然不符合"在金融活动中使用伪造的金融凭证进行诈骗"这一构成特征，因此，很难将丁某的行为定性为金融凭证诈骗罪。

问题三：如何认识丁某的主观故意？丁某的行为侵犯了何种法益？是否具有应受刑罚处罚的社会危害性？

主持人： 从本案案情来看，丁某主观上似乎只是想暂时"借用"邻居的存款去买房，并没有骗取不还的故意，客观上也无法长期占有该笔款项，案发后又立即归还了全部本息。怎样看待这种行为的社会危害性，是否需要运用刑罚予以制裁？

杨建民： 丁某知道高某在银行存有17万元定期存款，由于自己购房缺钱，想向高某借又怕被拒绝，就想出这样一个"借用"而又不让对方知道的办法。从其主观犯意的产生和实际结果来看，可以认定丁某并不具有非法占有他人财产的目的，其只是想在高某存款的一年定期时间内使用这笔钱，到期后连同银行利息一并归还。

唐保银： 诈骗类犯罪要求以非法占有为目的。本案中丁某非法占有故意欠缺，而反向证据较多，不仅丁某自己一直申明"借用"，而且，高某印证了丁某曾说过"取款时与他同办"的话语,表明届时丁某可能会以同样欺骗方式将款项本息归还储户。所以,目前只能界定丁某主观故意为"骗用"而不是"非法占有"。

杨辉忠:同意丁某主观上只是想暂时"借用",并无非法占有他人财产故意的观点。因为是想暂时借用,所以,丁某行为侵害的法益仅仅是高某对这笔财产的占有权、使用权和收益权,并没有侵害高某财产的所有权。从对金融管理制度造成侵犯的角度来说,丁某将伪造的银行存单交给的是高某,而给银行柜台人员的是一张真实的银行存单,自始至终,银行工作人员都是按照丁某所提供的真实信息进行操作的,因此,丁某并没有对银行的正常管理制度造成侵害。

丁某的行为确实具有一定的欺骗性,但是其欺骗的目的仅仅是想暂时借用高某的这笔存款,并非想占为己有,而且案发后丁某也确实立即归还了全部本金和利息,所以,对于丁某的这种欺诈行为,尚无法上升到运用刑罚来予以处罚的地步,因为毕竟没有非法占有的目的。

朱军:所有权包括占有、使用、收益、处分等权能。对所有权的侵犯并不要求使财物所有人的上述权能完全丧失。本案中丁某的行为从表象上看已使财物所有者高某失去了对该笔款项的使用、处分权能。而且丁某也通过欺骗的手段实现了对该笔款项的占用。其单方面意愿虽为"借用",但这种"借用"并未形成民法意义上的借贷关系,因为丁某既无口头也无书面明示,且未在借贷上与高某形成合意,因此不能成立借贷关系。而丁某明知自己所使用的是伪造、变造的金融凭证,仍决意使用,其非法占有目的应该是不言而喻的,这一非法行为已经侵害了高某的财产所有权及国家金融凭证管理制度,具有较大的社会危害性,因此应予刑罚制裁。

问题四:刑法第一百八十五条第一款规定了商业银行工作人员的挪用资金罪,其犯罪构成要件是否受刑法第二百七十二条规定的公司、企业人员"挪用资金罪"的约束?如何理解"利用职务上的便利"的含义?

主持人:丁某作为某商业银行支行市场部的客户经理,偷偷将客户资金转入自己私人存折用于自己支付购房款的行为,是否属于刑法上的"挪用"行为?如按刑法第一百八十五条关于商业银行工作人员挪用资金罪的规定处理,是不是也要按刑法第二百七十二条规定的三种情形之一,即在未用于营利活动或者非法活动的情况下,要以使用时间"未超过三个月"为限?其挪用客户存款的过程是否利用了职务上的便利？

杨建民： 我认为，本案丁某最直接的主观故意及其行为所产生的最直接的危害后果，是挪用高某的存款而使高某财产权受到侵犯。高某找人伪造假存单及编造谎言的行为，都是出于为实现上述目的而实施的手段行为。这是在高某不知情的情况下对其财产使用权的侵犯，是一种挪用性质的行为。

鉴于丁某系商业银行工作人员的特殊身份，其与刑法第一百八十五条挪用资金罪规定的主体条件相符合，但该罪要求的"利用职务上的便利"，在本案中并不存在。丁某虽是银行一个部门的经理，但其职责只是为本行联系存、贷款业务，并不是在柜台上直接进行操作。当然，他显然是利用了自己在银行工作的特殊身份和与本单位其他工作人员熟识的特殊关系，才取得高某的信任和取款、转款时的方便，但这与"职务上的便利"是不同的。再者，本罪规定的侵害对象是"客户资金"，由于高某在丁某的欺骗下，是"自愿"到银行办理提前支取定期存款的手续，且提供了身份证和密码。这17万元实际上已被客户"合法"取出，不再是银行所有的客户资金，故挪用资金罪需要的构成条件并不具备。

杨辉忠： 刑法第一百八十五条规定了非典型的挪用资金罪，如果将该条看作是对第二百七十二条公司、企业人员挪用资金罪的一种注意性规定，则符合第一百八十五条的行为也必须要符合第二百七十二条规定的所有构成要件。但我认为，该条不应该看作是刑法第二百七十二条的一种注意性规定，否则，我国刑法中就会出现很多的重复性规定，从而破坏刑法作为基本法的整体性和和谐性。刑法之所以规定第一百八十五条的非典型挪用资金罪，目的是对刑法的第二百七十二条进行一种补充，是说该种行为也可以作为挪用资金罪来进行处罚，而不是说也一定要符合第二百七十二条的所有构成要件才可以作为挪用资金罪来进行处罚。

刑法上规定的挪用型犯罪，不管是第二百七十二条，还是第三百八十四条，在构成要件上均要求行为人必须利用职务之便。一般认为，利用职务之便，就是利用行为人自己管理和经手资金的便利，在本案中，很难认定行为人是利用了自己管理和经手高某资金的便利条件，因此，也不能说丁某欺骗高某从而暂时占有这笔存款的行为是利用了职务之便。

唐保银： 丁某的行为是否构成挪用资金犯罪，关键是看其挪用客户存款的过程是否利用了职务上的便利，或者说作为某商业银行支行市场部的客户经理是否具有制约或安排柜台业务的职权。就目前情况分析，柜台工作人员按其指令行事，一是受丁某欺骗，二是丁某是熟悉的同事，三是丁某和高某有共同办理存款的先行行为。也就是说，基于现有证据，不能认定丁某的行为利用了职务上的便利。

问题五：本案应如何处理？

主持人： 犯罪构成是认定犯罪的法律标准。本案是否存在"法无明文规定不为罪"的情况？若构成犯罪，应如何处理？

唐保银： 本案丁某伪造金融票证后有欺诈和骗用资金之牵连情况。但诈骗欠缺非法占有要件，挪用难定利用职务之便，无法成立牵连犯。因此，本案只能单一构成伪造金融票证罪。对于伪造金融票证罪犯罪数额的认定，根据2001年4月18日《最高人民检察院、公安部关于经济犯罪案件追诉标准的规定》要求伪造、变造金融票证面额需一万元以上、数量在十张以上的规定，应以存单上所载明的数额为准。

朱军： 通过上述分析，本人认为丁某的行为可能涉及的罪名为诈骗罪、金融凭证诈骗罪、伪造金融凭证罪。鉴于诈骗罪与金融凭证诈骗罪存在法条竞合关系，依除有相反规定外，应依特别法定罪量刑的原则，我们首先排除诈骗罪。又鉴于行为人伪造、变造银行存单等其他银行结算凭证又用之骗取财物的，属于手段牵连行为，根据牵连犯的处理原则应择一重罪进行处罚。对比刑法第一百七十七条伪造金融票证罪和第一百九十四条第二款金融凭证诈骗罪，两罪的定罪量刑标准并无轻重之分。结合本案丁某否认"占有"的目的，强调"借用"的目的的具体情节，本人倾向于认定丁某构成伪造金融凭证罪。因为该罪是行为犯，丁某伪造银行存单的意图又非法理中涉及的收藏等善意的可排除定罪的意图，且在本案中伪造的存单已进入了流通环节，构成了对国家的金融票证管理制度的侵害，伪造的存单面额也达到了经济犯罪案件的追诉标准，因此将丁某的行为认定构成伪造金融凭证罪，不仅与本案的具体情节较为吻合，也回避了对"非法占有"目的的争论。从司法实务角度考虑，也有利于丁某的认罪服法，息诉服判，从而达到法律效果与社会效果的有机统一。

杨辉忠： 在本案中，丁某的行为构成伪造金融票证罪的教唆犯和帮助犯，其他行为均不构成犯罪。

杨建民： 丁某的行为构成伪造金融票证罪。但是，由于丁某行为只是其为达到暂时"借用"他人存款的目的而实施一种手段行为，主观上没有非法占有他人财产的故意，客观上也没有造成他人财产损失的后果，社会危害性相对较轻，依法可以从轻处罚。

主持人：感谢各位专家参与本期案例研讨。

● 连小可

● 龙宗智

● 刘守民

● 余 沙

在我国，民营企业融资的渠道目前还不畅通，一些民营企业缺乏资金时会许诺给付一定的利息，向亲戚朋友借款，有时涉及的人数多、数额大。这种行为有可能构成犯罪，其中涉及很多的法律问题值得探讨，如集资诈骗罪与非法吸收公众存款罪的区别、诈骗类犯罪主观故意是否包括间接故意，等等。近日，本刊与四川省成都市锦江区人民检察院共同邀请专家，对上述问题展开探讨。

向多人"借"巨款不能归还应如何处理

主 持 人： 连小可（四川省成都市锦江区人民检察院检察长）
特邀嘉宾： 龙宗智（四川大学法学院教授）
刘守民（四川省成都市律师协会会长）
余　沙（四川省成都市锦江区人民检察院副检察长）
文稿统筹： 孙永生
摄　　影： 董天飚

【案情简介】

　　从2001年起，黎某、李某在既无资金又无经营条件的情况下，在六年多的时间里，对外以夫妻或情人身份相称，先由黎某利用其某省公安厅干部身份，主动联系左某、赵某、钟某等16人，向其谎称"李某系某知名酒厂的代理商（李某实际代理的系某普通品牌酒），客户主要是全国各地部队，经营规模大，利润丰厚，还能在糖酒会上签订合同"等，急需大量现金用于周转，以不定期支付3%至30%不等月息为条件，采用打收条和借条形式分别从前述16人处多次短期借款人民币1097.13万元。案发后，黎某、李某归还本金和利息人民币288万元，其余809.13万元未能归还，也不能说明去向和用途。

　　受黎某和李某鼓动，左某从胡某等38位亲友处高息"筹借"人民币680多万元，并以个人名义高息借给黎某和李某经营酒生意。案发后，左某归还部分本金和利息，大部分借款未能归还。

【分歧意见】

　　对黎某、李某的行为如何认定，存在三种意见：

　　第一种意见认为构成集资诈骗罪。黎某、李某以非法占有为目的，明知国家严禁非法集资，仍在无资金、无经营条件的情况下，虚构"李某是某知名酒厂代理商，专营高档酒，客户主要是部队，生意规模大，利润丰厚"等，通过借条、收条等形式，以高息为诱饵，分别向16人共150多次集资，案发后，尚有数额巨大的集资款未还，并不能说明去向和用途，二人的行为应按集资诈骗罪追究刑事责任。

第二种意见认为构成合同诈骗罪。黎某、李某在无实际经营事实和履行能力的情况下，通过出具借条、收条、签订借款协议等形式，以高息、履行部分合同为诱饵，与对方当事人建立借款合同关系，骗取对方数额特别巨大的借款，应按刑法第二百二十四条第三款、第五款规定的合同诈骗罪追究二人的刑事责任。

第三种意见认为构成非法吸收公众存款罪。黎某、李某违反国家法律、法规的规定，在社会上以高息为诱饵，通过出具借条、收条等形式，变相吸收公众存款，数额巨大，应以非法吸收公众存款罪论处。

对左某的行为是否构成犯罪，存在两种不同意见：

第一种意见认为构成非法吸收公众存款罪。左某未经有关机关批准，通过借条形式，以比黎某和李某承诺的利息低，但又比银行利率高的利息为诱饵，向众多亲友吸收存款，并将该款高息借给黎某和李某经营酒生意，造成数额巨大的资金未能归还的后果，其行为符合非法吸收公众存款罪的构成要件。

第二种意见认为左某无罪。受黎某和李某的欺骗，左某向众多亲友吸收存款，并将该款高息借给黎某和李某经营酒生意，但借款给左某的人系其亲友，不属社会公众，左某的行为的性质属民事借贷。

【特别观点】

■学理上对诈骗类或侵犯财产类犯罪，不可轻易地说某种犯罪，只能由直接故意构成，不能由间接故意构成。

■没有实际履行能力以先履行小额合同或者部分履行合同的方法，诱骗当事人继续签订和履行合同，是合同诈骗罪的表现，但不是认定合同诈骗罪的全部依据。

■从立法上讲，不要求非法吸收公众存款罪具有牟利的目的，也不要求将所吸存款用于贷款，只要行为人发生了法定的非法吸收公众存款的行为，达到一定的数额即构成犯罪。

主持人： 关于民事借贷行为、非法吸收公众存款罪、集资诈骗罪、合同诈骗罪等行为的区别，许多人的认识还比较模糊。本案就反映了这种情况，对犯罪嫌疑人的行为性质，大家认识不一。研讨本案，有助于澄清人们的模糊认识，很有意义。欢迎各位嘉宾参加研讨。

问题一： 如何区分民事借贷行为与非法吸收公众存款罪、集资诈骗罪？

主持人： 在普通百姓看来，只要不是出于诈骗目的，无论是为了生活还是为了生产经营，向亲戚朋友或其他人借款都是十分自然的事情，不会想到会触犯刑法。大范围、大规模向公众借款是民事借贷还是非法吸收公众存款罪？

龙宗智： 从立法上来讲，不要求非法吸收公众存款罪具有牟利的目的，也不要求将所吸存款用于转贷，只要行为人发生了法定的非法吸收公众存款的行为，达到一定的数额即构成本罪。实践中，若能证明行为人有吃利息差的事实，更有利于证实相关行为构成了本罪。也有学者认为构成本罪以转贷作为构成要件，如果采该种学说，则仅仅借款但没有转贷是普通的民事借贷行为，用于转贷则是非法吸收公众存款行为。

刘守民： 民事借贷和非法吸收公众存款的区别，首先在于目的不同。民事借贷是以解决资金缺口为根本目的，借款到账后直接投入到生活、生产、经营。而吸收存款作为一项金融业务，其目的在于通过吸收存款吸纳资金，再将所吸纳的资金用于经营（比如发放贷款），从中获取利益。其次在于对象不同。民事借贷中，借款对象无论数量还是范围都较小，对象比较特定。而吸收存款则是面向社会公众，没有特定的对象，其数量、范围均较大。商业银行法第八十一条明确规定，未经中国人民银行批准，擅自设立商业银行或者非法吸收公众存款、变相吸收公众存款的，依法追究刑事责任，并由中国人民银行予以取缔。可见，非金融机构从事存款业务作为严重破坏国家的金融秩序的行为被刑法明令禁止，而民事借贷则一般只需承担民事或行政责任。

余沙： 民事借贷行为是民事主体将属于自己的资金出借给他人，到期借方还本或者还本付息的行为。借贷双方是在平等、自愿、诚实信用原则下，不违反法律和社会公共利益的平等主体。民事借贷行为是受法律保护的行为。

非法吸收公众存款罪是指违反国家金融管理法规，非法吸收公众存款或变相吸收公众存款，扰乱金融秩序的行为。集资诈骗罪是指以非法占有为目的，使用诈骗方法非法集资、数额较大的行为。非法吸收公众存款罪和集资诈骗罪在形式上往往表现为一种借贷关系，但其行为已严重侵害了刑法所保护的法益和秩序，不仅不为法律所认可，相反应受到刑罚制裁。

问题二：如何界定"公众"？本案中黎某、李某在 6 年时间内向左某、赵某、钟某等 16 人借款，左某向胡某等 38 位亲友借款，这 16 人和 38 位亲友能视为"公众"吗？

主持人： 如何界定"公众"的范围，对于认定非法吸收公众存款罪、集资诈骗罪十分关键，实践中争议也比较大。特定的亲戚、朋友可以构成"公众"吗？

龙宗智： 亲友即亲属与朋友，从身份关系上来讲，亲友既有其特定性，也有其不特定性。相对而言，亲属关系是特定的，而朋友关系就不太具有特定性，有莫逆之交，也有普通朋友。亲属关系的形式，如叔侄关系，是稳定的；而朋友关系，其亲疏是可能改变的。非法集资类犯罪因被害人系亲友，就认定不是社会公众，这违背了立法本意。我认为，只要集资对象具有多数性以及一定程度的不特定性，即构成了社会公众。从实践看，集资诈骗成功，往往会在某种程度上利用亲友关系。

刘守民： 1998 年 7 月 13 日国务院《非法金融机构和非法金融业务活动取缔办法》第四条规定，未经中国人民银行批准，擅自非法吸收公众存款或者变相吸收公众存款属非法金融业务活动。非法吸收公众存款，是指未经中国人民银行批准，向社会不特定对象吸收资金，出具凭证，承诺在一定期限内还本付息的活动；所称变相吸收公众存款，是指未经中国人民银行批准，不以吸收公众存款的名义，向社会不特定对象吸收资金，但承诺履行的义务与吸收公众存款性质相同的活动。该条款中"社会不特定对象"是迄今为止对非法吸收公众存款中"公众"一词进行的最权威解释。根据这一解释，界定"公众"可以从以下两个方面考虑：一是数量，即以吸纳存款人数或户数作为界定公众的标准之一。2001 年 1 月 21 日《全国法院审理金融犯罪案件工作座谈会纪要》中指出：个人非法吸收或者变相吸收公众存款 30 户以上的，单位非法吸收或者变相吸收公众存款 150 户以上的，可以按非法吸收公众存款罪定罪处罚。二是范围，行为人吸纳存款或资金所针对的对象没有特定的指向，范围是开放的，社会公众只要愿意均可成为其吸纳存款的对象。当然在实际生活中，行为人一般是以身边亲友为最初吸存对象，较为特定。但行为人主观上并未对吸存对象作任何形式的限定，随着时间的推移，通过身边亲友相互介绍，对象变得不确定，范围更加广泛。

本案中黎、李二人的集资对象，从数量看并不大，但集资对象的范围是开放的，从这一角度看，二人的集资对象可以界定为"公众"。本案中左某吸收存款的对象大部分是亲友，但吸存对象的数量较大，从这一角度看，其吸收存款的对象也可以界定为"公众"。

余沙：俗话说"三人为众"。"公众"的特征：一是指不特定对象。不特定通常意味着身份和数量都不确定，如果身份确定，数量很广，实际上也是不特定。二是具有广泛性，人数众多。从司法实践来看，犯罪嫌疑人多是利用亲属、朋友的关系才能取得对方的信任，从而达到非法吸收存款、集资诈骗的目的。本案中黎某、李某在长达6年时间内向左某、赵某、钟某等16人借款，左某从胡某等38位亲友处借款，这16人和38位亲友应为人数众多，应视为"公众"。

问题三：诈骗类犯罪都要有非法占有的目的，如何认定非法占有的目的？集资诈骗罪中的非法占有故意包括间接故意吗？

主持人：在长达6年的时间里一直欺骗同一对象，不符合常理。如果将本案中黎某、李某的主观方面非法占有故意理解为间接故意也许更为客观。对于诈骗类犯罪主观故意是否包括间接故意，学界存有争议。各位嘉宾的观点如何？

龙宗智：目前，在研究以及司法实践中，不少人用"推定"而非"推断"回答行为人犯罪的主观要件问题。这是错误的，因为推定意味着降低证明标准，倒置证明责任。在没有法律依据的情况下进行推定，违背了法治原则和无罪推定的原则。行为人具有非法占有的目的，必须具备下列客观事实：从手段上看，行为人通过诈骗的方法非法获取财产；从后果看，造成了数额较大的资金不能归还；从情节上看，行为人还得具有符合推断条件的客观行为特征。处理个案时，应综合考虑事前、事中以及事后的各种主客观因素，进行整体的判断，从而作出正确的推断。不过，最高人民法院有关司法解释将符合推断条件的客观行为特征以列举的方式明确化了，为司法操作提供了方便。学理上，对诈骗类或侵犯财产类犯罪，我们不可轻易说：某种犯罪只能由直接故意构成，不能由间接故意构成。实际判决中，对某些案件，如有些行为人本身是案件被害人，但在集资过程中，意识到这种集资违反法律规定的情况下，对其他被害人起到了稳定、宣传、鼓动等作用，他的这种心理就是一种放任，法院仍判处其犯了集资诈骗罪。

刘守民：作为犯罪的主观心态，非法占有目的是区分非法集资与集资诈骗，即罪与非罪的关键。而主观心态除犯罪嫌疑人的供述外，一般难以直接查明。但行为人的行为可以反映目的，而目的又将引导行为，这为司法实践中通过犯罪嫌疑人的客观表现或行为认定其是否具有非法占有目的提供了依据。最高人民法院《关于审理诈骗案件具体应用法律的若干问题的解释》列举了认定"以非法占有为目的，使用诈骗方法非法集资"的几种情形：（1）携带集资款逃跑的；（2）挥霍集资款，致使集资款无法返还的；（3）使用集资款进行违法犯罪活动，致使集资无法返还的。实践中有人还列举了以下几种情形：（1）为谋取不当利益，擅自改变集资款用途，致使集资款无法偿还；（2）在取得集资款后，以所谓股份制改造、兼并、破产等方式，逃避偿还集资款的义务；（3）以支付拉款人、中间人高额回扣、介绍费、提成等方法非法募集资金，致使大部分集资不能返还的；（4）将以诈骗方法非法集资来的大部分集资款用于归还债务、弥补亏空的；（5）根本没有经营条件和归还能力而大量骗取资金的；（6）为继续骗取集资款，拆东墙补西墙，或将集资款用于亏损或不营利生产经营项目的。我认为区分非法集资和集资诈骗，可以从以下三个方面予以把握：一是行为人自始不具备还本付息的能力；二是行为人获取集资款后，有故意逃避责任或躲避追究的行为；三是行为人获取集资款后，未作任何还本付息之努力。

直接故意是指行为人明知自己的行为必然或者可能发生危害社会的结果，并希望这种结果发生的心理状态。在直接故意的情况下，行为人具有明确的犯罪目的，正是对这种目的的追求，才导致和支配、控制行为人去实施犯罪。犯罪目的体现着直接故意所追求的最终结果。通说认为，非法占有作为犯罪嫌疑人的犯罪目的，是其直接追求的结果，因此诈骗类犯罪的主观方面应属直接故意，不包括间接故意的心理状态。

余沙：非法占有目的是行为人的一种心理活动，外人看不见，摸不着，无法深入其内心了解，而行为人在归案后，为逃避法律制裁，往往寻找各种理由百般抵赖，因此认定犯罪目的有一定困难。但是，行为人的主观心理不是单纯的、孤立的内心活动，而是可以也一定会通过外部的客观行为表现出来。因此通过对行为人客观行为的分析，我们可以对非法占有目的进行推断、认定。如明知没有归还能力而大量骗取资金的；非法获取资金、财物后逃跑的；肆意挥霍骗取资金的；拒不交代资金去向、用途的；等等。对此，1996年12月最高人民法院《关于审理诈骗案件具体应用法律的若干问题的解释》第二条第三项、第三条第四项规定和 2001 年 1 月最高人民法院《全国法院审理金融犯罪案件工作座谈会纪要》第三条第一项规定,均有概括,为我们认定"非法占有目的"提供了参照的标准,在司法实务中应当遵照执行。

非法占有目的是集资诈骗罪的主观要素,是行为人希望发生,积极追求的结果,从学理上讲,仅仅为直接故意所包容,排斥间接故意。也就是说,集资诈骗罪只能由直接故意构成,而不能由间接故意构成。但在共同犯罪案件中则有其特殊性。作为主犯的行为人应该具有这种犯罪目的,其罪过是直接故意,但是对于共犯中的帮助犯或其他从犯而言则不必然。由于他们为集资诈骗提供帮助等从行为,对主犯实施的行为结果完全可能持放任态度,表现为间接故意,这不影响犯罪在总体上仍然具有非法占有目的的实质。这是由从犯对主犯具有的依附性、从属性,而不主导犯罪性质的特征所决定的。

问题四:集资诈骗与合同诈骗的主要区别有哪些?

主持人: 以诈骗罪或合同诈骗罪认定本案,可以避免在"公众"含义上的认识分歧。本案中嫌疑人的行为构成合同诈骗罪或诈骗罪吗?

刘守民: 集资诈骗和合同诈骗的主要区别在诈骗手段,但二罪即使在诈骗手段上也存在竞合的情形。以签订高息借款合同的形式进行集资诈骗即是合同诈骗与集资诈骗在诈骗手段上的竞合。在刑法理论和实务界对法条竞合的情形一般遵循以下处理原则:一是特别法优于普通法的原则;二是重法优于轻法的原则。根据上述原则,当集资诈骗与合同诈骗出现诈骗竞合时,一般应优先适用特别条款和重罪条款即集资诈骗罪定罪处罚。

余沙: 二者的主要区别:一是在于行为方式不同,集资诈骗是行为人通过以诈骗的方法非法集资的形式骗取钱财;合同诈骗则是行为人通过在签订、履行合同的过程中实施诈骗。二是对象不同,集资诈骗一般是面向不特定的社会公众;合同诈骗针对的则是特定的被害人。

高息借款可视为合同行为。合同有主体、客体、内容三要素。主体指的是参加合同法律关系,享有权利、承担义务的当事人。客体指的是参加合同法律关系的主体享有的权利和承担的义务所共同指向的对象,主要包括物、行为、智力成果。内容指的是合同约定和法律规定的权利和义务,它是合同的具体要求,决定了合同法律关系的性质,是连接主体的纽带。借贷从内容来讲是借款方和贷款方达成的借款合意,符合合同的三要素,是合同的一种形式。当借款人和贷款人双方约定高利率的借贷就是我们讲的高息借款，如果约定的利息不超过银行同类贷款利率的4倍，法律是认可和保护的，反之，超出部分的利息不受法律保护，但不改变借贷关系本身。借贷的合法与否只影响法律的保护范围，而不影响其合同的性质。也就是说，高息借款也是借款合同的表现，缔结这种关系的行为，应该视为签订合同。

从本案来看，黎某、李某的行为可以视为"没有实际履行能力以先履行小额合同或者部分履行合同的方法，诱骗当事人继续签订和履行合同"。但这不等于他们的行为只能认定为合同诈骗罪。在社会生活中，合同关系十分广泛，用以诈骗的合同不过是诈骗的手段和表现形式，是合同诈骗，还是其他特殊类型的诈骗，应该分别情况，具体分析。集资诈骗犯罪在形式上也往往有合同的订立，也可能有所谓的履行，显然不能因为有合同关系，就定性为合同诈骗罪。我认为，"没有实际履行能力以先履行小额合同或者部分履行合同的方法，诱骗当事人继续签订和履行合同"是合同诈骗罪的表现，但不是认定合同诈骗罪的全部依据。也就是说，行为人的行为即便属于这种情形，也并非就一定构成合同诈骗罪。

问题五：本案应如何处理？

主持人：各位嘉宾的观点十分鲜明，意见并不一致。可见对该问题的探讨十分必要。最后请嘉宾具体谈一下对本案的处理意见。

龙宗智：对黎某和李某二人行为的认定，我倾向认定为集资诈骗罪。左某的行为构成非法吸收公众存款罪。

刘守民：黎、李在既无资金，又无经营条件，实际根本无法兑现还本付息承诺的情况下，借款1097.13万元，造成809.13万元无法归还，足以认定其"非法占有为目的"的主观心态。黎、李编造专营精品系列酒，急需大量现金周转，并有高额利息的谎言，以虚构的事实骗取他人的信任，向左某等16人借款1097.13万元。从犯罪客体上讲，二人以高额利息为诱饵，吸纳巨额资金，严重扰乱了国家金融管理秩序。同时造成809.13万元不能归还，严重侵犯了集资人的财产权利，符合集资诈骗罪的客体要件。从犯罪客观要件上讲，二人以高额利息为诱饵，先后向16人借款，属非法集资，符合集资诈骗罪的客观要件。虽然在集资过程中，二人向他人出具了收条和借条，可视为与对方签订了借贷合同，也符合合同诈骗罪的客观要件。但从法条竞合来看，应当优先适用特别条款、优先适用重罪条款进行定罪处罚，即按集资诈骗罪处罚。

左某大量吸纳资金后,转而借贷给黎、李二人,从中收取利息差,显然具备吸收存款的金融业务特征,从根本性质上超出了民事借贷的范畴。同时左某吸收存款的对象数量较大,多达38人(户),其集资额也高达680多万元,客观上损害了国家金融秩序,因此应以非法吸收公众存款罪定罪处罚。

余沙:本案中黎某、李某实际代理的是一种普通白酒,却谎称系某知名酒厂的代理商,经营规模大、利润丰厚等,急需大量现金用于资金周转,采用打收条和借条形式以付高息为条件,从16人处多次借款人民币1000余万元的行为系以诈骗的手段非法集资的行为,显然不能视为民事借贷行为,而是构成集资诈骗罪。左某从38位亲友处借得600余万元,又以高息借给黎某和李某的行为,超出了法律允许的民事借贷的范围,严重扰乱了金融借贷秩序,也不能视为民事借贷行为,而是构成非法吸收公众存款罪。

主持人:再次感谢各位嘉宾。

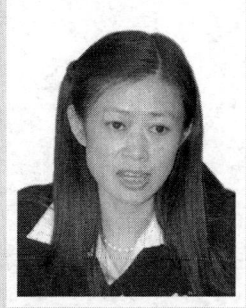
●田宏杰

●吴孟栓

●张 枚

随着经济全球化进程的加快，我国对知识产权刑事司法保护的力度逐步加大，所办理的侵犯知识产权类案件也在逐渐增多。但是，对于社会生活中屡见不鲜的贩卖盗版光盘行为，司法实践中有的按非法经营罪处理，有的以销售侵权复制品罪处理，也有的以侵犯著作权罪处理。那么，是什么因素导致了案件定性处理存在差异？应如何准确适用法律、正确定性贩卖盗版光盘行为？敬请关注本期疑案精解。

贩卖盗版光盘应如何定性处罚

主 持 人：张建升（《人民检察》副主编）
特邀嘉宾：田宏杰（中国人民大学法学院教授、博士生导师，北京市东城区人民检察院副检察长）
　　　　　　吴孟栓（最高人民检察院法律政策研究室专题研究处处长、检察员）
　　　　　　张　枚（北京市海淀区人民检察院公诉二处处长）
文稿统筹：倪爱静
摄　　影：孟澍菲

【案情简介】

　　周某于2004年3月与他人共同投资成立了北京某音像中心，并取得了音像制品经营许可证。2006年12月至2007年12月间，周某在某超级市场内贩卖盗版光盘，并于2007年12月15日，以每张人民币15元的价格向昆某销售DVD光盘5张，向黄某销售DVD光盘3张，被当场抓获归案。公安机关同时从该音像店内起获DVD光盘10934张，经鉴定，其中849张为侵权复制音像制品，10093张为非法出版物。

　　据了解，当前办理这类案件的鉴定结论通常为：起获光盘无防伪标识、无SID码，光盘系非法出版物。

【分歧意见】

　　对于上述行为应如何处理，实践中存在三种不同意见：

　　第一种意见认为，周某构成销售侵权复制品罪。理由是周某明知盗版光盘系侵权复制品，而购进并销售营利，其行为符合销售侵权复制品罪的构成要件。

第二种意见认为，周某构成非法经营罪。理由是，由于销售侵权复制品罪的起刑点较高，且难以证明侵权数额是否达到销售侵权复制品罪所要求的"数额巨大"标准，此种情况下，可以按照《最高人民法院关于审理非法出版物刑事案件具体应用法律若干问题的解释》（以下简称《非法出版物解释》）第十一条至第十五条的规定，认定行为人具有出版、发行、复制具有反动性政治内容出版物、侵权复制品、淫秽物品以外的严重危害社会秩序和扰乱市场秩序的非法出版物行为，情节严重的，可以非法经营罪定罪处罚。

第三种意见认为，周某构成侵犯著作权罪。理由是，周某以营利为目的，未经著作权人许可，发行其影视作品，情节严重，其行为已构成侵犯著作权罪。

【特别观点】

■由知识产权刑事法律保护的立法原意和法律的内在协调性所决定，刑法上的发行应作广义理解，各级市场、各个环节、各种形式的销售行为，均应属于发行行为的范畴。

■侵犯著作权罪的定罪标准是"数额或者数量择一模式"，而销售侵权复制品罪却是单一的数额模式，因而在销售侵权复制品的违法所得数额无法确定时，即使销售的侵权复制品的数量能够查明，也不能以该罪认定，但却可能构成侵犯著作权罪。

主持人： 盗版行为侵犯了著作权人的相关权利，那么，对于目前现实生活中常见的贩卖盗版光盘行为，在何种情况下应以刑事法律予以制裁？应定销售侵权复制品罪，侵犯著作权罪，还是非法经营罪？实践中应如何准确适用法律、正确定性贩卖盗版光盘行为？欢迎各位专家参与本期疑案精解研讨。

问题一：如何理解刑法第二百一十七条以及《非法出版物解释》第十一条规定中"发行"的含义？"发行"与"销售"有何区别？发行是否包括各种环节的"销售"行为？

主持人：《最高人民法院、最高人民检察院关于办理侵犯知识产权刑事案件具体应用法律若干问题的解释（二）》（以下简称《知识产权解释（二）》）第二条对刑法第二百一十七条侵犯著作权罪中的"复制发行"作出了解释；最高人民法院研究室有关同志所写的关于《〈知识产权解释（二）〉的理解与适用》中对该条进一步做了解释:"根据著作权法第十条对'发行'含义的规定,发行包括销售;而刑法第二百一十七条也规定了发行侵权的情形。因此从打击知识产权犯罪的实际考虑,《知识产权解释(二)》第二条第三款规定了,'非法出版、复制、发行他人作品,侵犯著作权构成犯罪的,按照侵犯著作权罪定罪处罚,'即不再适用销售侵权复制品罪和非法经营罪。"如何评价最高人民法院研究室有关同志对上述《知识产权解释(二)》第二条的解释?在刑事司法领域,如何理解"发行"的内涵?本案周某贩卖盗版光盘行为是否属于"发行"行为?

张枚:销售行为是否属于"发行"行为,从刑法第二百一十七条、第二百一十八条的规定来看,由于刑法明确规定了销售侵权复制品罪单独构成一罪,按其立法本意,应当认定销售行为不属于"发行"的范畴。因为如果认定销售行为属于侵犯著作权罪的"发行"行为,就无法把侵犯著作权罪中的发行行为与销售侵权复制品的行为区别开,那么刑法第二百一十八条就是一条虚置的法律规定。

但是,实践中存在的问题是,虽然刑法以销售侵权复制品罪对"销售"行为单独作出了规定,但实际上由于取证难度的问题,往往无法查清犯罪嫌疑人(被告人)的违法所得数额,对此类犯罪无法以销售侵权复制品罪定罪处罚。同时,鉴于现实生活中销售盗版光盘类案件数量激增,对上述行为若不以犯罪处理则无法体现对知识产权的保护,因此,便产生了将销售行为归于发行行为的现实需要。同时,这种归类也可以从其他部门法规定中找到依据。第一,著作权法第十条规定,"发行权,即以出售或者赠与方式向公众提供作品的原件或者复制件的权利";第二,国家新闻出版总署发布、2003年9月1日实施的《出版物市场管理规定》规定:"本规定所称发行,包括总发行、批发、零售以及出租、展销等活动。本规定所称出版物,是指报纸、期刊、图书、电子出版物等。"显然,在国家行政法规中明确将"销售"行为归纳在"发行"行为的范畴之中。因此,在刑法没有明确规定,而从其他法律、行政法规中可以找到依据的情况下,实践部门通常是将销售行为理解为发行行为。

至于最高人民法院研究室有关同志关于《〈知识产权解释(二)〉的理解与适用》中的阐述,我个人认为,《知识产权解释(二)》第二条并没有非常明确地将销售行为列为发行行为,而是将部分特定方式的推销行为确定为发行行为。最高人民法院研究室有关同志的理解,则从著作权法的规定出发,明确认为发行包括销售,实际上表明了对多年来司法实践做法的一种认可。

吴孟栓:发行,从字面上看,是分发和销售的意思。但是,发行所包括的销售行为,应当是出版物众多流通环节中的源头行为,是作品出版之后的第一个流通环节,除第一环节销售之外的再销售行为不能认定为刑事领域中的发行。刑法第二百一十八条规定的销售则显然是发行环节之后的销售行为,不应包括在发行环节中。因为,侵犯著作权罪所要打击的是源头行为,也就是说侵犯著作权罪是知识产权类犯罪中的上游犯罪,而销售侵权复制品罪,顾名思义就是打击知识产权类犯罪的中游或者下游犯罪,也就是再销售行为。《知识产权解释(二)》规定的很明确,"非法出版、复制、发行他人作品,侵犯著作权构成犯罪的,按照侵犯著作权罪定罪处罚,即不再适用销售侵权复制品罪和非法经营罪。"如果不侵犯著作权构成犯罪的,则依然要以销售侵权复制品罪定罪处罚。

田宏杰:发行是指为满足公众的合理需求,通过出售、赠与等方式向公众提供一定数量的作品的原件、复制件的行为。由于出租权的存在与发行权的"权利穷竭"之间发生冲突,因而在我国著作权法上,发行仅限于物体所有权转移的行为即出售和赠与,至于出租行为,则不再以发行行为视之。由于赠与不以营利为目的,显然不属刑法规制范畴,因而刑法上的发行应当只指出售。但是,"出售"行为的外延,是仅限于侵权复制品一级市场中的总发行行为,还是亦包括侵权复制品二级市场中的批发、零售等环节,刑法理论界和司法实务部门却不无争议。

对此,我认为,由知识产权刑事法律保护的立法原意和法律的内在协调性所决定,刑法上的发行应作广义理解,各级市场、各个环节、各种形式的销售行为,均应属于发行行为的范畴。

首先,从刑事立法的规定来看。刑法虽然将发行行为和销售行为分别规定于第二百一十七条侵犯著作权罪和第二百一十八条销售侵权复制品罪之中,但众所周知,销售侵权复制品行为本就是侵犯著作权的一种行为形式,因而销售侵权复制品和侵犯著作权之间无疑存在着包容与被包容的关系,由于立法上分置于两个条文,从而形成法条竞合关系。换言之,不能仅仅依据销售侵权复制品行为与侵犯著作权行为在刑法上分别规定于两个条文之中,就将销售侵权复制品行为排除在侵犯著作权行为之外,这样的解释,不仅有违上述两种行为之间的关系本质,而且忽略了法条竞合在我国刑法分则规定中大量存在的立法现实。

其次,从行政法规的规定来看。囿于经济犯罪的法定犯本质,对经济犯罪构成要件中的法律术语的内涵及其外延的解读,不能仅仅拘泥于刑法的字面规定,而必须与该经济犯罪所违反的前提法即经济行政法的规定保持协调。而在我国现行有关的行政法规中,对发行并未限定于一级市场中的总发行行为,而是采取广义立场予以规定。

再次,从刑事司法解释来看。2004年12月8日最高人民法院、最高人民检察院《关于办理侵犯知识产权刑事案件具体应用法律若干问题的解释》第十二条明确规定:"本解释所称'非法经营数额',是指行为人在实施侵犯知识产权行为过程中,制造、储存、运输、销售侵权产品的价值。……"由于第十二条的规定适用于现行刑法典第二百一十三条至第二百一十九条所规定的侵犯知识产权犯罪,因而不难看出,在该解释中,"销售"与"发行"并未作区分,而是有着同样的意义。不仅如此,《非法出版物解释》中,虽然非法经营行为是指非法出版物的出版、印刷、复制、发行,而非法出版物二级市场中的批发、零售行为在该解释中虽未明确提及,但上述行为以非法经营行为定性处理,却早已成为学界和实务部门的共识。之所以如此,是因为大家一致认为,非法出版物的销售,就是非法出版物的发行,发行与销售两者,内涵相同,外延一致。

问题二:侵犯著作权罪、销售侵权复制品罪、非法经营罪三罪如何区分?是否存在法条竞合关系?有否可能成立想象竞合?

主持人:我们了解到,司法实践中,由于销售侵权复制品罪起刑点较高,而认定行为达到销售侵权复制品罪定罪标准的取证难度较大,以非法经营罪定性处理的案件较多,而以销售侵权复制品罪定性处理的案件很少。那么,侵犯著作权罪、销售侵权复制品罪、非法经营罪三罪之间存在怎样的法律关系?对于贩卖盗版光盘的行为要以侵犯著作权罪论罪,在著作权方面需要获取哪方面证据?

张枚:从刑法第二百一十七条、第二百一十八条、第二百二十五条的立法本意上看,三罪不存在竞合关系,但是由于司法解释的规定和实践中的惯常做法,使得第二百一十七条、第二百一十八条之间产生了从属关系的法条竞合。侵犯著作权罪、销售侵权复制品罪与非法经营罪之间,我认为仍不存在竞合关系。

实践中，在将销售行为归属于发行行为的前提下，区分三罪主要看是否具有知识产权方面的证据，如知识产权人的相关证明文件、侵犯知识产权的鉴定结论等，如果有，以侵犯著作权罪论罪；如果没有，定非法经营罪。因此，对于贩卖盗版光盘的行为要以侵犯著作权罪论罪，应当调取著作权人的著作权登记证书、著作权人是否许可行为人复制发行其作品的证明、侵犯著作权的鉴定结论等证据。

吴孟栓：刑法设立非法经营罪，宗旨在于维护市场的准入秩序，禁止没有特定资格的单位和个人违反国家规定从事某些经营活动，强调的主要是经营主体的非法性。刑法第二百二十五条明确规定的前三项行为，说明其第四项规制的行为性质应该跟前三项的性质一致，而显然普通盗版的东西与刑法第二百二十五条前三项不具有可比性。而侵犯著作权罪与销售侵权复制品罪，虽然都是侵犯他人著作权的犯罪行为，但区别也很明显：第一，犯罪主体范围不尽相同。侵犯著作权罪的主体是侵权复制品的制作者；而销售侵权复制品罪的主体只能是该批侵权复制品的制作者以外的其他自然人或单位。第二，客观行为方式不同。侵犯著作权罪中规定的行为方式是"复制发行"，表现为复制发行他人的文字作品、音乐、电影、电视、录像作品、计算机软件及其他作品；出版他人享有专有出版权的图书；复制发行其制作的录音录像；制作、出售假冒他人署名的美术作品。只要完成了进行复制、发行、出版或者制作的行为，犯罪即可以成立。销售侵权复制品罪中规定的行为方式是"销售"，是复制发行侵权行为的后续行为，通过其非法的销售行为将本来不合法的复制品推销出去，从而使另一违法或者犯罪行为得以最终完成。这也是区分两罪的关键所在。第三，两罪犯罪形态不同。侵犯著作权罪的构成是"违法所得数额较大"或者"有其他严重情节"的行为，因此既可能是数额犯，也可能是情节犯；而销售侵权复制品罪的构成只能是"违法所得数额巨大"的行为，只能是数额犯。

值得注意的是，在刑法分则规定的条文中，除了对立关系的罪名外，其他任何罪名之间都是可能存在想象竞合的，所以从这个角度来讲，侵犯著作权罪、销售侵权复制品罪、非法经营罪三罪之间出现想象竞合的可能性是很大的。

田宏杰：侵犯著作权罪与销售侵权复制品罪之间，存在着包容的法条竞合关系，前罪系一般法条规定之罪，后罪系特别法条规定之罪，但由于侵犯著作权罪的定罪标准是"数额或者数量择一模式"，而销售侵权复制品罪却是单一的数额模式,因而在销售侵权复制品的违法所得数额无法确定时,即使销售的侵权复制品的数量能够查明,实践中是不可能以销售侵权复制品罪定罪的,但却有可能构成侵犯著作权罪。而在违法所得数额能够查明的案件中,根据刑事司法解释的规定,实践中的处理则有以下三种情形:一是销售侵权复制品违法所得数额较大在三万元以上不足十万元的,只构成侵犯著作权罪,适用基本量刑幅度处罚;二是销售侵权复制品违法所得数额巨大在十五万元以上的,虽然同时触犯侵犯著作权罪和销售侵权复制品罪,但由于此种情形的侵犯著作权罪应适用加重量刑幅度即应处三年以上七年以下有期徒刑,并处罚金,而销售侵权复制品罪则只能适用基本量刑幅度处三年以下有期徒刑,并处或者单处罚金,因而最终应按照"重法优于轻法"的法条竞合原则,以侵犯著作权罪定罪处罚,否则有违罪责刑均衡的刑法基本原则的要求;三是销售侵权复制品违法所得数额巨大在十万元以上不足十五万元的,不仅同时触犯侵犯著作权罪和销售侵权复制品罪两罪,而且均应适用各罪的基本量刑幅度,由于两罪基本量刑幅度相同,故按照"特别法优于一般法"的法条竞合原则,以销售侵权复制品罪定罪处罚。据此不难发现,由于刑事司法解释对两罪起刑标准规定的差异,致使销售侵权复制品罪在司法实践中几近于被虚置。

至于非法经营罪,根据现行刑法典第二百二十五条、1998 年 12 月 29 日全国人大常委会《关于惩治骗购外汇、逃汇和非法买卖外汇犯罪的决定》第四条以及"两高"有关非法经营罪的一系列刑事司法解释的有关规定不难发现,非法经营罪中的非法经营行为,并非单纯违反工商行政管理法规的行为,而是因违反国家关于特许经营管理的有关经济行政管理法律、法规的规定,未经特许经营业务行政管理部门批准,擅自经营特许经营业务的非法经营行为。申言之,违反国家特许经营管理规定,侵犯国家对于特许经营的正常监管秩序,才是非法经营罪的危害实质所在,也是区分非法经营罪罪与非罪的主要标准之一。由此决定,不适格主体实施的适格主体方能从事的经营活动,以及适格主体实施的超越行政许可范围的经营行为,本质上并无二致,都属于非经特别行政许可而擅自实施的非法经营行为,但若从事的经营活动在法律上系禁止性经营业务,则绝无成立非法经营罪的可能。所以,当复制发行的非法出版物系侵权复制品,例如盗版光盘时,有经营资格的人和无经营资格的人,都只可能构成侵犯著作权罪或者销售侵权复制品罪,而不可能成立非法经营罪;而当复制发行的非法出版物系《非法出版物解释》第一条至第十条规定之外的非法出版物时,才有成立非法经营罪的可能。可见,非法经营罪与侵犯著作权罪以及销售侵权复制品罪之间,在犯罪构成上不存在交叉或者包容关系,因而不存在法条竞合关系,至于想象竞合,因其缘于具体案件行为人的犯意而产生的观念竞合,可以发生于任何没有法条竞合关系的犯罪之间,据此,非法经营罪与侵犯著作权罪或者销售侵权复制品罪,亦完全可能在具体个案中发生想象竞合。

问题三:何谓"非法出版物"?如何区分非法出版物与侵权复制品?

主持人:有观点认为,《非法出版物解释》第十一条和第十五条分别从内容违法和程序违法两方面界定了"非法出版物",而1991年《关于认定、查禁非法出版物的若干问题的通知》也对非法出版物的概念作出了界定。那么,本案中被贩卖的盗版光盘是否为非法出版物?贩卖盗版光盘行为是否为非法经营行为?当贩卖盗版光盘的营利额难以取证,不能确定是否达到销售侵权复制品罪"数额巨大"的标准时,能否以非法经营罪起诉?

吴孟栓:非法出版物是指不是国家批准的出版单位出版的在社会上公开发行的图书、报刊和音像出版物,以及违反《出版管理条例》未经批准擅自出版的出版物。具体包括:(1)盗用、假冒正式出版单位或者报纸、期刊名义出版的出版物;(2)伪称根本不存在的出版单位或者报纸、期刊名称出版的出版物;(3)盗印、盗制合法出版物而公开销售的;(4)公开发行的不署名出版单位或署名非出版单位的出版物;(5)承印者以牟利为目的擅自加印、加制的出版物;(6)被明令解散的出版单位的成员擅自重印或以原单位名义出版的出版物;(7)未经新闻出版行政部门批准的内部资料性出版物;(8)买卖书(刊、版)号出版的出版物;(9)擅自印刷或复制的境外出版物;(10)非法进口的出版物。至于侵权复制品,应该具备两个基本特征:首先,被侵权复制的作品应是受著作权法保护的作品;其次是未经著作权人许可而复制的作品。从上述规定来看,侵权复制品属于非法出版物,但非法出版物的外延远远大于侵权复制品。行为人贩卖的光盘,如果是侵权复制品,不是非法出版物的话,则不能定性为非法经营罪。

张枚:从实践操作的角度说,主要依据《非法出版物解释》第十一条和第十五条来认定"非法出版物"。实践中的区分标准主要是看鉴定结论,鉴定结论能够确定为侵权复制品的,定侵犯著作权罪,不能确定为侵权复制品只能确定为非法出版物的,定非法经营罪。本案能够认定为侵犯著作权罪,我认为,主要依据还在于起获的光盘中有849张被鉴定为侵权复制音像制品。

在实践中,无法将贩卖盗版光盘的行为认定为侵犯著作权罪主要存在两个障碍:一是缺乏盗版光盘系侵权复制品的鉴定。一般情况下,对于贩卖盗版光盘的案件,新闻出版局出版物鉴定中心就起获光盘作出的鉴定结论都是:"光盘系非法出版物",鉴定为侵权复制品的情况比较鲜见。二是违法所得数额无法查获。近年查处的侵犯知识产权类犯罪中,到案的犯罪嫌疑人多为终端的销售类知识产权犯罪嫌疑人,确定违法所得数额存在证据天然不足的情况,究其原因,在于犯罪嫌疑人(被告人)在实施犯罪时,极少数犯罪嫌疑人有详细的犯罪投入、产出的财务账目的记录,故在侦查机关无法查获犯罪嫌疑人的犯罪成本、收入的情况下,无法查清其违法所得数额。在第一种情形之下,一般不存在重大差异,鉴定结论能够确定为侵权复制品的,定侵犯著作权罪,不能确定为侵权复制品只能确定为非法出版物的,定非法经营罪。在第二种情形下,如果具有侵权复制品的鉴定该如何处理,可能会存在争议。我认为不能以非法经营罪起诉。需要说明的是,违法所得数额无法查清而导致侵犯著作权罪无法认定的困境,在2004年司法解释出台后已经得到解决,因为贩卖的张数也被司法解释作为定罪标准。

田宏杰:非法出版物的外延十分宽泛,凡是违反出版管理有关法律、法规而出版发行的出版物,都是非法出版物。以出版行为人的经营资格为标准,既包括有新闻出版经营资格的单位或者自然人违反出版管理规定而印刷、出版、复制、发行的非法出版物,也包括没有新闻出版经营资格的单位或者自然人非法印刷、出版、复制、发行的非法出版物;以出版物的内容为标准,则可分为绝对禁止经营的非法出版物和限制许可经营的非法出版物,前者如淫秽物品、侵权复制品等,后者则是除前者以外的其他非法出版物;以非法出版行为所侵犯的法益为标准,非法出版物可分为既危害社会秩序又扰乱市场秩序的非法出版物,以及只扰乱市场秩序的非法出版物。具体就非法经营罪、侵犯著作权罪与销售侵权复制品罪的犯罪对象而言,由三罪的危害本质即其侵犯的法益以及《非法出版物解释》第十条、第十五条的规定可知,非法经营罪中的非法出版物,仅限于只扰乱市场秩序的限制许可经营的非法出版物,而贩卖盗版光盘等既危害社会秩序又扰乱市场秩序的绝对禁止经营的侵权复制品,不管行为人是否具有出版经营资格,均无构成非法经营罪的可能,而只可能论之以侵犯知识产权犯罪。因此,即使贩卖盗版光盘的营利额难以取证,也不能以非法经营罪起诉,但若其贩卖的盗版光盘数量超过500张以上,可依据《知识产权解释(二)》的规定,以侵犯著作权罪起诉。

问题四: 出版物鉴定结论应当具有何种法律属性?除形式鉴定以外,是否有必要作实质鉴定?

主持人: 新闻出版主管单位出版物鉴定中心就本案起获光盘作出的鉴定结论是:"无防伪标识、无SID码,光盘系非法出版物",如何评价该鉴定结论?该鉴定结论能否作为定案依据?就本案而言,应从哪些方面作出鉴定结论?

张杴: 出版物鉴定结论应当具有客观性和关联性。除了对涉案光盘作"无防伪标识、无SID码,光盘系非法出版物"的鉴定外,更重要的是要作是否侵犯著作权的鉴定,否则无法以侵犯著作权罪定罪处罚。从目前司法实践中掌握的证据标准来看,合法的鉴定机构所作出的对非法出版物的鉴定结论也符合司法解释的定罪要求,一般是作为定案依据的。

田宏杰: 由证据的法律属性所决定,出版物鉴定结论当然应具有关联性或相关性、合法性和客观性,所以,出版物鉴定结论不仅应由合法的鉴定机构依法出具,而且鉴定机构对出版物所作的鉴定结论,既要含有出版物外观形式的鉴定内容,更要包含有出版物内容及其法律属性,即出版物系合法出版物还是非法出版物,若系非法出版物,是绝对禁止经营的侵权复制品等非法出版物,还是限制许可经营的非法出版物等实质鉴定内容。

吴孟栓: 侦查取证时,侦查机关对于鉴定方向,要给出指示性意见。除了要求鉴定机构在形式上作出有无防伪标识,有无SID码等鉴定外,在内容上也要给出有无煽动分裂国家、破坏国家统一,或者有无淫秽内容等鉴定意见,只有排除《非法出版物解释》前十条规定的情形后,才能依其鉴定结论,得出行为是否构成销售侵权复制品罪、侵犯著作权罪或是非法经营罪的相应结论。

问题五: 本案应如何定性处理?

主持人: 通过讨论,各位专家对相关问题有了进一步的认识。那么,本案应如何处理?

田宏杰: 公安机关从被告人周某的音像店内起获的DVD光盘中,侵权复制音像制品849张,标识不全的其他非法出版物10093张,据此,本案处理可能存在以下两种情形:其一,如果证据能够充分确实地证明被告人周某对其销售的音像制品中有侵权复制品完全明知,则周某在本案中的销售行为同时触犯了侵犯著作权罪和非法经营罪两罪,属于想象竞合犯,根据"从一重罪处断"

的处理原则，对周某应以非法经营罪定罪处罚，至于其销售849张侵权复制品的事实，则作为量刑情节，酌情从重处罚；其二，如果证据不能唯一地、排除一切合理怀疑地认定周某对其销售849张侵权复制品存在故意，则周某在本案中的行为只构成非法经营罪一罪，应当根据刑法典第二百二十五条的规定，对其定罪处罚。

张枚： 从本案事实来看，实践中可能会有两种处理方式：第一种以侵犯著作权罪对周某定罪处罚。我认为，这主要依据了起获的光盘中有849张被鉴定为侵权复制音像制品这一证据，同时考虑侵权复制品鉴定难以作出的困境，本着有利于被告人的原则下判。另一种处理方式是定非法经营罪。我个人赞成第二种处理方式。因为刑法第二百一十七条第（三）项规定得非常明确，必须"未经录音录像制作者许可，复制发行其录音录像的"才能构成本罪，在没有确定行为人是否侵犯了他人著作权的情况下就认定其构成侵犯著作权罪，显然是缺乏证据支持的，不符合刑法第二百一十七条规定的构成要件。本案起获的10093张光盘没有被确认为侵权复制品而被鉴定为非法出版物，按照司法解释的规定，应认定为非法经营罪。侵犯著作权罪的起刑点是1000张，因而销售849张侵权复制音像制品的行为不构成犯罪，可作为非法经营罪的量刑情节来考虑。

吴孟栓： 本案中，周某以营利为目的，贩卖盗版光盘，其中一部分为侵权复制品，一部分为非法出版物，非法出版物的数量远远超过了侵权复制品，在不能证明周某是出于两个主观故意的情况下，应以认定非法经营罪为宜，其销售侵权复制品的行为可以作为一个量刑情节。

刑 法

四、侵犯财产罪

● 丛修胜

● 肖中华

● 黄伟明

● 王盛林

● 高　进

X 在盗窃案件中，经常发生行为人对所盗窃财产的价值认识错误的情况，北京发生的"天价葡萄案"、烟台发生的"天价兰花案"，以及其他地方发生的"天价豆角案"、"天价虎骨案"等，均属此类。对象价值认识错误是否影响盗窃罪的构成？如何正确处理此类案件？为了在理论上将这些问题阐释清楚，总结出适用于此类案件的一般性结论，近日，本刊与山东省烟台市芝罘区人民检察院共同举办疑案精解研讨会，邀请专家学者就该类案件的相关问题展开深入探讨。

对象价值认识错误是否影响盗窃罪的构成

主 持 人：丛修胜（山东省烟台市芝罘区人民检察院检察长）
特邀嘉宾：肖中华（中国人民大学刑法学教授、博士生导师）
　　　　　黄伟明（烟台大学法学院教授、烟台市芝罘区人民检察院副检察长）
　　　　　王盛林（山东省烟台市公安局刑侦支队支队长）
　　　　　高　进（山东省烟台市人民检察院侦监处处长）
文稿统筹：孙永生　张　岩
摄　　影：姜志勇

【案情简介】

案例一：刘某、王某是烟台一家宾馆的客房服务员，平日喜欢养些花草。2007年4月初的一天，在打扫客房时，两人将客人放在墙角的几株小草拿走，其中刘某拿了三株，王某拿了二株，后种到了自家阳台的花盆里。客人马某是名商人，爱好兰花。马某发现五株名为"西光蜀道"的名贵兰花丢失，即到公安机关报案。经鉴定，二人拿走的名为"西光蜀道"的兰花每株价值4000元，但刘某、王某并不知道其实际的价值。公安机关先后两次以涉嫌盗窃罪向检察机关提请批准逮捕刘某、王某，检察机关认为二人的行为不构成犯罪，于5月13日、5月17日两次作出不批准逮捕决定。

案例二：2003年8月7日晚，李某等四人来到一葡萄园摘食葡萄，并摘走葡萄23.5公斤。公安机关查获了李某等四人，发现李某等四人摘食的葡萄系北京市某研究所投资40万元、历经10年研制的科研新品种。经物价部门鉴定，23.5公斤葡萄价值11220元，而李某等人并不知道这种葡萄新品种的价值。9月12日，李某等三人涉嫌盗窃罪被逮捕，另一人被处以15日行政拘留。2004年1月5日，经重新鉴定，23.5公斤葡萄价值376元。2005年2月

21日，检察机关对李某等三人作出不起诉的决定。

【分歧意见】

在以上两案的办理过程中，存在两种不同意见：

第一种意见认为，行为人主观上有窃取他人财物的故意，客观上实施了窃取他人财物的行为，所盗物品达到了定罪量刑标准，对行为人应以盗窃罪追究其刑事责任。

第二种意见认为，行为人不具备专业知识，主观上缺乏对物品真实价值的认识，不具备刑法上的犯罪故意，行为人的行为不构成犯罪。

【特别观点】

■ 刑法将"数额较大或者多次盗窃"规定为盗窃罪的客观构成要件要素，在理论上应当认为，盗窃对象的价值的认识理应成为主观故意的内容。

■ 行为人认识的物品价值远远低于实际价值，则应当以其认识的数额作为判断标准。相反，则有主观主义与客观主义立场之别。

主持人： 今年我们烟台市芝罘区检察院办理了一起"天价兰花"案，该案与几年前北京市发生的一起盗窃科研机构研制的葡萄新品种的"天价葡萄"案极为相似，两起案件的行为人在主观上均不知其盗窃的物品价值"天价"，出现了行为人对行为对象（物品）价值认识错误的情况。对这种情况，究竟应如何处置，司法实践中分歧意见很大。感谢各位专家参与今天的讨论。

问题一： "天价兰花"和"天价葡萄"案中，出现了行为人对行为对象（物品）价值认识错误的情况。理论上，行为人事实认识错误，对其行为的定性及处罚有何影响？

主持人： 两起案件的共同特点是行为人对行为对象价值认识错误，这种认识错误往往是由于行为人专业能力不足等原因造成的，对象价值认识错误是否影响行为的定性与处理？

王盛林： 行为人对盗窃对象（物品）价值（数额）的认识，直接影响到行为人对行为后果的预见性，直接反映其主观恶性的大小，是犯罪主观故意的内容之一。很显然，对盗窃对象价值认识错误，必然影响到对行为的定性及处理。

高进： 对盗窃对象价值的认识包括明确的认识和概括的认识。明确的认识，就是对盗窃物品的价值有较准确的认识，仍进行窃取；概括的认识，就是对盗窃的物品的价值只有大约的认识，不具体，如盗窃手提包，包中是否有数额较大的财物不明确，但无论盗窃物品的价值大小，均不违背行为人的意志，就是常说的"能偷多少是多少，偷了多少算多少"。这种故意的特征是对盗窃物品的价值采取了放任的态度。"天价兰花"案、"天价葡萄"案中的行为人，都没有上述两种主观故意，盗窃物品的价值如此之大，达到刑法规定的定罪标准，是违背行为人意志的。因此，两案中的行为人主观上无罪过，是一种刑法上的责任阻却，不构成犯罪。

肖中华： 占有型财产罪侵犯的法益是财产所有权，而对象（物品）的价值大小影响到财产所有权被侵害的轻重程度。我国刑法在设立各种占有型财产罪的构成要件、设置各个档次的法定刑时，盗窃、抢夺、诈骗等行为的对象价值大小，无疑是重点考虑、确定刑事责任大小的关键因素，因为这种因素在很大程度上决定了犯罪行为的社会危害性大小。刑法也正是以"数额较大"、"数额巨大"等要素作为盗窃罪等犯罪定罪处罚的主要依据。既然刑法将"数额较大"作为盗窃罪等犯罪的构成要件要素加以规定，而盗窃罪又是以非法占有为目的的故意犯罪，衡量行为人的行为是否构成犯罪（应否承担刑事责任）、在哪一个档次中处罚（在多大程度上承担刑事责任），就不能在任何情况下只考虑客观上的盗窃数额而不论行为人主观认识范围内的价值大小。因为专业能力不足等原因导致行为人对行为对象的价值发生认识错误，实际上是对危害结果的性质产生了错误认识。具体到上述两个案件，存在的问题是：行为人认为自己的行为是一般的盗窃，没有认识、根据其专业能力也无法认识到自己的行为是具有严重社会危害性的盗窃。亦即，现实发生的结果重于行为人认识的结果，而且这样的结果（是否"数额较大"）涉及罪与非罪的区别，涉及对行为是否符合犯罪构成要件的评价。显然，对行为的评价，应当在主客观相统一的范围内进行。

黄伟明： 行为人对行为对象（物品）价值认识错误的情况，在刑法理论上属于认识错误中的事实认识错误。即，行为人对自己行为时的事实情况有不正确的理解。如果行为人对构成要件事实发生认识错误，必然影响对行为性质的认定。

问题二：盗窃罪主观故意的内容有哪些？犯罪人对盗窃对象（物品）的

价值（数额）的认识是否是主观故意的内容？盗窃罪主观故意的认定依据是什么？

主持人：盗窃罪是一种直接故意犯罪，主观上要求行为人明知自己的行为会发生危害社会的结果，并且希望这种危害结果的发生。怎样认定盗窃罪的主观故意呢？

王盛林：盗窃罪在主观方面表现为直接故意，以非法占有他人财产为目的。盗窃罪直接故意的内容包括：（1）行为人明确地意识到其盗窃行为的对象是他人所有或占有的财物。行为人只要依据一般的认识能力和社会常识，推知该物为他人所有或占有即可。（2）对盗窃后果的预见。如进入银行偷保险柜，就意图盗窃数额巨大或特别巨大的财物，进入博物馆就意图偷文物。这样的犯意，表明了盗窃犯意图给社会造成危害的大小，也表明了其行为的危害性。案例一中，作为宾馆的服务员，虽然意识到其窃取的是他人所有的财物，但是他们只是普通的公民，并没有鉴别"兰花"这一特殊物品的专业知识和技能，因此根本无法判断出其所窃取兰花的实际价值。也就是说，他们对其行为的后果并没有预见性，并不追求严重危害社会的后果。所以，尽管客观上他们实施了窃取他人财物的行为，但是按照刑法上主客观相统一的原则，因行为人没有盗窃罪的主观故意，其行为不构成盗窃罪。

高进：认定盗窃罪主观故意，一是看行为人当时的认识能力。判断行为人的认识能力，要按一般人的判断标准，参考行为人的学识、专业水平等因素进行。在"天价兰花"案中，两人将客人放在客房墙角的几棵小草拿走。这几棵小草，因为只长出两个叶，能判断出是兰花，但没有专业水平和一定的花卉学识，一般人判断不出是名贵品种。市场上兰花的价格也不贵，5棵兰花达不到盗窃罪的定罪标准。二是看行为人事后是否有认识。如果二人将所盗取的兰花拿到市场出售，就说明她们可能认识其价值；或者盗窃就是为了出售，也可推定其对兰花的价值有概括性认识。此案中二人将所盗取的兰花拿回家自己栽种，说明至案发行为人仍未认识到所窃取的兰花的价值。三是对鉴定结论的认识。一般来说，鉴定结论是定案的依据。但在"天价兰花"和"天价葡萄"案中，对鉴定结论要考虑其他因素。经济学中有一个"博傻"概念，有可能是"博傻"活动将物品的价格抬了起来，去掉这种因素，其价格将大幅回落，"天价葡萄"案中第二次的价格鉴定，就说明这一问题。在具体办案中，主要还是要考虑一般人、行为人是否能够认识物品价值这一因素。

肖中华：直接故意犯罪的行为人在认识因素上"明知自己的行为会发生危害社会的结果"、在意志因素上是"希望这种危害结果发生"。结合盗窃罪的不法行为类型特点和构成要件，盗窃罪的主观故意内容一般可以概括为：第一，行为人认识到自己的行为是秘密窃取他人财物、侵犯他人财权所有权的行为（行为的内容及危害性质）。认识到行为的危害性质却仍实施该行为，表明行为人具有主观恶性。第二，行为人明知自己的行为会发生使他人财产遭受损失的后果（明知自己的行为会发生何种危害结果）。第三，追求上述结果的发生。将其认识因素进行归纳，可以说要求行为人对盗窃罪的构成要件事实有认识。

但值得研究的是，在盗窃罪的主观认识因素中，行为人对危害结果的明知，是否要求对危害结果的具体严重程度、窃取数额是否达到"数额较大"的具体明知？总体上，在犯罪故意中，行为人对"危害社会的结果"的明知，并不要求十分具体。只要行为人对于自己的行为会侵犯一定的法益这种客观事实有基本的认识，就可以认定其故意成立。但是，具体到个罪、个案中，要结合个罪的构成要件来理解行为人对"危害社会的结果"的明知，把握行为人是否明知自己的行为可能侵害某种犯罪的客体、明知自己的行为侵害什么样的法益，以准确界定罪与非罪以及犯罪行为的性质。

刑法将"数额较大或者多次盗窃"规定为盗窃罪的客观构成要件要素，在理论上就应当认为，行为人必须对这样的客观构成要件事实有所认识。盗窃对象（物品）的价值（数额）的认识理应成为主观故意的内容。

黄伟明：根据我国刑法第二百六十四条及最高人民法院《关于审理盗窃案件具体应用法律若干问题的解释》（以下简称《解释》）第一条的规定，构成盗窃罪的主观故意的内容应当是"故意秘密窃取数额较大的财物"。因此，故意秘密窃取数额较小财物就不构成盗窃罪。构成盗窃罪虽然不需要犯罪人对盗窃对象（物品）的价值有准确的认识，但是，需要犯罪人明知其盗窃物品属于较大数额财物。认定盗窃罪主观故意，以一般人的认识程度为标准，同时考虑行为人自身的认识程度。

问题三：主客观相结合是认定行为性质应遵循的原则，如何理解这一原则？

主持人：主客观相统一是刑法的基本原则之一，在具体案件中经常发生主观与客观不一致的情况，应当如何理解二者之间的关系，准确认定行为人行为的性质呢?

王盛林：主客观相统一是刑法的一个重要原则，这一原则是指对犯罪的认定和处罚必须把行为的主观因素和客观因素有机结合起来，不允许主观归罪和客观归罪。根据这一原则，只有受自己思想支配的犯罪行为才是产生法律责任的行为，只有表现在危害行为当中的思想才是具有法律意义的思想，只有主客观相统一的危害社会的行为，才能构成犯罪。

高进：主客观相一致原则是我国立法和司法的主线，体现在司法实践中，在认定行为人行为的性质时，首先看是否有法益被侵害的事实，其次看行为人主观上是否有罪过。如果虽然客观上有法益被侵害的事实发生，但行为人主观上无罪过，则形成刑法上的责任阻却，不用考虑其他因素。

在具体实践中，主客观两个方面不可能不偏不倚，我认为在坚持主客观相一致的前题下，应倾向于客观方面多一些。

肖中华：主客观相统一是刑法的基本原则之一，在立法中体现的是，犯罪的成立不仅要求在客观上实施了危害社会的行为，还要求主观上有犯罪的故意或过失，而且要求主客观的内容具有一致性。主客观相结合作为认定行为性质的原则，基本内容应理解为在主观状态（有可能是罪过，有可能没有罪过）与客观现实不一致时，应当在主观与客观相统一的范围内认定行为的性质。因为现代刑法排除结果责任和客观归罪，故追究刑事责任应当关注行为人的主观认识，否则不能实现刑罚目的。

主观方面与客观方面是认定犯罪、判断行为性质时不可或缺的、同等重要的两个方面，作为我们考查的对象，没有彼此作用大小之分。但是，当主观与客观不完全一致时，必须首先确定主客观相统一的部分在哪里，只能在这样的范围内判断行为的性质。当然，在此基础上，还存在主观主义与客观主义的解释立场选择问题。

黄伟明：主客观相结合是认定行为性质的总原则。我国刑法通常采用以客观判断（一般人的判断）为主，主观判断（行为人的判断）为辅。在上述两个案例中，主客观相结合原则具体应用在对行为人主观方面的认定上。即，首先考虑一般人在此种状态下的认识状况，这就是一个客观标准；其次再考虑行为人的认识状况，这是主观标准。在行为人属于一般正常人的情况下，以常识性认识为标准，即使行为人在当时特殊情况下没有达到该认识，也不影响行为认定；如果行为人属于特殊人群，如专业技术人员或智力障碍者，则以常识性认识为基础，结合行为人的具体认识程度认定。

问题四：我国刑法对盗窃罪的犯罪构成上有盗窃财产量的要求，行为的社会危害性必须达到一定程度，盗窃数额较大、情节严重才构成犯罪，否则，就只是一般的违法行为。这无疑增加了对行为性质认定上的难度。应如何认识我国刑法对盗窃罪盗窃数额量的要求？

主持人：我国刑法对一些行为是否构成犯罪规定了数额、情节等量和度的要求，这在相关的司法解释中也有所体现，给司法实践带来了一定的难题。应当如何认识这一规定呢？

肖中华：刑法作这样的规定，是基于刑事政策的考虑，是为了从"量"的角度控制犯罪圈。立法例上，可以说是中国刑法的一个特色。特别是将数额规定为客观要件要素，带来了认定犯罪是否要求行为人认识数额的难题。但从中国的实际情况来考虑，这样的规定仍具有合理性。司法的难题不能成为批判立法的理由。

黄伟明：我国刑法在犯罪的规定方面采用了质和量的双重标准，虽然在行为性质认定方面增加了难度，但是，这表明我国刑法规定的犯罪圈是紧缩的。刑法是调整社会矛盾的最后手段，刑罚具有最严厉的惩罚性。这些特征决定了刑法应当谦抑。我国刑法通过对犯罪在质和量上的双重规定，确保了刑罚打击重点的集中，使得最严厉的刑罚措施适用于对社会危害较大的行为。同时，也避免过多的"犯罪"行为造成司法机关的工作压力和社会的负面影响。

问题五：盗窃行为人对物品价值的认识与实际价值出现差距，这种情况下应依据哪个价值处罚行为人呢？

主持人：对盗窃罪的认定和处罚往往是以其所盗窃的物品价值为依据，但如果行为人对所盗物品的价值认识与物品的实际价值出现差距，应如何处罚行为人呢？

肖中华：这个问题需要结合具体案件中财物的性质、所处状态和行为人主观认识的可能范围等具体情况进行具体分析。如果实际价值与其行为人认识的价值相差不大，实际价值在行为人可能认识的范围之内，应当以实际价值作为判断是否达到"数额较大"、认定构成或不构成盗窃罪。如果行为人认识的物品价值远远低于实际价值，则应当以其认识的数额作为判断标准。如果行为人认识的物品价值远远高于实际价值，则有主观主义与客观主义立场之别，我个人还是坚持客观主义的解释标准，即认为以客观的实际价值作为判断依据。

《解释》第三条、第八条规定，行为人是以数额巨大的财物作为盗窃目标的，即使行为人最终盗窃到的财物没有达到"数额较大"的标准，也应以盗窃罪定罪处罚。这样的规定是合理的。因为在这里，行为人对于财物的价值本身不存在错误认识，认识的价值与实际价值是一致的。

黄伟明： 认定盗窃物品的价值实际上是盗窃物品的价格认定。价格是价值的外在表现，会根据社会需求或其他因素而背离价值。在现实生活中，由于物品种类繁多，没有人能对所接触到的物品价值作出准确的判断，甚至大致的判断都不可能。相对准确的判断只能由专业的物价部门作出。因此，认定盗窃罪成立与否，必须考虑行为人对盗窃物品价格的认识程度。在盗窃行为人对物品价值（价格）认识与实际价值（价格）出现差距时，如果行为人有盗窃数额较大财物的故意，以实际价格认定犯罪行为；如果根据一般人的认识水平或行为人特殊的认识水平，无法认识到所盗物品是数额较大的财物，就不能认定有盗窃罪的故意，不能构成盗窃罪。

高进： 盗窃行为人对盗窃物品价值认识与物品实际价值不一致，这种情况下应以哪个价值为准，不能一概而论。一种情况是，这种不一致是认定行为人是否有盗窃犯罪故意的标准，如本次所讨论的案例，这种不一致关系到对行为人是否具有犯罪故意的认定问题，应以行为人所认识的价值作为认定的依据；另一种情况是，行为人盗窃犯罪的故意很明显，但行为人对盗窃的具体对象的价值认识错误，因为存在着概括的犯罪故意，这种情况下认识错误不影响犯罪的构成，应以物品的实际价值作为认定行为性质的依据。比如在一个案件中，两人预谋盗窃，潜入某居民家中后将价值800元的音箱偷走，后以600元价格卖出。买主后来在音箱中发现两万元现金，报案后公安部门将两人抓获。显然，在该案中两行为人并不知道自己偷走了两万元现金，但由于其盗窃犯罪的故意明显，其认识错误并不影响盗窃罪的成立。

问题六： 应如何处理两个案件中的行为人？能否总结出适用于"天价兰花"、"天价葡萄"类案的一般结论？

主持人： 各位专家上述对盗窃犯罪的主观方面的认定问题以及刑法中主客观相结合原则等的分析十分透彻，相信对于司法机关正确处理此类案件会具有很大的指导意义。最后归结到今天研讨的两个案件，各位专家认为究竟应该如何处理？并请大家进一步谈谈对此类案件的一般处理意见。

王盛林： 就"天价兰花"案而言，我同意第二种意见，即行为人的行为不构成犯罪，但这仅仅适用于该案这些特定的情况，如果其中的某些条件发生了变化，那么结论也会发生相应的变化。本案即使行为人的行为构成了犯罪，也只是盗窃犯罪，其社会危害性与杀人、抢劫、绑架等暴力犯罪对社会的危害性相差甚远。行为人只是将兰花拿走，被害人也只是在某一段时间内失去了对兰花的控制权，在公安机关介入后，兰花就被追回，已将损失（危害）降到最低限度，也就是说，该行为人行为的情节和产生的后果并不严重；加之，行为人主观上恶性并不是很大，又是偶犯和初犯，因而可适用刑法中的"情节显著轻微，危害不大，不认为是犯罪"之规定。

从我国刑法的基本原则看，坚持的是"惩罚与教育相结合"的原则，孤立惩办少数，争取教育多数，这是我们一贯的做法。这一原则有利于维护社会稳定，有利于和谐社会的建设。本案中，不对行为人判处刑罚能让行为人感受到社会主义国家法律的公正性，有利于维护社会主义国家法律的权威性。

肖中华：应认为无罪。一般结论就是：当行为人将价值明显超过自己认识范围的财物予以盗窃时，应当考查行为人对价值认识的可能范围，以其实际可能认识的价值范围判断行为是否构成犯罪。

黄伟明："天价兰花"案和"天价葡萄"案的被告人都存在无法认识到所盗物品的价值（价格）的情形，但两者仍有差别。"天价兰花"案中所盗兰花数量较少，结合一般人的认识水平和行为人的认识水平，都不能认定其有盗窃罪的故意。但"天价葡萄"案中所盗葡萄数量较多，仅以一般人认识水平也可能认识到所盗物品价值较大，因此，应结合具体盗窃数量及定价来认定是否构成盗窃罪。

认定盗窃物品价值应当以一般人所能认识的水平，综合考虑行为人的认识能力加以认定。一般人不认为是数额较大物品，行为人也不具备认识物品特殊价值的能力的，应当以一般人的认识能力为标准加以认定。

主持人：今天的讨论非常精彩，再次感谢各位专家、学者的热情参与！

● 韩世彪

● 陈思民

● 杜国强

● 聂立泽

● 胡陆生

X 职务侵占罪是指利用职务上的便利，侵占单位财物，数额较大的行为。随着社会经济不断发展，实践中出现了一些新的现象，如在商品房销售中，有的公司职员利用职权擅自降价，再收受买方节省房款中的部分款项，此种行为究竟是职务侵占还是非国家工作人员受贿，司法实务界存在分歧。本期疑案精解由本刊与广东省增城市人民检察院共同组织，结合典型案例，邀请专家学者对上述问题作深入分析，以期为实践中正确认识、处理此类案件提供借鉴。

利用职权擅自降低房价从中获利该如何处理

主 持 人：韩世彪（广东省增城市人民检察院检察长）
特邀嘉宾：陈思民（广东省广州市人民检察院副检察长）
　　　　　杜国强（广东省广州市人民检察院法律政策研究室副主任、法学博士）
　　　　　聂立泽（中山大学法学院副教授、法学博士）
　　　　　胡陆生（暨南大学法学院副教授、法学博士）
文稿统筹：孙永生
摄　　影：张　波

【案情简介】

2006年9月至10月间，陈某欲购买某市一房地产公司的一栋价格为441万元的独立别墅，陈某通过熟人介绍，经房地产公司（私营企业，以下简称"公司"）高层一位负责人特批，将楼价降低4万元。后陈某得知公司售楼部高级行政助理张某能操控调整房价，陈某结识张某后与其约定，由张某将楼价降低为391万，"优惠"46万元人民币，陈某买楼后支付张某买楼节省部分的50%即23万元好处费。二人达成协议后，张某通过自己的账号和密码登录公司电子售楼系统，擅自将该独立别墅的价格改为391万元，陈某按"优惠"价格买楼并按约定支付张某23万元。

【分歧意见】

对本案的处理，分歧意见主要集中在对张某、陈某行为的定性上。

第一种意见认为，张某登录公司电子售楼系统，擅自改动独立别墅的价格，从陈某所获利益中分得23万元，其行为构成职务侵占罪，陈某则属于职务侵占罪的共犯。

第二种意见认为，张某的行为应定性为公司、企业人员受贿罪，而陈某的行为构成对公司、企业人员行贿罪。

【特别观点】

■利用职务便利是指行为人利用了自己在本单位职务上所具有的主管、管理或者经手本单位财物的便利，包括主管权、管理权、经手权等，本质上是行为人基于职务的原因而实际控制着侵害对象。

■职务侵占的手段包括利用职务之便窃取财物、涂改账目、伪造单据等骗取财物；因履行职务而经手财物，应上交不上交；截留单位资金，存入银行取息归己等。

■将职务侵占罪概括为公司、企业、单位人员贪污罪是有道理的，是否改为非国家人员贪污罪另当别论。

主持人：我们此次讨论的案例的案情表面上看似乎不复杂，但其中的法律问题实际上并不简单，涉及职务侵占罪与非国家工作人员受贿罪之间复杂的竞合关系，很有代表性；从深层次上讲，还涉及对非公有经济的刑法平等保护问题，等等。欢迎各位嘉宾参与研讨活动！

问题一：如何区分利用职务上的便利与利用工作上的便利？

主持人：职务侵占罪的构成要件之一是利用职务上的便利，仅利用工作上的便利，侵占单位财物的行为，不构成本罪。在对职务侵占罪的认定中，如何区分"利用职务上的便利"与"利用工作上的便利"？

陈思民：所谓利用职务便利，即行为人利用了自己在本单位职务上所具有的主管、管理或者经手本单位财物的便利，相对应的权力包括主管权、管理权、经手权，等等。其本质上是行为人基于职务的原因而实际控制着侵害对象。而行为人因为工作的关系熟悉作案环境，凭其身份便于进出某些单位，轻易接近作案目标而形成的方便条件，是工作之便。两者的区别在于：第一，是否出于职务上的原因；第二，是否实际控制着侵害对象。公司、企业或其他单位的人员一般都会因工作的原因，产生工作上的便利去接近侵害对象，但只有少数人员才可能因职务上的原因去实际控制侵害对象，且对侵害对象有伴随控制权而产生的保护侵害对象的责任和义务。工作之便不会产生由于职务上的原因而实际控制着该侵害对象的结果，最多是便于接近。

聂立泽：利用职务上的便利，是指利用职权及与职务有关的便利条件。职权，是指本人职务、岗位范围内的权力，包括自己在管理本单位经营、生产过程中所享有的领导、指挥、监督的职权；与职务有关的便利条件，是指虽然不是直接利用职务或岗位上的权限，却利用了本人的职权或地位所形成的便利条件，或通过其他人员利用职务或地位上的便利条件。其表现形式有：（1）利用自己主管、分管、经手、决定或处理以及经办一定事项等的权力；（2）依靠、凭借自己的权力去指挥、影响下属或利用其他人员的与职务、岗位有关的权限；（3）依靠、凭借权限、地位控制、左右其他人员，或者利用对己有所求人员的权限，如单位领导利用调拨、处置单位财产的权力，出纳利用经手、管理钱财的权利，一般职工利用单位暂时将财物如房屋等交给自己使用、保管权等。利用工作上的便利则指的是利用在本单位工作，熟悉作案环境等条件的情况。这些情形除了如熟悉环境以外，还有容易混入现场、易接近目标等。

胡陆生：目前较为一致的理解是：因工作而熟悉所处的工作环境、其他工作者的情况、单位财物所在，不属于职务侵占罪中的利用职务上的便利。争议在于：劳务性质的工作中对单位财物合法持有或经手属于职务上的便利还是工作上的便利？从处罚公平的角度出发，目前将这种情况当做职务上的便利来理解比较合适，但这样做就必然涉及对职务的理解。我认为，就职务侵占罪而言，一般所言的利用工作上的便利，其实是利用本职工作以外的便利，而利用职务上的便利也就是利用本职工作上的便利，即持有、管理本单位财物的便利。

如果将职务理解为管理职权，那么，不享有管理职权者自然不存在利用职务便利；如果将职务作工作或岗位上事务的理解，便可以将不享有管理职权者包括在内，从而避免了工作上的便利和职务上便利的争论。从语义和从立法、司法解释看，都可以得出职务便利不仅仅包括管理职权上便利的结论。从语义上看，职务是指"工作中所担任的事情"或"职位所规定应该担任的工作"。从立法角度讲，职务侵占罪的本质是因"职"、因"岗"而占，只要是单位依法通过录用、聘用、委派等途径给予一定的工作岗位并赋予一定工作职责的单位人员，无论是正式的在编人员，还是临时的劳务人员，利用职务之便非法占有单位财物，其行为即构成职务侵占罪。最高人民检察院《关于人民检察院直接受理立案侦查案件中立案标准的规定（试行）》规定，贪污罪中的"利用职务上的便利"，是指利用职务上主管、管理、经手公共财物的权力及方便条件。其中的"方便条件"与"权力"并列,便是指主管、管理权力之外的占有公共财物的便利条件。

问题二:如何理解职务侵占罪的客观方面?其行为表现方式有哪些?

主持人:职务侵占罪中的侵占行为与侵占罪中的侵占行为存在着很大的不同,具体包括哪些行为呢?

陈思民:实践中,职务侵占的手段有多种,包括利用职务之便窃取财物;以涂改账目、伪造单据等方法骗取财物;因履行职务而经手财物,应上交的不上交;以及截留单位资金,存入银行取息归己;等等。

杜国强:职务侵占罪的客观方面表现为利用职务上的便利,将数额较大的单位财物非法占为己有的行为。利用职务上的便利是职务侵占罪区别于侵占罪的本质特征,其手段有多种,除了利用职务之便将代为保管的单位财物非法占为己有的侵占外,还包括利用职务之便实施的窃取、骗取等行为。这种不法所有,一方面可能表现为行为人在法律形式上或者事实上不法占有单位财物;另一方面可能表现为行为人在法律上或者事实上处分了单位财物,如将单位财物私自赠与他人等。

聂立泽:职务侵占罪的客观方面除了要利用职务上的便利之外,还必须非法取得本单位财物。因此,职务侵占罪的行为方式一般是作为方式,但也有不作为的情形,如把在对外活动中收到的应当上交的礼物擅自据为己有的,具体来说,包括侵吞、盗窃、骗取以及其他手段。

胡陆生:职务侵占罪在客观上就是利用职务上的便利,将自己在职务上主管、管理或者经手的单位财物,非法占为己有,数额较大的行为。职务侵占罪非法占有的形式有:

1.侵吞。这种手段就是将合法持有的财物非法占有。联系窃取的秘密性,骗取的欺骗性来看,侵吞应该具有直接性和公开性。这种方式与刑法第二百七十条侵占罪的方式是一致的,只是因为非法占有人与单位关系的不同而被赋予不同性质。如行为人将持有的或保管的应当上交的财物而不上交单位,同样可以看做是代为保管不属于自己的财物。

2.窃取。就是将自己合法持有的财物秘密地转为自己非法占有,即使在获取财物之后虚构事实或隐瞒真相,均不能改变其窃取的性质。秘密窃取的方式始终不能改变事前合法占有的事实。

3.骗取。是指通过欺骗的手段将自己合法占有的财物占为己有,如谎报财物灭失，使单位接受所有权消灭的事实；或者虚报冒领而获取单位财物，因为实施这种骗取行为的人具有经手单位财物的职务上的便利，其对财物的非法占有与事先占有转变为非法占有并无本质的不同。

问题三： 将职务侵占罪概括为公司、企业、单位人员贪污罪是否有道理？

主持人： 职务侵占罪与贪污罪在客观方面基本相同，能否将职务侵占罪的罪名改为公司、企业、单位人员贪污罪或是非国家工作人员贪污罪呢？

陈思民： 将刑法第二百七十一条对职务侵占罪客观行为的规定与第三百八十二条对贪污罪客观行为的规定相比，除第三百八十二条对贪污罪明确规定侵吞、窃取、骗取等非法占有公共财物的手段外，其他方面都是相同的，两者都是利用职务上的便利，将单位财产非法占为己有。因此，职务侵占罪中的"利用职务上的便利"与贪污罪中的"利用职务上的便利"含义是相同的，都是指"利用本人职务范围内的权力和地位形成的便利条件，即主管直接经手、管理财物的职权之便"。职务上的便利不包括劳务上的便利。公司、企业或其他单位中的劳务人员，利用工作中合法持有单位财物的便利，侵占单位财产的行为，不能构成职务侵占罪。从这个意义上讲，将职务侵占罪概括为公司、企业、单位人员贪污罪也是有一定道理的。

杜国强： 将职务侵占罪概括为公司、企业、单位人员贪污罪，与普通的侵占罪区别开来，如此修改可能导致一系列问题：其一，贪污罪作为长期以来人们约定俗成的一个概念，特指国家工作人员或受国有单位委托管理、经营国有财产的人员实施的贪污罪，也是现行刑法打击的重点，如果将刑法第二百七十一条改为公司、企业、单位人员贪污罪，可能造成人们认识上的混淆。其二，由于公司、企业、单位人员贪污罪是一个选择性罪名，因此在适用时可能出现"其他单位人员贪污罪"罪名，从字面上不好理解。那么，能否比照最近"两高"颁布的《关于执行〈中华人民共和国刑法〉确定罪名的补充规定（三）》（以下简称《罪名补充规定（三）》）中的"非国家工作人员受贿罪"，将本罪名修订为"非国家工作人员贪污罪"呢？答案也是否定的。因为根据现行刑法第三百八十二条第二款的规定，受国有单位委托管理、经营国有财产的人员虽然不具有国家工作人员的身份，但是他们如果利用职务之便，将国有财产非法占为己有的，也构成贪污罪，而不是"非国家工作人员贪污罪"，两个罪名存在着冲突，这就可能需要对一系列罪名甚至罪状进行修改，会导致更多的问题，因此该建议的初衷是好的，在立法技术上暂时不可行。

聂立泽：为了通俗起见，也可以将其与非国家工作人员受贿罪对应起来，叫做非国家工作人员贪污罪。另外，从对非公经济平等保护的角度考虑，应当将没有国家工作人员身份的人的行为从贪污罪中分离出来，一并划归到"非国家工作人员贪污罪"之中，这样就不会出现非国家工作人员以贪污罪处理而与非国家工作人员贪污罪之间在逻辑上的冲突，同时，也纯化了贪污罪的主体，真正使贪污罪回归到原始面貌：滥用国家职权的行为。

胡陆生：贪污行为与职务侵占行为除在行为方式上相同外，在职务便利的利用等方面都是一致的，将职务侵占罪概括为公司、企业、单位人员贪污罪是有道理的，是否在将来将之改为非国家人员贪污罪可另当别论。但如果反过来说，即贪污罪是国有公司、企业、单位人员侵占罪就值得商榷。因为，职务侵占罪利用职务上的便利是包括从事劳务的人利用其持有或经手财物的便利的，而贪污罪中的利用职务上的便利不包括，所利用的是国家工作人员的公务上的便利。因国有单位中存在国家工作人员和非国家工作人员，如果这样说，不同身份者的侵占行为就被同样看待了。

问题四：张某和陈某的事先约定对认定二者行为的性质各自起到什么作用？这种事先约定能够构成二者之间的共同故意吗？如果能，这种共同故意是什么？

主持人：本案中认定张某的犯罪故意并不困难，但对于陈某、张某之间是否存在共同的犯罪故意，意见分歧比较大，二者之间存在共同犯罪故意吗？

陈思民：共同犯罪故意是二人以上在对于共同犯罪行为具有同一认识的基础上，对其造成的危害社会的结果的希望或者放任的心理状态。本案中，张某和陈某的事先约定使二人对共同非法占有部分差价款具有同一认识，并且希望该结果的发生，这就是二人共同故意的内容。

二人的约定对行为性质的认定起到决定性作用，正是二人事先约定好陈某买楼后支付的是买楼节省部分的50%，决定了二人占有的对象是本应属于公司的部分楼款，其行为构成职务侵占罪的共犯；而如果二人约定事后由陈某另支付部分款项作为感谢费等，则张某非法占有的即为他人的财产，其行为构成公司、企业人员受贿罪，而陈某则构成对公司、企业人员行贿罪。

杜国强：二人的事先约定对于张某来讲可以推定其具有非法占有单位财物的故意，但对于陈某来讲则难以认定。因为在现实生活中，确实存在作为房地产公司的高级管理人员可以操控调整房价的情况，从本案事实来看，陈某认为张某具有调控房价的职权,但并不知其是擅自降低房价,故很难认定陈某与张某具有共同的侵占单位财物的故意。另外,在这种约定中究竟谁是造意者对于认定本案的性质具有一定作用,但从现有案件事实来看难以证实。

聂立泽:就本案具体情况而言,张某和陈某对双方事先约定的实质内容是什么,都很清楚,无须更多语言表达,所以,构成共同故意是肯定的。但是,由于该案是一种复杂的竞合形态,故意的内容也是复杂的。简言之,既有共同侵占的故意,还有贿赂犯罪中对向性的故意。

胡陆生:张某和陈某的事先约定对张某而言是一种为他人谋取利益的允诺,对陈某而言,则是给予对方好处的明示。这种事先的约定已经表明二人之间有意思联络,并且相互促成对方的犯罪。因此,可以认为二者之间存在共同故意。当然,这种共同故意是较为特殊的,即各自以对方的行为为要件的对象性共同犯罪的故意。

问题五:如何认定46万元的所有权归属?

主持人:本案中,因为张某擅自改动而使陈某"节省"的46万元房款所有权该属于谁?是公司的损失,还是属于张某、陈某共同所有?抑或就属于陈某?张某所得的23万元能看做陈某给的"好处费"吗?

陈思民:毋庸置疑,如果没有二人事先的"约定"及张某利用职务便利擅自改动房屋价格的事实,该房应以437万元的价格售出,所得款项为房地产公司所有,因此陈某节省的46万元房款所有权应属于该公司。张某所得的23万元是二人"合作"后非法侵占的本应属于公司的款项,不能看做陈某个人给的"好处费"。

聂立泽:按照正常的交易规则,房价已定,张某擅自改动而使陈某"节省"的46万元房款所有权属于公司。张某所得的23万元只是外观上陈某给的"好处费",实质上是单位损失的一部分。

胡陆生:节省的46万元房款本来可以成为公司的收入,因为张某的行为而成为陈某的不正当利益,也就是说,陈某"节省"的46万元房款属于张某违法行为给公司利益造成的损失;于陈某而言,这46万元是非法所得,23万元是其获取46万元优惠的对价,也就是张某所得的"好处费"。

问题六:11月6日,最高人民法院、最高人民检察院联合发布实施了《罪名补充规定(三)》,取消了公司、企业人员受贿罪和对公司、企业人员行贿罪,改为非国家人员受贿罪和对非国家人员行贿罪。为什么作这样的改动?

如果本案此时尚未审结，程序上、罪名适用上该如何处理？

主持人："两高"最近发布实施了《关于执行〈中华人民共和国刑法〉确定罪名的补充规定（三）》（以下简称《罪名补充规定（三）》），涉及公司、企业人员受贿罪等罪名更改的问题。请各位专家谈谈有关这方面的情况。

陈思民：《罪名补充规定（三）》将公司、企业人员受贿罪和对公司、企业人员行贿罪，改为非国家工作人员受贿罪和对非国家工作人员行贿罪，如何确定这两个罪名一直存有不同认识。第一种意见认为，应当采用"商业受贿罪"和"商业行贿罪"罪名；第二种意见认为，应当采用"公司、企业、其他单位人员受贿罪"和"对公司、企业、其他单位人员行贿罪"罪名；第三种意见认为应采用"非国家工作人员受贿罪"、"对非国家工作人员行贿罪"罪名。第一种意见中"商业"二字不能准确概括刑法罪状规定的情形，因为这类犯罪主体的身份不一定都属于商业性质，其受贿或行贿行为也不一定都发生在商业活动中，并且目前法律、行政法规对商业贿赂尚无统一明确定义；第二种意见虽然直接反映了刑法罪状的规定，但由于是选择性罪名，可能出现"其他单位人员受贿罪"或"对其他单位人员行贿罪"罪名，从字面上不好理解。总体感觉，以"非国家工作人员"界定是比较适合的。

聂立泽：第一，这样的罪名从逻辑上是严谨的，表述上完全符合刑法立法及修正案的精神，从而使人们一看便知，即使不是国家工作人员，只要有职务便利可以利用，就能构成广义的受贿罪，从而充分发挥罪名的一般预防的功能。而商业受贿罪的罪名是片面的，公司、企业、其他单位工作人员受贿罪罪名是烦琐的，不符合罪名简约性要求。

胡陆生：我是这样看的：首先，这是罪名科学性的要求。替代前的公司、企业人员受贿罪和对公司、企业人员行贿罪已经不能概括《刑法修正案（六）》所增加的"其他单位的工作人员"利用职务便利收受财物的行为，其他单位或其他组织的工作人员可能既不属于公司，也不属于企业，如作为事业单位的学校、医院等。如果使用"单位人员受贿罪和对单位人员行贿罪"也不太确切，因为"单位"一词在刑法中有较大的范围，如单位犯罪中的"单位"是包括国有单位的，这样，单位中的人员就包括了国家工作人员。其次，这是体系解释的必然结果。刑法第八章规定的是国家工作人员的受贿犯罪，在此之外的利用职务便利收受财物的行为达到一定危害程度需要惩罚时，为示区别，并与前者衔接，从体系上加以考虑应该是妥当的。最后，这一表述有一定的简约性。虽然使用公司、企业人员、其他单位工作人员受贿罪和对公司、企业人员、其他单位工作人员行贿罪也能描述该罪的基本特征,但是字数太多,显得累赘。

由于该行为发生于《刑法修正案(六)》修正刑法之后,自然适用《刑法修正案(六)》处理。在本案尚未审结时,《罪名补充规定(三)》实施,应当适用该司法解释确定的新罪名来认定。但是从程序上看,是法院直接更改起诉罪名,还是由检察机关按照新的罪名变更起诉呢?根据最高人民法院《关于执行〈中华人民共和国刑事诉讼法〉若干问题的解释》第一百七十六条第(二)项的规定,"起诉事实清楚,证据确实、充分,指控的罪名与人民法院审理的罪名不一致的,应当作出有罪判决。"因此,人民法院是可以变更起诉罪名的;上述解释第二百五十七条则规定了对"认定罪名不当的",在不加重原判刑罚的情况下直接改变罪名。依照举重以明轻的解释方法,那么对于审理期间司法解释通过的新罪名,人民法院也就可以直接变更起诉罪名了。虽然从理论上看,基于不同原因的变更起诉罪名可能会违背不告不理的原则,会影响到被告人的权利保护和法院中立性。但是,理论上禁止法院变更罪名的做法也必须从实质上考虑,在行为能被新的罪名包容的情况下,而且不涉及被告人辩护权的行使时,应该允许法院直接变更起诉的罪名,而不必由检察机关变更起诉。

问题七:本案应如何处理?

主持人:各位专家的分析深刻,给我们启发很大。最后,请各位嘉宾结合自己的观点,谈一谈此案该如何处理?

陈思民:张某利用自己作为房地产公司售楼部高级行政助理,能登录公司电子售楼系统的职务便利,擅自改动独立别墅的价格,将别墅以低于正常价格46万元销售给犯罪嫌疑人陈某,并与陈某约定共同占有本应属于公司的该46万元,最后将其中的23万元非法占为己有,损害了公司的财产所有权,依法构成职务侵占罪。犯罪嫌疑人陈某事先与张某合谋,共同非法侵占本属于公司的46万元售楼款,属于职务侵占罪的共犯。

杜国强:职务侵占罪与公司、企业人员受贿罪的区别之一在于犯罪对象的不同。公司、企业人员受贿罪是索取或者收受他人给付的财物;而职务侵占的犯罪对象是本单位的财物。本案从形式上看,张某是利用职务上的便利,为他人谋取利益,从而收受他人的巨额财物,是一种权钱交易的受贿行为。但这只是一种表面现象,如果仅仅停留于此,不深入探讨该犯罪行为所侵犯的对象及客体,那么现行刑法分则按照犯罪侵犯的同类客体为主要标准进行分类也就失去了意义。在本案中,张某实际上是变相将本属单位的财物非法占为己有,侵犯的是单位财物的所有权,且张某对财物的性质和来源也是明知的,根据主客观相统一的原则,张某的行为构成职务侵占罪而非公司、企业人员受贿罪。

聂立泽:首先,张某犯两罪:职务侵占罪与非国家工作人员受贿罪,两罪的关系是想象竞合犯也是牵连犯,按照牵连犯"从一重处断"原则,由于职务侵占罪"数额特别巨大"的话,法定刑更重,适用职务侵占罪。其次,陈某犯两罪:职务侵占罪与对非国家工作人员行贿罪,也是想象竞合犯与牵连犯的竞合犯,按照"从一重处断"原则,由于向非国家工作人员行贿罪的相应的法定刑是三至十年有期徒刑,而职务侵占罪中相应的法定刑为五年以上有期徒刑,所以,应当以职务侵占罪定罪处罚。

胡陆生:本案中,对张某和陈某的行为应分别认定为非国家工作人员受贿罪和对非国家工作人员行贿罪。张某的行为客观上表现为交易中的交易,即利用职权促成交易,从而得到回报,而不是共同实施职务侵占再事后分赃。张某擅自降低房价的行为无疑是一种利用职权进行的违背公司利益,导致公司遭受损失的行为,但它仍然是一种销售行为,而不是非法占有公司财产的行为。因此和基于合法占有而侵占的行为存在区别。买卖之前,案中公司的财产是整套别墅,买卖之后,公司的财产表现为售房款。如果认为张某是基于合法占有而侵占,那么其一开始侵占的应是整套别墅,这不现实(他是直接改变价格)。或者,他先行占有售房款,但这也不是事实。因为,在特别优惠之前,房屋买卖没有进行。因此,他对23万元好处的获取是通过买卖这一事项而实现的"报酬",而不是通过合法占有而侵占的。受贿犯罪中的利用职务便利恰恰是利用行为人在特定事项上的决定权,而不是基于管理或经手财物而替自己或他人占有。

●阮齐林

●李希慧

●黎　宏

●杨矿生

ATM机等自动设备的普及，大大方便了人们的生活。然而，由其所引发的法律问题和司法理念问题，也在不断拨动人们的神经。当一个年轻人利用银行ATM机故障并借此多次获取不义之财、唆使他人恶意取款时，对此类行为的定性和处理，引发了司法机关和社会公众新一轮、更广泛的争议。利用ATM机疏漏恶意取款，这种行为是民事上的不当得利，还是刑法上的盗窃、诈骗、侵占，又该如何适用刑罚……日前，本刊组织疑案精解研讨会，结合典型案例，特邀专家对此展开讨论。

利用 ATM 机故障恶意取款应如何处理

主 持 人：张建升（《人民检察》副主编）
特邀嘉宾：阮齐林（中国政法大学刑事司法学院教授）
　　　　　　李希慧（北京师范大学刑事法律科学研究院教授、博士生导师）
　　　　　　黎　宏（清华大学法学院教授、博士生导师）
　　　　　　杨矿生（北京市中同律师事务所主任、律师）
文稿统筹：张志勇
摄　　影：孟澍菲

【案情简介】

2006年4月21日晚10时，许某来到广州市天河区黄埔大道某银行的ATM机前取款。结果取出1000元后，银行卡账户里仅被扣了1元，许某遂连续取款5.4万元。当晚，许某回到住处，将此事告诉了同伴小郭。两人随即再次前往提款，之后反复操作多次。后经警方查实，许某先后取款171笔，合计17.5万元；小郭则取款1.8万元。事后，二人各自携赃款潜逃。同年11月7日，小郭向公安机关投案自首，并全额退还赃款1.8万元。而潜逃一年的许某于2007年5月被警方抓获，赃款则无法追回。

【分歧意见】

对许某的行为如何定性，存在四种不同意见：

第一种意见认为，许某的行为不构成犯罪。理由是，许某的行为并不是"秘密窃取"，因为他是用属于自己的银行卡取钱，没有盗窃或者侵占的故意，只是恰巧遇到自动取款机故障，取了不属于他的钱款，这属于民法上的不当得利，而不该作为刑事案件来定罪。

第二种意见认为,许某的行为构成盗窃罪。理由是:根据刑法第二百六十四条的规定,许某以非法占有为目的,采取秘密窃取的方式,占有公私财物数额特别巨大,构成盗窃罪;且由于ATM机属于"金融机构",属于盗窃罪中"盗窃金融机构,数额特别巨大的"情形,应当处无期徒刑或者死刑。

第三种意见认为,许某的行为构成信用卡诈骗罪。理由是:根据刑法第一百九十六条第一款第四项的规定,许某恶意透支,利用信用卡进行诈骗,数额巨大,构成信用卡诈骗罪。

第四种意见认为,许某的行为构成侵占罪。理由是:ATM机里的钱款属于银行所有,许某取出的17.5万元属于银行遗失的物品,许某将此非法据为己有,数额巨大,根据刑法第二百七十条的规定,许某的行为构成侵占罪。

【特别观点】

■对于许某的行为,不能越过或抛开其得利的手段谈论其行为性质。另外,即使是"不当得利"后,如果"非法占有"的,仍可能触犯刑法构成犯罪。

■是否属于遗忘物,只能以行为人实施行为当时的财物占有状态为准来判断,而不是在行为之后加以判断。金融机构疏于检修取款机,当然负有责任,但这种责任只是属于自己内部的管理责任,不能成为许某开脱罪责的借口。

■秘密窃取是指行为人采用自认为不为他人发觉的方法获取他人的财物。是否属于秘密窃取,通常取决于行为人本人是否认为自己的行为不被人发现,行为人自认为无人发现但客观上已被人发现,仍然成立秘密窃取。

■现行的司法解释将盗窃罪"数额特别巨大"的标准定得过低,对"数额特别巨大"的标准予以重新确定已是当务之急。

主持人:这次讨论的案件是社会各界广泛关注的案例。此案不仅涉及刑事、民事界限问题,而且涉及此罪与彼罪的区分问题,也涉及程序法问题,争议很大。为此,本刊组织案例讨论会,欢迎各位专家发表见解。

问题一:如何认识许某发现ATM机故障后反复取款时的主观心态,刑法上的非法占有与民法上的不当得利之间的界限何在?

主持人:一般而言,追究犯罪嫌疑人刑事责任应遵循主客观相统一原则。据此,行为人犯罪时的主观心态是对其行为定性的关键之一,在本案中,许某的主观心态明显存在一个不断发展变化的过程,许某主观恶性程度有多大?该行为应适用民法调整还是应该进行刑法处罚?

李希慧:我国现行刑法虽然没有明确规定主客观相统一的刑事责任原则,但刑法理论与刑事司法实践仍然将该原则作为刑法的一个基本原则。根据主客观相统一的刑事责任原则,一个人只有主观上出于某种犯罪故意或者犯罪过失,客观上实施了该种犯罪的客观行为,才能令其对该种犯罪承担刑事责任。只是客观上实施了某种犯罪的行为而主观上没有相应的犯罪故意,或者反之,都不能构成犯罪。许某使用银行卡在ATM机上取钱,发现ATM机出现了故障,于是反复地取现,他在主观上已由最初取款的善意性转变为取款的恶意性,可以说他主观上是具有一定恶性的。

刑法上的非法占有,是指行为人通过一定的非法手段将他人的财物占为己有的行为。民法上的不当得利,是指没有合法的依据使他人利益受损而自己获益的行为。二者的关键区别在于:刑法上的非法占有是通过一定的非法手段占有他人的财物,而不当得利则不存在使用非法手段的问题,只是使他人利益受损而自己获益没有合法的依据。可以肯定的是,许某的行为不成立不当得利。

阮齐林:关于"不当得利",民法通则第九十二条规定:"没有合法根据,取得不当利益造成他人损失的,应当将取得的不当利益返还受损失的人。"暗含的前提之一是没有使用非法手段的被动"得利",没有触犯刑法。若使用了非法手段比如盗窃、抢劫的手段"得利",该利益是违法犯罪所得,是赃物。另外,即使是"不当得利"后,如果非法手段占有财产的,仍可能触犯刑法构成犯罪。许某将从ATM机中取出的17万余元据为己有,当然是其不应当得到的利益。如果是通过违反刑法方式得到的,则涉嫌犯罪。

黎宏:许某明知银行取款机出现故障,而反复恶意取款,并且在事后潜逃达一年之久,这表明其主观上不仅对自己行为以及行为可能造成的后果具有认识,并且具有非法占有他人财产的意图,客观上也实施了非法占有他人财产的行为,这种行为所具有的社会危害性已经超出了民法上不当得利的调整范围,具有严重的社会危害性,应当属于刑法的调整范围。

杨矿生:的确,许某的主观心态有一个不断变化和转化的过程,其第一次取钱后的心理状态是吃惊,第二次取钱则是为了验证和确信这种事实,这两次在主观上应该说是非恶意的。但从第三次取钱来看,其主观心态便比较复杂了,应当说已经不是善意的了,但这种非善意的主观恶性到底有多深,是民事意义上的非善意，还是达到了刑法意义上的主观恶性，必须对其当时的客观手段和主观心态结合起来进行准确分析。

问题二：因银行 ATM 机出错而被恶意取走的钱款能否视为银行的"遗忘物"？金融机构负责维修 ATM 机的正常运行，对其出错应承担什么责任？

主持人：对于因银行 ATM 机出现故障，而被许某恶意取走的 17.5 万元款项能否视为"遗忘物"？许某对此款项能否属于"代为保管"？金融服务的提供方银行应对 ATM 机进行日常检修和监管，对该案件银行方面是否应该承担相应责任？

李希慧：遗忘物，是指由于财物所有人或者持有人有意识地将财物放置在某处，因一时疏忽忘记拿走，而暂时失去控制的财物。ATM 机中的现金始终处于银行的控制之下，不存在被遗忘的问题，因此，在 ATM 机中的现金不是遗忘物。代为保管，是指暂时地代他人保管财物。代为保管应是善意的，主动地、恶意地占有了他人财物后予以保管的，不能成立刑法第二百七十条所讲的"代为保管"。作为提供金融服务的银行当然具有对 ATM 机进行日常检修和监管的义务，但是，银行未履行应尽的义务不是持卡人大肆恶意取款的免责理由，只是从轻处理的一个酌定情节。

黎宏：因为银行取款机出了故障，就说该故障机器中出来的钱是银行的遗忘物，这是非常没有道理的看法。难道一个人不小心被偷了以后，一直没有发现，过了几天之后意识到自己被盗的时候，就可以说因为被害人没有意识到自己被盗，所以，该物就是遗忘物，小偷的行为就不是盗窃了吗？显然不行。是否属于遗忘物，只能以行为人实施行为当时的财物占有状态为准来判断，而不是在行为之后加以判断。金融机构疏于检修取款机，当然负有责任，但这种责任只是属于自己内部的管理责任，不能成为许某开脱罪责的借口。因为，刑法不同于民法，适用"过失相抵"原则，不能说因为对方有一定的过失，就认为行为人的杀人行为或者盗窃行为就不构成犯罪。

阮齐林：许某明知自己无权支取却连续恶意透支，将银行控制的财物置于自己控制之下，然后逃匿，其取得财物的方式已经违法，其非法占有意图非常明显。不符合"代为保管"的特征。任何通过犯罪得到的东西（赃物）都是不当的利益、都是应当返还的。但是，不能把应当返还的东西，统统视为代为保管物，而且行为人的责任也不是一个返还能了结的。对方的过错，不是自己行为不成立犯罪的理由。阻却犯罪事由中，有正当防卫、紧急避险、被害人同意等，没有对方错误的事由。

杨矿生： 遗忘物对于遗忘一方来说是其行为导致遗忘的，与拾得方的行为无关；而本案中尽管取款机出现故障是一种客观状态，但钱款之所以到了许某手中，是其利用取款机的错误，实施了积极主动的行为所致，不符合遗忘物的本质特征。既然不能认定为遗忘物，当然也就不能视为代为保管了。

问题三： 侵占罪与盗窃罪应如何区别？如何理解秘密窃取，在银行监视器之下，是否属于"秘密窃取"？

主持人： 盗窃罪与侵占罪都属于侵犯财产犯罪，区分二者的关键何在？盗窃罪是否必须采取"秘密占有"的行为方式？

黎宏： 侵占罪和盗窃罪区别的关键，就是看所侵占的财物是在自己控制之下还是在别人控制之下。侵占别人控制下的财物，就是盗窃；侵占自己控制之下的财物，就是侵占。秘密窃取，应当做比较广义上的理解，通常是采用不为财物主人知道的方式获取，但也并非一定如此。在财物主人知道的情况下，采用不侵害财物主人的身体手段的获取，只要违反了财物主人的意思，也应看做为盗窃。如财物主人拿着行李在车站买票，突然，有人过来拿起行李就跑，尽管小偷就是当着财物主人的面将财物拿走的，说不上是秘密窃取，但通常还是认定为盗窃罪，理由即在此。因此，就本案而言，即便是在银行监视器之下获取，也应属于广义上的秘密获取。

阮齐林： 盗窃，是一种违背他人意志，非法占有他人财物、严重侵犯他人财产权益的行为。把盗窃方式限定为"秘密窃取"是不妥的，是对盗窃罪法律特征的误解和不当限定。在众目睽睽之下，未经同意、擅取他人财物的，也是盗窃。从情理上讲，安装了防盗的监视器就不能认定盗窃，是不足取的。

李希慧： 秘密窃取是指行为人采用自认为不为他人发觉的方法获取他人的财物。是否属于秘密窃取，通常取决于行为人本人是否认为自己的行为不被人发现，行为人自认为无人发现但客观上已被人发现，仍然成立秘密窃取。但出于非法占有的目的，以平和的手段非法拿走公私财物，即使被他人发现，也可以构成盗窃罪。在银行监视器监视下以平和的手段取走ATM机中现金的行为，也可以成立秘密窃取。

问题四： 盗窃金融机构中的"金融机构"应如何进行界定？ATM机能否作为金融机构的延伸，而成为金融机构的一部分？

主持人： ATM机属于金融机构设立的自动设备之一，是否可以理解为

"金融机构"的一部分?

李希慧：根据中国人民银行颁布的《金融机构反洗钱规定》第一条规定，金融机构，是指在中华人民共和国境内设立和经营金融业务的机构，包括政策性银行、商业银行、信用合作社、邮政储汇机构等。这一定义表明，金融机构具有以下两个特征：首先是一种机构。根据《现代汉语词典》的解释，机构，泛指机关、团体或者其他工作单位，以及机关、团体等的内部组织。其次，在我国境内设立和经营金融业务。金融机构的上述特征表明，ATM机显然不是金融机构的延伸，当然也不是金融机构的一部分，因为ATM机既不是工作单位，也不是工作单位的内部组织，仅仅是一部供人取款的机器而已。如果将ATM机视为金融机构的一部分，那么，邮政部门设在外面的邮筒或者邮箱也就成了邮局的一部分，也就成了邮政部门了。如此一来，任何部门设置的任何一个装置岂不都成了那个部门了？对刑法规定的解释不能逾越刑法用语文字含义的射程。

黎宏：我认为，取款机应当属于金融机构的一部分，其是银行所设置的，代替银行工作人员从事一定业务的设施。由于这种机构的存在，所以，银行的服务更加便捷，人们的生活更加方便。盗窃金融机构，并不是指盗窃金融机构的一切财产，如日常工作用的电脑等，而主要是指盗窃金融机构中的信贷资金。银行的信贷资金不仅涉及千家万户的个人资产，也涉及国家的金融安全，应对其予以特别保护，盗窃金融机构的要加重处罚。自动取款机作为替代银行人工业务的一种手段，其中所放置的资金当然是银行的资金，所以，盗窃其中资金的行为，当然是盗窃金融机构的行为。

阮齐林：ATM机是否属于金融机构，这应当做实质理解，立法意图是出于加强保护金融机构"经营资金"的安全。金融机构ATM机中的资金属于金融机构经营资金。随着社会经济的不断发展，ATM机等自动设备也会不断增多，在生活中日益重要但也很脆弱，加强保护以警示不法分子，符合社会生活的需要。

杨矿生：从现实情况看，ATM机现在已被银行广泛运用，ATM机里面的资金，也都是由银行来补充。现在与ATM机打交道，也是在与一个有代理权的主体打交道，一样存钱、取钱，或办理第三方业务，里边都有契约精神存在。所以，从这个意义上说，ATM机应该是属于金融机构的一个组成部分或者延伸。

问题五：刑法中对特殊对象，特殊社会关系作了特别规定，是否有必要，是否公开？

主持人：刑法明文规定，盗窃金融机构"数额特别巨大"（10万元以上）就必须判处无期徒刑或者死刑，有人认为，与普通盗窃量刑相比，这一规定明显不公平，也过于刚性，不仅违背了市场经济中各种财产平等受到法律保护的原则，而且在量刑上缺乏弹性，容易偏重。对此如何理解？

黎宏：一般所说的对各种财产的平等保护，是指不管公私财产，在刑法上一律要得到平等的保护。但这并不等于要求刑法对财产进行保护的力度和方法必须完全相同，实际上是允许有所不同的，也可以有轻重缓急之分。这主要通过考察该种财产对于国计民生的重要性、该种财产遭受犯罪侵害的容易程度、当前的犯罪局势、一般人对于该种犯罪行为的处罚反应等因素加以决定。就金融机构而言，因为其在现代社会中对于国计民生具有重要意义，而且最容易成为侵害的对象，因此，刑法可以对其予以特别保护。对某种对象予以特别保护的情况，在我国刑法的其他规定也大量存在。因此，予以特别保护，并没有违反平等原则。

李希慧：刑法第二百六十四条关于"盗窃金融机构，数额特别巨大，处无期徒刑或者死刑"的规定确有值得检讨之处，集中体现在对金融机构实行了过于特殊的保护，有违适用刑法面前人人平等原则。现行的司法解释将盗窃罪"数额特别巨大"的标准定得过低（3万—10万元），必然导致从社会危害性程度上讲不应适用无期徒刑，但又因具备了"数额特别巨大"的条件，不得不适用无期徒刑。对"数额特别巨大"的标准予以重新确定已是当务之急。

问题六：机器能否代表人的意志？通过欺诈机器而获得财物，如何定性？

主持人：机器能否成为被骗的对象？骗取机器，是盗窃还是诈骗？如何理解"恶意透支"？许某的行为是否属于信用卡诈骗中的"恶意透支"？

阮齐林：传统观念认为只能对"人"进行欺骗，对"机器"不能行骗，这一观念是历史形成的，当然应当尊重。但是这种观念未必是不可改变的，也没有必要坚持把传统意义的诈骗罪观念硬套到信用卡诈骗罪上。考虑到信用卡的特点，它与计算机技术的应用相伴而生，对信用卡诈骗应当不拘泥于传统诈骗的理解，否则就没有必要在诈骗罪之外再规定一个信用卡诈骗罪。

李希慧：如果一个人故意对机器发出欺骗性的指令，而机器又执行了该欺骗性指令，那就说明机器是可以被骗的。由于欺骗机器而获得现金的，当然构成诈骗犯罪。根据刑法第一百九十六条规定，恶意透支，是指持卡人以非法占有为目的，超过规定限额与期限透支，经发卡方催还后仍不归还的行为。许某主观上具有非法占有的目的，透支也超过了规定的限额和期限，只要经发卡方催还而仍不归还，就可以成立恶意透支。由于许某进行恶意透支后携款潜逃一年多，发卡机构无法催还，因而应推定为发卡方已经催还。因此，许某的行为属于信用卡诈骗罪中的"恶意透支"。

黎宏：机器能否被骗，在理论上是一个具有争议的问题。国外的传统学说认为，机器是不能被骗的，但是，近年来，也有一些学者认为，机器是可以被骗的，因为，机器是代为人从事某些特定业务的，骗机器实际上就是骗人。从适用的方式来看，说机器能被骗，也未尝不可。本案中，许某的行为难以说是透支。在透支即便是恶意透支的场合，行为人的实际透支数额和保留在银行的透支记录应当是一致的，透支人透支的金额一目了然；但在利用取款机的故障恶意取款的场合，行为人每次取款1元，在取款记录上也是1元，但实际所得是1000元，这样，在每次取款过程中，就有999元在银行不知情的情况下，被非法转移到了许某个人手中。这种做法显然不能说是透支行为。

杨矿生：骗机器，是盗窃还是诈骗，不能一概而论，要根据骗的对象、方式、手段、目的等各方面情况综合分析，既可能构成盗窃，也可能构成诈骗。比如采用欺骗手段，骗开了门禁、锁禁系统，取得了他人室内、保险柜、金库内的钱物，符合盗窃罪的特征。但如果采用欺骗手段，骗取了具有结算、支付功能的智能系统的信任，而取得财物，这种情况就符合诈骗罪的特征。

问题七：许某的行为有许多诱因，对此应如何理解？有人认为，此时许某的行为因为缺少"期待可能性"而不具备可罚性，对此应如何评价？疏于管理出现的漏洞与给予犯罪分子可乘机会之间是什么关系？会影响定罪或量刑吗？

主持人：如何看待ATM机出错"诱惑"许某犯罪问题？有人认为，此时许某的行为因为缺少"期待可能性"而不具备可罚性，对此如何评价？疏于管理出现的漏洞与给予犯罪分子的可乘机会之间是什么关系？会影响定罪或者量刑吗？

黎宏：首先，认为许某的行为是受自动取款机诱惑而违法，不应当受到刑罚处罚的观点，是不妥当的。诱惑，是一种有意而为的行为，在本案中，银行的责任，是没有及时发现取款机发生故障的过失责任，但过失显然不是有意而为。因此，认为上述行为是诱惑犯罪，不受刑事处罚的观点，是站不住脚的。同时，上述观点在逻辑关系上也存在问题。按照这种观点停放在外的汽车被盗，不是因为窃贼的贪婪，而是因为车主人没有把车停放在自己眼皮底下。这显然不符合正常逻辑。其次，说行为人缺乏期待可能性而不具备可罚性的见解也是对期待可能性概念的误解。期待可能性理论认为，如果不能期待行为人实施其他适法行为，就不能对行为人的行为进行非难，因而就不存在刑法上的责任。但是，就本案而言，并不存在强迫行为人一定要实施恶意取款的外在压力和客观环境。而且，我国刑法中并没有规定作为免责事由的期待可能性，同时，在国外，也因为期待可能性的判断标准无法准确把握而有放弃的趋势，因此，将期待可能性作为本案中的免责事由并不妥当。

阮齐林： 目前理论界有滥用、误用期待可能性和谦抑性理论的不良趋势。法律本于人情、法律不悖人情、法不强人所难、法律不要太刻薄、责任应当以自由为前提。这种意义的期待可能性不能用于本案的情形。理解人性的弱点是社会观念、法治理念的进步。关键在于如何把握。把握不当，谅解人性弱点就成了"妇人之仁"；同情之泪也成了软弱。哪种犯罪没有诱惑性？刑法就是帮助人们克制私欲、抵制诱惑的，是犯罪诱惑的反作用力。这正是所谓刑法规范人行为的作用。我们要发挥这种作用而不是抑制这种作用。如果认为国家、社会要求他不做那种行为是过分的，国家、社会不应该要求他在当时的情景下不做那样的事情，那么，刑法还有存在的根据吗？妇女穿戴性感以至于被告人抑制不住性冲动也能成为强奸免责的理由吗？金钱的诱惑力太大，以至于被告人抑制不住贪欲也能成为盗窃、贪污免责的理由吗？

李希慧： 绝不能把责任完全推到ATM机出错这一诱因上，许某自身经不起诱惑才是犯罪的真正原因，正如一个入室盗窃的犯罪分子不能把犯罪的原因归咎于被害人的门窗没有关好一样。认为许某的行为没有"期待可能性"是错误的。期待可能性是指期待一个人做出合法行为的可能性，反过来讲，不具有期待可能性就是在特定的情况下不能期待一个人做出适法的行为，如不能期待面临饿死的人不去偷窃他人的面包。许某是一个正常的人，具有做出适法行为的期待可能性。银行对ATM机疏于管理不是免除许某刑事责任的理由，不影响定罪，但在量刑时可以将其作为犯罪的诱因，从而考虑适当地给予从轻处罚。

问题八：本案应如何处理？

主持人： 通过讨论，各位专家对相关问题有了进一步的认识。那么，本案究竟应如何处理？

黎宏：许某在 ATM 机上恶意取款行为应定性为盗窃罪。尽管银行对取款机存在故障而没有发现，在财物管理上存在疏忽，但这种疏忽并不意味着对该财物因此就失去占有，使财物处于无主状态；行为人采用真实合法手段侵入该机器，在银行方面不知情的情况下，秘密将该机器中所存放的财物据为己有，当然构成盗窃罪。这是毫无疑问的。本案的关键在于量刑问题。对这种盗窃 17.5 万元现金的行为，判处无期徒刑，是否合适？从国家工作人员利用职务上的便利盗窃、侵吞、骗取成百上千万的公款，或者收受他人成百上千万的贿赂，经常被判处无期徒刑的角度来看，应当说，盗窃不到 20 万元现金的行为也被判无期，实在是有过重之嫌。

阮齐林：许某的行为性质属于刑法第一百九十六条信用卡诈骗罪第一款第四项规定的"恶意透支"性质。理由是：许某使用本人真实有效的银行卡通过正常的操作程序从 ATM 机取款，既没有破坏 ATM 取款机硬件的行为，也没有非法改动本人银行卡和 ATM 机的信息、数据的行为，无论取款次数多少其取款方式都不违法。假如许某取款的金额没有超出其银行卡的余额（没有透支），则该行为只是违法和不诚信的行为，不是犯罪行为。因为只要客户卡中有足够的余额，客户有权利支取、银行有义务支付。银行方一旦发现问题有权也能有效改正客户卡中的记载，不会发生损失；客户基本不具备非法占有的条件，也不能被证实有非法占有的目的。许某明知本人银行卡中的余额不足，利用 ATM 机发生错误，未经许可提取远远超出本人银行卡余额的现金，并携款潜逃一年余。根据刑法第一百九十六条第二款的规定是恶意透支；恶意透支数额较大的，构成信用卡诈骗罪。

李希慧：我认为许某的行为构成恶意透支型的信用卡诈骗罪，对此，应按信用卡诈骗罪定罪处罚。

杨矿生：在我看来，许某涉构成金融凭证诈骗罪，理由是：其在客观上利用 ATM 机出现判断识别错误，即不能正确判断、识别的机会，向 ATM 机隐瞒其存款不足 17.5 万元的事实真相，用载体真实但其主要内容已不真实的银行卡取钱，每次取款时，发出虚假的取款信息，骗得了 ATM 机的许可，从而获得取款，这种行为在客观上具备了诈骗手段的特征，主观上也具有诈骗的故意，根据刑法第一百九十四条的规定，应构成金融凭证诈骗罪。

主持人：再次感谢四位专家参与案例讨论。

●屈学武

●侯国云

●刘铁鹰

●吴 喆

伴随科技进步，利用技术漏洞实施的各种犯罪也随之出现，然而，如何认定利用技术漏洞等手段实施犯罪行为，实践中还存在较大分歧。近日，本刊与辽宁省盘锦市人民检察院共同邀请专家，结合典型案例对此问题进行了研讨。

以假身份证入网利用技术漏洞牟利应如何处理

主 持 人：张建升（《人民检察》副主编）
特邀嘉宾：屈学武（中国社会科学院法学研究所研究员、博士生导师）
　　　　　侯国云（汕头大学法学院教授）
　　　　　刘铁鹰（盘锦市人民检察院检察长、全国检察业务专家）
　　　　　吴　喆（辽宁省人民检察院纪检组长）
文稿统筹：倪爱静　张仁秀
摄　　影：杨汝泰

【案情简介】

　　犯罪嫌疑人李某从2005年6月开始在营口做电话Q吧生意（聊天台）。中国网通江苏省分公司为李某提供电话线路，按照45%的比例给李某提成。2007年12月上旬，李某发现用盘锦"小灵通"卡漫游到辽宁营口拨打自己的声讯台不存在欠费停机的现象。于是，李某来到盘锦市，用32张假身份证在网通营业部购买"小灵通"卡131张，价值1万元。李某将卡安装在131部"小灵通"中，并将这些"小灵通"分别放在自己和Q吧服务员王某等人家中，昼夜拨打自己的声讯台。通话从2007年12月13日一直持续到2008年1月7日。2008年1月3日，营口网通公司发现通话异常情况，盘锦网通公司报案，盘锦市公安局在营口将二人抓获。

　　李某辩称，他误以为盘锦的"小灵通"漫游到营口，网通公司不停机就是自己不欠费。同时，用假身份证是为了能多买卡，但已经实际付出购卡的预存话费。盘锦网通本应欠费停机，却因故障没有及时停机，属于放任这种结果的发生，其行为属于不当得利，不应用刑法处罚。

　　中国网通辽宁省分公司支撑共享中心对131张卡所产生的话费出具鉴定，

按照每分钟0.3元的通话费标准计算，共100万元。中国网通江苏省分公司依据协议中的收费标准和结算方式，应付给李某代理费用8万元。案发时费用尚未给付。

【分歧意见】

对李某的行为应如何定性，主要存在两种分歧意见：

第一种意见认为不构成犯罪。理由是：本案李某行为不完全符合诈骗罪的行为特征和构成的主客观条件，其主观恶性和行为社会危害性，未达到应受刑罚惩罚的严重程度，在本质上属于民法上的合同之债。

第二种意见认为构成诈骗罪。理由是：李某以虚假、冒用的身份证件办理入网手续并超常规使用小灵通电话，造成电信资费损失数额较大，应以诈骗罪定罪处罚。

【特别观点】

■诈骗罪的突出行为特征是"骗"，就是通过虚构事实或者隐瞒真相的方法欺骗被害人，使对方产生错误认识，从而"自愿"地交出财物。

■违法性认识之必要说，仅仅发生于分则含违法性要求的场合。

■刑法的谦抑性刑事政策首先应贯彻于刑事立法领域，其次是刑事司法、执法领域。

主持人：2006年年初，许霆利用银行ATM机故障恶意取款案引发了社会各界的热议。自此以后，一系列利用对方技术漏洞谋取个人利益的案件频现报端，其中隐含的深层法律问题备受关注。为此，人民检察杂志社与盘锦市人民检察院组织本次研讨会，选取了这样一个典型案例，希望各位嘉宾畅所欲言。

问题一：如何评价李某用假身份证购买小灵通卡的行为？李某行为是否符合诈骗罪的客观构成？该行为是犯罪预备行为还是实行行为？

主持人：《最高人民法院关于审理扰乱电信市场管理秩序案件具体应用法律若干问题的解释》（以下简称《解释》）第九条规定："以虚假、冒用的身份证件办理入网手续并使用移动电话，造成电信资费损失数额较大的，依照刑法第二百六十六条的规定，以诈骗罪定罪处罚。"李某行为能否适用本解释调整？该行为是否符合诈骗罪的犯罪构成？

屈学武：李某的行为完全符合《解释》第九条的规定，应以诈骗罪定罪处罚。具体而言，李某购买假身份证的行为，属于诈骗犯罪的"预备"行为；其诈骗"实行"行为则由下列两项"自然意义"的行为合成：（1）虚构事实、致令对方做出错误的财产处分决定的行为。李某以虚构的身份，令"盘锦网通"信为真有其人，从而错误地同意为其开通小灵通服务。就李某而言，其之所以用32张假身份证入网，目的在于骗打电话后逃避追缴欠款。否则，如果李某使用的是真实的身份证，一般而言，其所欠话费就很容易被追缴，行为人也就不会大肆骗用巨额的电信资费。（2）非法"转换"本属电信部门独家掌控的小灵通漫游电话支配权的行为。李某在采用欺骗手法骗得入网许可后，在明知盘锦小灵通存在计费系统技术漏洞的情况下，昼夜不停地拨打了26天该漫游电话，致使其以1万多元的电信服务费用，非法获取了价值100多万元电信资费服务。从而，电信部门关于这100万元的电信服务支配权，也就被李某以欺骗入网并昼夜不停拨打计费系统有漏洞电话的手法，不法地转换为"自己"支配了。

吴喆：李某用假身份证购买小灵通卡，使电信部门不能真实掌握谁是小灵通的使用者，不便于欠费追索，是违反小灵通卡买卖规定的行为，具有一定的欺骗性。这一行为是为李某后来恶意欠费做准备的，是犯罪的预备行为，后续的恶意拨打声讯台造成电信部门巨额损失的行为是实行行为，符合《解释》第九条的相关规定。

刘铁鹰：尽管李某用假身份证入网确实具有一定的欺骗性，但另一方面，网通公司在售卡及开通小灵通业务时没有严格审查也是一个不容忽视的因素。李某持他人身份证（假身份证）购买小灵通卡时，盘锦网通并没有对李某所提供身份证的真实性做出审核就予开通，事实上是认可了李某用假身份证入网这一事实。因为通常情况下，实施预付话费制下的小灵通，用户提供身份证件真假与否与网通公司的营业利润是无关的，只与用户的消费安全挂钩，网通公司对用户提供什么样的身份证通常不进行审查。如此，尽管本案李某存在所谓"虚构事实、隐瞒真相"行为，但网通公司并未受此虚构事实所欺骗，而是明知对方可能存在虚假因素仍自觉自愿接受，并开通小灵通业务，最终致合同成立，目的是促进网通公司的话费销售。因此，我认为本案李某行为不能适用《解释》第九条的观点。

侯国云：我赞同刘检察长的观点，李某行为不能以诈骗罪论处。《解释》

出台于 2000 年，当时还没有话费预存业务，也没有"话费不足事先提醒、欠费就停机"的功能，实行的是先打电话后缴费的制度，所以要求用户购买手机时必须登记身份证号码，以防止打完电话之后又不交费，电话费无法追回现象的发生。所以，在当时情况下，对使用假身份证办理入网手续又拒绝缴费的行为以诈骗罪论处是正确的。随着电信技术不断改进，出现了需要预存话费的小灵通业务和欠费停机功能，因此，开通小灵通业务时的身份证登记制度，其形式意义就更大于实质意义，即使行为人使用假身份证开通小灵通业务，由于小灵通实行的是预存话费制，在电信公司欠费停机功能正常的情况下，是不会造成任何损失的。

问题二：本案中李某行为指向的对象是什么？如何区分行为目的和动机？李某在主观方面是直接故意还是间接故意？

主持人：故意是认识因素与意志因素的有机统一，行为要成立故意犯罪，前提条件是对"行为会发生危害社会结果"的明知。本案中，行为人辩称"误以为不停机就是不欠费，这么做是为了提高业务量，并非直接占有话费，"其对行为社会危害性的认识因素如何（认识程度）？其对危害后果的意志因素如何？

屈学武：根据李某的一系列行为可得知本案之犯罪对象是针对网通提供的电信服务所产生的电信资费。

刑法中的"故意"都是相对于其"行为"所导致的"危害社会的结果"之意识和意志因素而言。就意识因素看，作为一个电话Q吧业务的经营者，李某显然明知其昼夜不停地拨打计费系统有漏洞的、欠费不停机的漫游电话，会导致电信部门巨额话费损失的"结果"，因而李某对其危害后果是有其认识的。再从意志因素看，无论是李某以众多的虚假身份入网的行为，还是其昼夜不停地拨打漫游电话的行为，实质都是"希望"在超出预付话费的情况下"无偿"地打电话。因而本案行为人对其行为会发生电信资费损失的结果，在意志因素上也是积极追求的，其主观心态上应属直接故意。即，在超出预付话费的情况下，无偿拨打漫游电话。至于行为人辩解是为了"提高通话量、以实现继续经营"、"使其Q吧获得更多的利润分成"等，这都不是刑法意义的目的，而是致令行为人去追求"无偿拨打电话"目的的内在心理动因。

刘铁鹰：我认为，本案的犯罪对象是李某根据合作协议应得之"利润分成"而非"电信资费"。犯罪目的是犯罪行为追求的结果，本案李某行为追求的结果是：在其发现盘锦网通存在技术缺陷可以利用后，便利用其与江苏网通的合作协议，恶意拨打盘锦网通漫游电话，转给江苏网通受益，其本人则从江苏网通获利部分中得到个人的经济利益。因此，无偿拨打盘锦网通漫游电话、进而占有网通公司电信资费不是李某追求的目的，而是其实现目的的一个过程，或者说是一个手段；而通过上述手段获得利润分成才是李某所有行为的最终目的。因此，本案的犯罪对象是应得之回扣费，而不是网通之电话费；李某的犯罪目的是辗转获取利润分成，而不是直接占有话费。应当说，这种间接占有财物的行为方式与诈骗罪中一般要求行为人直接非法占有他人财物是有区别的。

吴喆： 成立故意犯罪的前提条件是行为人对"会发生危害社会结果"有明知。本案中，虽然李某行为的目标指向并不是直接"骗取"网通公司话费，而是通过获取话费分成的方式辗转、间接地侵占话费，但是，其在主观方面是积极追求无偿享受网通公司电信服务——就认识因素而言，李某应当能够认识到昼夜拨打电话会造成网通公司巨额电信资费损失的必然性；就意志因素来讲，其虽然不是很迫切、很强烈地希望网通公司电话资费损失结果的发生，但是认识到损失结果必然发生却仍然实施昼夜拨打行为，说明非难可能性严重，应当说具有犯罪的直接故意。

问题三：如何评价对方错误对犯罪的影响？如何评价本案之因果关系？

主持人： 本案中，行为人辩称"盘锦网通本应欠费停机，却因故障没有及时停机，属于放任这种结果的发生，其对话费属于不当得利"的观点应否得到支持？李某使用假身份证购买小灵通卡的行为，具有一定的欺骗性，但仅此购买行为尚不能造成对方电信资费损失。该行为与网通公司巨额电信资费损失之间是否存在因果关系？如果网通公司没有技术漏洞，李某行为就不可能造成对方巨额损失，如何理解对方错误对犯罪的影响？

刘铁鹰： 诈骗罪的突出行为特征是"骗"，就是通过虚构事实或者隐瞒真相的方法欺骗被害人，使对方产生错误认识，从而"自愿"地交出财物，这种财物被犯罪分子非法占有、支配控制的状态，是犯罪分子制造假象行使"欺骗"手段的结果。本案中李某用假身份证购买"小灵通"电话卡的行为也有一定的欺骗性，但是，网通公司巨额电信资费损失的结果并不是李某用假身份证购买"小灵通"电话卡造成的，事实上，仅此购买行为尚不能造成网通公司电信资费损失，而是由于网通公司技术上的缺陷——在特定条件下出现了欠费不停机的状况造成的，也就是说任何人包括李某在内，即使用真实身份证购买电话卡，在相同条件下也可以欠费继续使用电话。因此，李某用欺骗手段购买电话卡的行为与网通公司巨额电信资费损失这一结果之间没有必然的因果关系。

屈学武：没有盘锦网通公司的技术漏洞，李某之行为就不可能造成其巨额电信资费损失，李某因而不构成刑事犯罪的观点，颠倒了刑法上有关因果关系的条件与原因关系。首先从形式逻辑学的假言条件判断（以下简称假言推理）看，无Q则无P的假言推理表明：Q乃P的必要条件，然而必要条件推理的场合，虽然"无Q一定无P"，但"有Q未必有P"也是必要条件假言推理的重要特性之一。将其置换为本案情节即是：一方面，在本案特情下，无盘锦网通的技术漏洞，就一定不会发生盘锦网通之巨额电信资费损失之后果；另一方面，并非一定会发生盘锦网通百万电信资费损失的结果。就此意义看，盘锦网通的技术漏洞，虽是导致其巨额损失必不可少的外在"条件"，但是，这一条件并不是结果发生的"充分"根据，因而它不能成为具有推动结果发生之内在根据的、有"原因力"作用的条件。

反过来看，倒是李某的行为恰恰符合充分条件假言推理的要求。李某之系列行为，与其所导致的网通巨额话费损失之结果间，具有刑法意义的因果关系。充分条件假言推理的公式表达为：如果Q→则P，其中文表达式为："如果……则"，当然它也是有一定必要条件要求的。可见，在充分条件假言推理的逻辑结构中，如果Q就一定会P。将其置换为本案情况则为：如果李某骗得盘锦网通小灵通的电信使用权后，就昼夜不停地漫游拨打该电话20多天，则有技术漏洞的盘锦网通一定会遭致巨额电信资费损失。由此可见，李某的行为恰好符合形式逻辑学上的充分条件假言推理，其行为因而属于对其危害结果之发生具有"充分"作用的"原因力"条件。换言之，李某的行为与盘锦网通的损失结果之间具有刑法意义的因果关系，虽然该因果关系乃因一定"条件"引起。但是，这一条件仅能成为减轻行为人罪责的因素，不能成为阻却其责任的因素。因此，本案行为人是不当得利的辩解是不应支持的。

刘铁鹰：我认为，李某对通话资费，既不属不当得利，也不属非法占有，而是民法上的合同之债。网通公司负责通话费消费管理，并以通知或停机方式向用户告知消费情况。用户在没有接到缴费通知的情况下，有权按照电信服务合同的约定使用网通公司指定的业务，赊欠通话费用是合约中用户的权利。电信用户与网通公司依据合同赊欠通话资费的行为,在法律没有规定为犯罪的情况下,合同之债并不因数额巨大而发生犯罪性质的转化。

侯国云:本案一个不容忽视的细节是,李某之所以打这么多电话,是电信部门的技术漏洞引起的,并不是李某故意采用技术手段造成的。李某主观上确实存在占便宜心理并在此心理驱使下实施一系列故意行为,但网通公司的技术疏漏不是李某故意制造的,网通公司因技术疏漏而获得的超额利润也是不应受到法律完全保护的。不能不管网通公司是否有过错,而将不利后果都由消费者单方承担。

问题四:何谓"违法性认识"?李某是否存在违法性的认识错误?其是否认识到自己的行为违反了刑法的禁止性规范?

主持人:根据主客观相统一原则的要求,行为人主观上违法性认识的缺乏,是有责性的阻却要素。本案中,李某对其行为会损害到网通公司的话费应当是有认识的,但其对自己行为会违反刑法的禁止性规范(即行为的现实违法性)是否有认识?李某是否认识到自己行为的法益侵害性?

屈学武:就刑法的实然规定看,刑法上的"故意"仅仅是相对于明知自己的行为"会发生危害社会的结果"而言,据此,就一般意义看,刑法上有关"认识因素"的要求,也应当止于"明知自己的行为会发生危害社会的结果"。对有学者提出的"违法性认识必要说"的观点,我认为,违法性认识之必要说,仅仅发生于分则含违法性要求的场合。然而,对照我国刑法分则的规定可见,此类"违法性认识"之"必要"情况,多发生在行政犯的场合。对多数自然犯罪包括诈骗罪,刑法分则并无违法性认识之特别要求。据此,按照刑法总则第十四条和分则第二百六十六条的规定,行为人只要明知其行为会发生危害社会的结果即可。而如上所述,作为专营Q吧业务的李某理所当然地知道自己的行为会发生危害社会的结果,因而李某在主观要件上,已经符合故意犯罪的相应规定。

吴喆:根据主客观相统一原则的要求,行为人主观上违法性认识的缺乏,是有责性的阻却要素。本案中,李某对其行为会损害到网通公司的话费应当是有认识的,对其行为的违法性也应当有一定的认识,他试图规避法律,利用假身份证入网逃避法律制裁的行为就足可以证明这一点。但其对自己行为会违反刑法的禁止性规范(即行为的现实违法性)不一定有准确的认识。"违法性认识"不要求行为人完全知道其行为违反哪一条法律,应当如何处罚,只要他有一个概括性认识就可以推断他具有违法性认识，即使李某可能认识有偏差，只知道违法，不一定知道该行为是犯罪，也能够认定李某具有违法性认识。

问题五：李某行为是否具有严重的社会危害性和应受刑罚惩罚性？本案若构成犯罪，犯罪数额是多少？属于犯罪既遂还是未遂？

主持人：根据我国刑法第二百六十六条规定，数额既是构成诈骗罪的要件，也是对犯罪人量刑的主要依据之一。本案中，李某拨打声讯台所产生的话费是100万元，而给网通公司造成的实际损失是30万，李某的应得回扣收入为8万元。李某行为若构成犯罪，犯罪数额是多少？是犯罪既遂还是未遂？

刘铁鹰：从行为危害结果看，李某行为不具有刑事可罚性，不需要动用刑罚手段进行调整。从经济层面讲，所谓李某行为所造成的100万元电信资费损失，其绝大部分是网通公司的利润，这里盘锦网通应得收益70万元，江苏网通应得收益20多万元，加上李某应得分成8万元，这是构成本案损害结果的主要部分。其余部分譬如李某恶意通话过程中盘锦网通的运营成本、江苏网通的线路占用成本，一则很难准确计算，二来也是微乎其微，如果把网通公司自身技术缺陷和管理漏洞因素考虑进来，这样的结果统统由李某承担责任有失公平。至于他通过路旁小广告购买32个假身份证的行为，属于妨害正常社会管理的行为，但也没有达到需要动用刑罚予以惩罚的程度。

屈学武：本案中，李某在骗得盘锦小灵通入网许可后，立即着手实施转换他人财产支配权、为自己"取财"的行为，直接导致了电信部门100万元电信资费损失的结果，可见李某的行为已构成诈骗犯罪既遂。鉴于本案的犯罪对象原本为"电信资费"而非"回扣"，而小灵通乃为预付性服务，因而其应当预付的金额是多少，其犯罪数额就是多少。至于其可能从江苏电信部门获得的8万元Q吧回扣费，这既不是行为人实施诈骗盘锦网通的直接目的（而是犯罪动机），也并非其作案对象，因而，其回扣之得失，与本罪之犯罪成立及其数额认定无关，只在量刑轻重上有一定影响。

吴喆：认定通信类诈骗罪既遂、未遂标准应以行为人是否享受到电信部门的服务为标准，享受到的数额为既遂数额。本案中，李某拨打声讯台所产生的话费100万元已经产生，直接侵害的数额应视为100万，属犯罪既遂；至于给网通公司造成的实际损失为多少，是网通公司内部经营核算问题，不是犯罪所侵害的直接标的额，不能以李某应得8万元回扣收入尚没有结算就视为犯罪未遂。

问题六：如何把握刑法的谦抑性原则？本案应如何处理？

主持人： 本案若对李某以诈骗电信资费 100 万元定罪量刑，则处刑至少会在十年以上，势必造成罪刑严重失衡。那么，实践中应如何把握罪刑相适应原则？如何理解刑法的谦抑性原则？本案应如何处理？

侯国云： 本案李某的主观恶性和行为社会危害性，未达到应受刑罚惩罚的严重程度，倘若动用刑罚手段单方追究本身就处于弱势的消费者责任，不仅显失公平，也不会收到良好的社会效果和法律效果。而且，李某行为是由网通公司技术漏洞引起的，也是可以通过技术改进方法杜绝的。刑法具有最后手段性、谦抑性和补充性，当以刑罚之外之法律手段亦能防止不法行为时，则应避免适用刑罚。因此我认为，本案不应对李某定罪。

刘铁鹰： 如前所述，李某用欺骗手段购买电话卡的行为与网通公司巨额电信资费损失这一结果之间没有必然的因果关系，其行为不完全符合诈骗罪行为特征和构成的主客观条件，在本质上属于民法上的合同之债。所以，以《解释》追究李某诈骗罪刑事责任不是严格意义上的罪刑法定，而是用"最相类似"条款追究其刑事责任；不是适用，而是套用。现代刑法对犯罪行为给予刑罚惩治，其目的不是对这种危害社会的行为的简单报复，而是通过刑罚惩治的警戒作用达到制止犯罪，控制社会，进而达到预防犯罪的目的。正是出于此种目的的需要，在刑法制定和适用中要遵循刑法的谦抑性原则，而刑法谦抑性原则的基本含义就是当一种行为用其他社会规范和调整手段进行调整不足以有效制止该行为再次、普遍性地发生时，才应当考虑动用刑罚的手段予以制止。本案李某行为的结果完全是利用了被害方自身技术缺陷和管理上的漏洞才得以实现的，只要网通公司及时解决技术上的缺陷，加强管理，李某恶意使用他人电话资费从中获利就完全没有可能。既然制止这种行为只需要付出如此低的社会成本，那么对李某行为动用刑罚手段进行调整也就不具有控制社会的普遍意义了。

屈学武： 刑法的谦抑性刑事政策首先应贯彻于刑事立法领域，其次是刑事司法、执法领域。然而，在刑事司法领域，当其行为已经为刑法所规制之际，刑法之谦抑性，就只能适用于行为临界于刑法第十三条但书所规定的可入罪、可出罪的场合；抑或，当其行为符合刑法第三十七条的规定，对行为人可适用"有罪免罚"的场合。否则，如行为人之行为已经具备严重的社会危害性、应受惩罚性，且刑法已经将其规定为犯罪行为时，就不得再以"刑法的谦抑性"

为由，除却犯罪人之罪行或者有罪免罚。

吴喆：犯罪构成是认定犯罪的法律标准。本案不存在有责性阻却事由，应按照《解释》第九条规定以诈骗罪定罪处罚。电信部门存在过错，可以成为适用特殊减轻的根据。本案可以报请最高人民法院适用特殊减轻程序，在法定刑以下量刑。

主持人：谢谢各位嘉宾参与今天的讨论。

刑 法

五、妨害社会管理秩序罪

● 隋玉利

● 汪建成

● 黄伟明

● 徐志涛

● 于徐东

在交通肇事刑事案件中，交通肇事人为逃避法律追究，在事故发生后找人顶罪的现象时有发生，这种种行为不仅造成了恶劣的社会影响，也严重扰乱了司法机关的正常诉讼活动。实践中，对顶罪人及作假证的人往往以犯罪论处，但对找人顶罪的肇事者唆使他人顶罪的行为本身则极少作出司法评价。那么，究竟应如何评价犯罪后找人顶罪行为的法律性质？为此，本刊与山东省蓬莱市人民检察院联合召开案例研讨会，组织专家学者进行了研讨。

交通肇事后找人"顶罪"的行为应如何处理

主 持 人：隋玉利（山东省蓬莱市人民检察院检察长）
特邀嘉宾：汪建成（北京大学法学院教授、博士生导师）
　　　　　黄伟明（烟台大学法学院教授、副院长）
　　　　　徐志涛（山东省烟台市人民检察院公诉一处处长）
　　　　　于徐东（山东省烟台市中级人民法院刑一庭副庭长）
文稿统筹：倪爱静
摄　　影：王乐成

【案情简介】
　　犯罪嫌疑人程某酒后驾驶其私家轿车发生交通肇事，导致一人死亡后果。事故发生后，程某立即给自己弟弟家打电话，要求自己的弟弟赶来替自己顶罪，但是，程某的弟弟当时也喝了酒，于是程某让弟媳张某立刻赶到现场顶替。张某认为程某的车辆有保险，如果酒后肇事保险公司便不会予以赔偿，为了使程某的肇事车辆得到保险公司赔偿，张某便赶到事故现场假冒肇事者。程某的朋友李某当时正开车尾随程某车辆行驶，看到程某发生交通事故后便向公安机关报案。当张某赶到事故现场后，程某要求李某向公安机关作证时说肇事者为张某。李某出于哥们义气按照程某的要求向公安机关作出张某为肇事者的证言。公安机关遂对张某以交通肇事立案并作出了《交通事故责任认定书》，认定张某负事故主要责任。

【分歧意见】
　　对程某的行为构成交通肇事罪没有争议，但对程某指使他人顶罪、作假证的行为应否作刑法上的评价，是按交通肇事逃逸定一罪还是定数罪存在以下三种不同意见：

第一种意见认为，程某构成交通肇事罪、包庇罪、伪证罪。理由如下：（1）程某指使张某、李某的行为符合教唆犯要件，根据刑法总则关于教唆犯的处罚原则，应以实行犯的行为性质确定教唆犯的行为性质；（2）认定一罪还是数罪应依据主客观相一致原则。交通肇事罪主观过错是过失。而程某指使张某、李某的行为所反映的主观过错是故意。客观上程某所实施的指使张某、李某的行为与其交通肇事行为是各自独立的行为。

第二种意见认为，程某的行为构成交通肇事罪、妨害作证罪。理由如下：（1）程某交通肇事行为与指使张某、李某作假证的行为在主观上和客观上各自独立；（2）程某出于一个主观目的而指使张某、李某作假证的行为应认定为妨害作证罪一罪。

第三种意见认为，程某仅构成交通肇事罪一罪。理由如下：（1）程某指使张某、李某作假证的行为系交通肇事罪的后续行为，可归结为交通肇事逃逸；（2）犯罪嫌疑人本人不能成为包庇罪的主体。

【特别观点】

■行为人交通肇事后找人顶罪、作假证的行为，不能理解为一般意义上的交通肇事的后续行为。

■行为人犯罪后自行隐匿、伪造证据或是指使他人作假证的行为性质问题，不能一概而论，关键看行为人犯罪后行为与犯罪行为的关联程度与行为的构成特征，一般根据犯罪构成的行为个数，参照罪数理论认定。

■妨害作证罪是"以暴力、威胁、贿买等方法阻止证人作证或者指使他人作伪证"，强调的是以特定方法阻止证人作证或者指使他人作伪证。

■教唆行为当不当罚，关键要看教唆人是否故意唆使他人实施针对教唆人自己的或直接服务教唆人本人利益的行为，这种行为教唆人本人并不构成犯罪，而由他人实施却独立成罪。

主持人：交通肇事案件中，当事人为逃避法律追究，在事故发生后找人顶罪的现象时有发生，我们常常看到顶罪者被追究法律责任的报道，却很少看到指使他人顶罪的犯罪者本人因其指使他人顶罪行为而被追究刑事责任。事实上，这种指使他人为自己顶罪的行为本身性质十分恶劣，社会影响极坏，对刑事司法的妨害不容忽视。本次案例研讨会就是以一个具体的交通肇事案件为切入点，探讨找人顶罪行为的法律性质。欢迎各位专家参与本期疑案精解研讨。

问题一：区分一罪与数罪的标准是什么？本案应定一罪还是数罪？交通肇事后找人顶罪的行为，能否为交通肇事逃逸这一行为所包含？

主持人：本案中，交通肇事人程某实施了两个行为，一个是交通肇事致人死亡的行为，一个是肇事后找人顶罪、指使他人作假证包庇自己的行为，对这两个行为应如何评价？应定一罪还是数罪？程某指使他人作假证的行为能否理解为交通肇事罪的后续行为，归结为交通肇事后逃逸？或者归结为交通肇事中的"其他特别恶劣情节"，以交通肇事罪一罪论处？

于徐东：区分一罪与数罪，应当以刑法规定的犯罪构成为标准。行为人以一个故意或者过失，实施一个行为，具备一种犯罪构成的，就是一罪；行为人以两个以上的故意或者过失，实施两个以上行为，具备两种以上犯罪构成的，应是数罪。本案中程某出于过失肇事致人死亡，其行为构成交通肇事罪；而后又出于一个故意，指使张某、李某二人作假证明包庇其交通肇事罪行，又触犯另一罪名，因而程某实施的一个过失行为和一个故意行为具备两种犯罪构成，应定数罪。应当强调的是，程某实施的两个行为既不属于数行为刑法规定为一罪的情况，如惯犯、结合犯；也不属于数行为处理时作为一罪的情况，如连续犯、牵连犯或者吸收犯。故在处理本案时应对程某实施的两种行为定两罪。

对程某交通肇事后找人顶罪、作假证的行为，也不能理解为一般意义上的交通肇事的后续行为。行为人交通肇事后将肇事车辆修理好、丢弃或者转手卖掉均属交通肇事的后续行为，在处理时不应定数罪；但本案中程某肇事后找人顶罪、作假证则明显不属于交通肇事的后续行为，不符合2000年《最高人民法院关于审理交通肇事刑事案件具体应用法律若干问题的解释》（以下简称《解释》）中关于交通运输肇事后逃逸的规定，应考虑另外定罪。同时，程某的行为也不属于交通肇事的"其他特别恶劣情节"，因为上述《解释》中虽然仅列举了三种情况，但显然不包括程某所实施的行为；而且，《解释》所列举的三种情况均未单独构成犯罪，仅是加重情节，不同于本案，程某交通肇事后找人顶罪、作假证的行为又符合了另一个罪的犯罪构成，所以本案不宜定为一罪。

黄伟明：一罪与数罪的区分标准很多，我国采用的是构成要件标准。即根据刑法分则的规定，判断罪的个数。结果加重是相对于标准构成要件结果而言，是超过标准构成要件结果的重结果，如故意伤害致人死亡、抢劫致人死亡等，都有法律的明文规定，不能任意理解。

关于本案程某指使他人作假证的行为如何理解的问题，根据《解释》的规定，交通运输肇事后逃逸，是指发生交通事故后，行为人为逃避法律追究而逃跑的行为。这里，是用"为逃避法律追究"来限定"逃跑"的，其原意是为规制发生了事故后找不到责任人的情形，但是在本案情形中却能找到责任人，所以本案程某找人顶罪的行为不能理解为交通肇事罪中的逃逸。同时，根据《解释》的规定，"其他特别恶劣情节"只有三种情形，且没有概括性的包容条款，所以程某的行为也不能包含在交通肇事罪中的"其他特别恶劣情节"里。

徐志涛：最高人民法院关于何谓"其他特别恶劣情节"的解释只规定了致人死亡、重伤或者财产损失等三种事项，没有将找人顶罪囊括在内。交通肇事后逃逸指的是为逃避法律追究而逃跑的行为，尽管其不一定指的是逃离现场，如将伤者送往医院后逃跑的行为也是逃逸，找人顶罪后离开现场也是逃逸，但是停留在现场的行为肯定不是逃逸行为，而本案中程某一直未离开现场，因此，我认为程某行为不属于逃逸性质。

汪建成：对"逃逸"不能做纯粹字面上的理解，逃逸最本质的特征就是"逃避惩罚"，不能以离不离开现场作为标准，离开现场积极抢救的不是逃逸，没有离开现场但以本案这种方式逃避刑事责任的，同样是逃逸。本案中程某找人顶罪的本质目的是为逃避惩罚，是交通肇事后为对抗侦查、逃避法律追究的后续行为，可以归结为交通肇事逃逸，属于交通肇事罪的加重处罚情节，应以一罪论处。

于徐东：我对于本案程某找人顶罪的行为属交通肇事罪的自然延续行为，应按交通肇事逃逸论处的观点不能认同。因为，发生交通肇事后并不必然需要找他人顶罪，同时教唆他人顶罪也并不必然一定是要在交通肇事之后，肇事行为和教唆他人顶罪行为只是在个案中偶然地被罪犯使用，没有必然性的联系，不应认定为交通肇事的后续行为。认定一罪还是数罪应依据主客观相一致原则，而本案程某的两个行为显然一个出于过失、一个出于故意，符合两个罪的犯罪构成，只能定数罪而非一罪。

问题二：行为人作案后，本能地会自行隐匿、伪造证据或是指使他人作假证，逃避司法追究。那么，像本案程某这种找人顶罪的行为是否属于事后不可罚行为？教唆犯应受刑事处罚的根据和标准是什么？指使他人包庇自己的人能否构成包庇罪共犯？

主持人： 按照程某的说法，其找张某顶罪的目的是为获得保险公司赔偿，而没有逃避司法追究的直接目的，那么，程某这种行为是否构成教唆犯？是否属于事后不可罚行为？

汪建成： 我的观点是，程某肇事后找人顶罪的行为属交通肇事的加重情节，应按交通肇事逃逸论处。既然程某的行为已经能为交通肇事罪一罪所涵盖，就没有必要以两罪论处，这也是刑事诉讼中有利被告原则的现实要求。从本质上讲，程某行为是一种事后对抗侦查的行为。在诉讼法上，我们不能强迫一个人作不利于自己的证言，也认可犯罪嫌疑人作自我辩解的权利，我国刑事诉讼法虽然没有规定被告人有虚伪陈述的权利，但也并没有对这种行为进行刑法制裁。总体上看，对于犯罪后对抗侦查的行为，可以作为认罪态度不好，而作为从重处罚的情节，没有必要对此行为单独定罪。事实上，在刑事司法实践中，很多有牵连关系的犯罪一般也不定两罪。如盗窃行为和销赃行为，对于盗窃者就以盗窃罪处罚即可，而没有必要既定盗窃罪，又按销赃罪的共犯处理。因为，法律不可能要求行为人把盗窃所得财物如实交出以配合司法机关的正常活动，犯罪后掩盖罪行，这是人性趋利避害的本能，对于这种缺乏期待可能性的行为，法律是容忍并不予处罚的。

黄伟明： 教唆犯是教唆他人犯罪的人。教唆犯只能存在于共犯中，其本身不直接实施所教唆的犯罪行为，而是唆使他人产生犯意后去直接实施犯罪。被教唆直接实施犯罪的人是正犯，教唆者是共犯。从构成要件上看，教唆犯需要有教唆的故意和教唆的行为。非故意诱发他人犯罪或故意教唆他人实施非犯罪行为都不能认为是教唆。教唆者出于何种目的实施教唆不影响教唆犯的成立。不论何种目的的教唆，其结果都是唆使他人产生了犯罪意图甚至犯罪行为，因此都是应当受处罚的。

关于行为人犯罪后自行隐匿、伪造证据或是指使他人作假证的行为性质问题，不能一概而论，关键看行为人犯罪后行为与犯罪行为的关联程度与行为的构成特征，一般根据犯罪构成的行为个数，参照罪数理论认定。例如行为人为掩饰犯罪，破坏现场、伪造现场、伪造不在现场证据等行为可认为是牵连犯，不另行认定其他犯罪。但是，如果因为破坏现场范围过大，或者使用了较大破坏性手段（如放火），就可能另外构成犯罪。在本案中，程某的行为虽然是为了获得保险赔偿，但在本质上是为了逃避罪责，其采用的让别人顶罪的方法本身构成教唆犯罪，是独立的行为，应当与交通肇事分别评价。

徐志涛： 本案程某的行为当然属于教唆犯，但教唆行为当不当罚，关键要看教唆人是否故意唆使他人实施针对教唆人自己的或直接服务教唆人本人利益的行为，这种行为教唆人本人并不构成犯罪，而由他人实施却独立成罪。如盗窃财物的犯罪分子盗窃财物后唆使他人为自己销赃的行为，他人定掩饰、隐瞒犯罪所得罪，而犯罪分子却由于行为的不可罚性不能定此罪名。针对自己利益的教唆行为不可罚的理由有二：第一，从刑事诉讼法的角度而言，犯罪人不得自证其罪是基本原理之一，而犯罪分子没有自己揭发、证明自己犯罪的义务，这也包括了犯罪分子可以通过种种措施为自己进行无罪、罪轻辩解的行为。换言之，犯罪后，为掩盖自己罪行所采取的行为，当然不能再定罪处罚。如果对犯罪后的事后教唆行为也予以定罪的话，那么就会出现行为人几乎都是数罪的做法。这样动辄数罪的做法，显然不合理。第二，从刑法设立包庇罪、伪证罪等罪名所在的章节来看，放在妨害司法管理秩序一章中，立法的目的在于惩治那些明知他人犯罪仍然故意提供帮助的行为，而并不在于惩治掩盖本人罪行的行为。

从本案来看，程某交通肇事后指使张某为自己顶罪、指使李某向公安机关作虚假证明的行为，从其供述来看是为了获得保险公司的赔偿，从本质上说是为了逃避自己应负的法律责任，是为了自己的利益服务的，因此其行为符合不可罚的教唆犯的特征，对其教唆行为不应单独定罪。

于徐东： 我完全赞同黄教授的观点，徐处长定一罪从重的观点值得商榷。一般意义上讲，犯罪成立后，行为人为了利用或确保其犯罪行为的不法利益，或者为了隐匿犯罪所造成的违法状态，逃避司法追究，往往会采取一系列的事后行为，如将赃物进行销售，寻求他人对其提供资助帮助其逃匿等。如果这些事后行为是在基本犯所含摄的同一个犯罪故意的支配下实施的，这些事后行为未对基本犯罪行为侵害的法益予以加深或扩大，也未侵害新的法益，可以认定为事后不可罚的行为。但是，如果法律所规定的对基本犯罪行为的处罚，不足以含摄事后行为的不法内涵，就不能以不可罚的事后行为对待，必须另行定罪处罚。因此，并不是所有为了自己的利益服务的教唆行为都不可罚。

问题三：司法实践中应如何区分包庇罪、伪证罪的界限？本案张某、李某的行为是否构成犯罪，应如何处理？

主持人：伪证罪一般要求行为人在主观上要有陷害他人或者包庇他人的目的，包庇罪在绝大多数情况下也都是通过对证据的妨害——如伪造、变造证据等来达到包庇犯罪分子的目的。两罪存在一定的交叉关系，那么司法实践中应如何区分包庇罪、伪证罪的界限？

汪建成：司法实践中，作伪证有时候是为了包庇犯罪人，而包庇有时是通过伪证的方式来实现的，因此两罪较难区分。由于伪证罪有一个时空限制，即必须进入到刑事诉讼阶段后才能构成伪证罪，因此伪证罪的范围往往较包庇罪窄。从程序法的角度分析，区分两罪关键就是要看当初取证时启动的是什么程序，是否已进入刑事诉讼程序中，司法机关是否履行了告知义务，如果司法机关事前未告知对方"作假证将要承担法律责任"，则不能以伪证罪追究对方刑事责任，否则对方得以缺乏告知进行抗辩。

黄伟明：包庇罪、伪证罪的关键性区别有二：从主体方面而言，包庇罪为一般主体，而伪证罪为特殊主体；包庇罪不限定行为的时间，伪证罪强调在刑事诉讼过程中。根据上述区别，李某、张某作假证明时未有明确的诉讼身份，更符合包庇罪的特征。程某是否构成包庇罪应从两个方面分析：第一，程某的行为并非单独实施，而是教唆李某、张某与自己共同合谋，并由李某、张某直接实施的，所以，三人的行为性质是共同犯罪；第二，共同犯罪的罪名由直接行为的性质决定，也就是由正犯的行为性质决定。如果认定李某、张某成立包庇罪，则程某因共犯关系也成立包庇罪。

徐志涛：伪证罪和包庇罪的确有交叉之处，但伪证罪的主体仅限于四种人，包庇罪的主体是一般主体，两者关系应当是特别和一般的关系。两者发生的时间不同，伪证罪发生在刑事诉讼程序中，而包庇罪没有这个限制。关于包庇罪中的作假证明的理解，不仅仅指行为人作虚假的言词证明，还包括行为人实施的其他具体行为，如帮助犯罪人藏匿工具、清理场所、转移被害人尸体等，都应以包庇罪来定罪处理。张某出于为程某顶罪的目的，冒充是真正的肇事者，作假证明来包庇程某，由于其为一般主体，构成包庇罪。李某看到程某发生交通事故，是本案的证人，构成伪证罪。

问题四：妨害作证罪存在指使他人作伪证的行为。在刑事诉讼过程中，行为人出于出入人罪的目的，唆使证人作伪证，且证人实施的行为符合伪证罪构成特征的,应定妨害作证罪还是按伪证罪共同犯罪处理?

主持人:本案中,行为人程某出于减轻罪责、获取保险赔偿的目的,指使他人作伪证,是否符合妨害作证罪的犯罪构成要件?如果认为程某事后行为独立构成犯罪,应按妨害作证罪还是应按伪证罪或包庇罪的共同犯罪人来定性处理?

汪建成:在美国,伪证是一项刑事重罪,当事人只要在宣誓之后撒了谎,就可以追究其伪证罪。但是,在英美法中当事人存在证人的角色,在大陆法系国家,包括我国并不承认当事人可以成为伪证罪主体。因此,本案分歧意见的第一种意见中,认为程某构成伪证罪的意见不能成立。至于程某能否依教唆犯共同犯罪原理成立包庇罪,我的观点也是否定的。因为,这就如同让别人杀死或伤害自己的人,不可能构成杀人罪或伤害罪的共犯一样,自己包庇自己不构成犯罪,指使他人包庇自己的也不构成包庇罪共犯,若定包庇罪,则突破了罪刑法定原则,有扩大打击面之嫌。

黄伟明:根据刑法第三百零七条的规定,妨害作证罪是"以暴力、威胁、贿买等方法阻止证人作证或者指使他人作伪证",强调的是以特定方法阻止证人作证或者指使他人作伪证,本案程某并没有实施暴力、威胁、贿买这种特定方法,不符合妨害作证罪的客观构成。根据教唆犯共同犯罪原理,教唆犯的罪名由正犯的行为性质决定,由于张某和李某行为符合包庇罪的构成,程某也构成包庇罪。

于徐东:我认为,本案中张某、李某二人的行为构成包庇罪,属正犯,程某构成教唆犯,教唆犯的罪名一般应当从于正犯,但个别情况可不一样。本案即属于个别情况。因为按一般理解,行为人犯罪后包庇自己的罪行不单独定罪。妨害作证罪指以暴力、威胁、贿买等方法阻止证人作伪证或者指使他人作伪证,此处的"等"是一个例示性规定,刑法不可能穷尽社会生活中方方面面的各种现象,只是列举这三种常见、多发的行为,用"等"字加以涵盖。具体到本案,程某利用亲属、朋友关系请求张某、李某二人作假证明包庇自己,完全符合妨害作证的犯罪构成。

徐志涛:如果是出于使他人入罪或出罪的目的而指使他人作伪证,应当认定为妨害作证罪,而不能认定为伪证罪的共犯。理由在于,如果指使证人作伪证成立伪证罪的教唆犯的话,那么就阻止证人作证而言,因为证人作证受到阻止,证人并没有实际作证,因而不可能构成伪证罪,所以阻止者也不可能构成伪证罪的教唆犯，只能构成妨害作证罪。但依据妨害作证罪的规定，不管是指使证人作伪证还是阻止证人作证，两者的犯罪性质是一样的，但却将指使证人作伪证的行为认定为伪证的教唆犯，而将阻止证人作证的行为认定为妨害作证罪，显然与刑法规定是矛盾的。

单纯分析本案程某指使他人作伪证的行为，我认为应定妨害作证罪。但是由于程某是出于为自己开脱罪责的目的而指使他人作伪证，其行为因缺乏期待可能性而不应当受到处罚。

问题五：本案应如何处理？

主持人：通过讨论，我们对本案有了更全面、清晰的认识。那么，司法机关对程某的行为应如何处理？请各位嘉宾总结一下各自的观点。

汪建成：如前所述，我认为程某肇事后找人顶罪的行为属交通肇事的加重情节，应按交通肇事逃逸论处。在处理本案的过程中，应当注意把握几个问题：第一，应当严格遵循罪刑法定原则，对法律和司法解释规定的理解应当从立法的精神和立法意图上去理解，不能仅仅从字面上理解；第二，应当遵循有利被告原则，当法律在适用中可以作多种解释时，应当以有利被告的解释作为解决案件的依据，只有这样，人的行为才具有可预期性，这也是现代法治社会的基本要求；第三，应当尊重基本的情理，犯罪后以各种方式掩盖罪行，是人的本能使然，包庇罪从来都是包庇他人的犯罪，对于自己犯罪后，为逃避侦查而进行的掩盖自己罪行的行为也以包庇罪来处理，在情理上是无法说通的。

黄伟明：从案情来看，程某的交通肇事是一个基本行为，构成交通肇事罪没有疑义。除此基本行为之外，还存在程某的联络、请求行为，张某答应顶罪的行为和李某答应作假证明的行为。这一系列行为涉及人员多，构成比较复杂，是分别构成犯罪还是构成共同犯罪需要综合分析。首先从程某的行为来看，他打电话联络，请求张某为其顶罪，请求李某为其作假证是否独立成罪？可以肯定的是，程某的这一行为并非是交通肇事罪的自然延续，不属于交通肇事逃逸，也不属于交通肇事的其他恶劣情节，不能被包含在交通肇事罪中评价。但是，程某没有直接作假证明，因此不能单独构成伪证罪。程某请求张某、李某作假证明，没有使用"暴力、胁迫和贿买"的方法，也不能构成妨碍作证罪。所以，作假证的行为是在程某的请求下，三人共同完成的，张某、李某是直接实施者，程某是教唆者，教唆犯行为的性质以直接实施者行为性质认定。前面已经分析了，张某和李某的行为更符合包庇罪的构成，程某也构成包庇罪。

于徐东：犯罪后不思悔改，不敢承担责任，却找他人顶罪，这种行为对正常司法的干扰，和对社会影响的恶劣程度已经达到了应受刑罚处罚的程度。如果只将原本无犯意的顶罪人定罪惩处，对罪恶的始作俑者不予以打击，冒名顶罪行为就会有愈演愈烈之势。本案中，首先可以肯定的是程某找人顶罪的行为不是交通肇事罪的结果加重，也不属于交通肇事罪中的其他恶劣情节，程某交通肇事后找张某顶罪、指使李某作假证的行为构成妨害作证罪，应与交通肇事罪并罚。

徐志涛：程某肇事后指使张某顶罪，并让李某指认张某是肇事者的做法，从根本上说是为逃脱自己应负的法律责任，教唆他人实施的犯罪行为，符合不可罚的教唆行为理论，不应当数罪并罚，只定交通肇事罪即可，但可以作为交通肇事罪普通量刑幅度内的从重处罚情节予以考虑。至于张某、李某在程某的鼓动下，以身试法，妨碍了司法管理秩序，所以要对他们二人的行为进行刑法评价。在张某和李某的行为构成包庇罪的前提下，程某的行为具备了唆使他人作假证明包庇自己的包庇罪的犯罪构成。但这种处理方式忽视了对程某行为整体的考察，程某之所以让张某和李某包庇自己，是出于为自己开脱罪责的目的，其行为因缺乏期待可能性而不应当受到处罚。

主持人：通过具体案例讨论，使我们加深了对刑法理论和法律规定的理解，组织这样一个案例研讨会很有意义。感谢各位嘉宾的参与！

●陆 军

●梅传强

●熊志海

●李雪山

●赵 磊

民办非企业单位是改革开放以来出现的新事物，是区别于国家机关、社会团体、企业事业单位的一种新型社会组织。随着我国经济社会的不断发展和事业单位改革的不断推进，越来越多的民办非企业单位出现，并参与到科教文卫等非生产性公共服务领域。对于提供非生产性公共服务的民办非企业单位，其法律地位和性质如何？能否得到与事业单位同等的刑法保护？敬请关注本期疑案精解。

伪造民办高等院校印章制发招生简章应如何处理

主 持 人：陆 军（重庆市人民检察院第五分院副检察长）
特邀嘉宾：梅传强（西南政法大学教授、博士生导师）
　　　　　熊志海（重庆邮电大学法学院教授）
　　　　　李雪山（重庆市人民检察院第五分院公诉二处处长）
　　　　　赵 磊（重庆市九龙坡区人民检察院副检察长）
文稿统筹：倪爱静　曾 军
摄　　影：何 兵

【案情简介】

　　李某系江南某财税管理学校（民办学校，以下简称"管理学校"）校长。2007年6月30日，李某为扩大管理学校的招生生源，在未征得经贸管理专修学院（民办学校，系在民政局登记注册的民办非企业单位，以下简称"专修学院"）同意的情况下，到某电脑研究所印制专修学院的招生宣传资料和录取通知书2万份，并要求在招生宣传资料和录取通知书上印制用电脑合成的专修学院印章和专修学院大中专招生办公室录取专用章。同年8月，李某通过向社会散发上述招生宣传资料和录取通知书的方式，以专修学院的名义招收17名学生。之后，招收的学生发现管理学校是冒充专修学院招生，遂要求退学；李某为其中的6名学生办理了退学手续，其余学生则留在管理学校继续学习。经鉴定，李某在招生简章上所合成的专修学院的印章系伪造。

【分歧意见】

　　对于本案中李某伪造民办高等院校印章并借此进行宣传的欺骗性招生行为该如何定性，基于对刑法条文内涵及其立法意图的理解不同，存在两种不同意见：

第一种意见认为，李某的行为构成伪造事业单位印章罪。理由是：该行为具有严重的社会危害性，侵犯了被伪造民办非企业单位印章的信誉，进而危及了整个社会的信用秩序；根据民办教育促进法中"民办学校与公办学校具有同等的法律地位"之规定，刑法应当平等地保护民办非企业单位与事业单位，因此伪造民办学校印章的行为也应构成伪造事业单位印章罪。

第二种意见认为，李某的该行为不构成犯罪。理由是：伪造民办非企业单位印章的行为对象是民办非企业单位的印章，不属于公司、企业、事业单位、人民团体的印章范畴，按照罪刑法定原则，该行为不构成犯罪。

【特别观点】

■民办非企业单位与事业单位的区别在于，事业单位工作人员列入国家事业编制，所需经费全部或部分由国家或地方财政预算拨付；而民办非企业单位在行政上不受其他组织领导，资金也不需要国家财政拨付，工作人员也未列入相应编制。

■从应然角度讲，民办非企业单位应获得和公司、企业、事业单位、人民团体同等的印章利益保护；但从实然角度看，无论是从定罪的法律效果，还是社会效果等方面看，都不宜将伪造非企业单位印章的行为作为犯罪处理。

■刑法具有补充性，社会中的许多失范行为，并不都需要通过刑罚手段加以调整。伪造民办非企业单位印章的行为具有一定的社会危害性，但社会危害性不大，不一定都要以刑法来调整。

主持人：随着我国经济社会的不断发展，民办非企业单位作为一种社会服务组织，正在不断地发展壮大。而相应的侵犯民办非企业单位合法利益的行为也开始在社会中出现。今天，我们讨论的案例，就是一个伪造民办非企业单位印章的案件。欢迎各位嘉宾参与案件的研讨。

问题一：如何区分事业单位和民办非企业单位？

主持人：什么是事业单位？什么是民办非企业单位？二者有何区别、联系？

赵磊：事业单位这一概念脱胎于计划经济体制，将事业单位与企业单位划分管理，是我国独有的模式。伴随着我国经济、社会发展和机构编制工作的深入推进，事业单位的概念也逐步演变，经历了三种体制、三个年代，具有明显的时代特征。① 按照 2004 年 6 月 27 日国务院修订的《事业单位登记管理暂行条例》第二条规定，事业单位的最新定义为："国家为了社会公益的目的，由国家机关举办或者其他组织利用国有资产举办的，从事教育、科技、文化、卫生等活动的社会服务组织"。按照此规定，事业单位只能是国有资产举办的；从所有制形式上看，只能是全民所有制的。

民办非企业单位是改革开放以来出现的新事物，是区别于国家机关、社会团体、企业事业单位的一种新的社会组织。对于民办非企业单位的称谓和界定，不同的法规和规章有所不同，比较一致的界定是 1998 年 10 月 25 日国务院令第 251 号发布的《民办非企业单位登记管理暂行条例》第二条的规定，其具体内容为："本条例所称民办非企业单位，是指企业事业单位、社会团体和其他社会力量以及公民个人利用非国有资产举办的，从事非营利性社会服务活动的社会组织。" 2001 年 10 月 19 日民政部发布施行《教育类民办非企业单位登记办法（试行）》（民发 [2001] 306 号）第二条专门针对教育类的民办非企业单位作了规定，延续了国务院对民办非企业单位的界定："本办法所称的教育类民办非企业单位，主要指：经县级以上地方人民政府和县级以上地方人民政府教育行政部门审批设立的，由企业事业组织、社会团体及其他社会组织和公民个人，利用国家非财政性教育经费，面向社会举办的学校及其他教育机构。"虽然上述两规定中对民办非企业单位资金来源表述略有不同，前者使用了"非国有资产"，后者表述为"国家非财政性教育经费"，但是其言下之意相同，皆为表明资金来源之非国有性质，以此来区别于前述资金来源于国有资产的"事业单位"。

李雪山： 民办非企业单位与事业单位的共同之处在于，它们从事社会活动的领域基本相同——基本上都属于"科教文卫"范围，甚至有部分民办非企业单位本身就是事业单位改革的产物；二者的区别在于，事业单位工作人员列入国家事业编制，所需经费全部或部分由国家或地方财政预算拨付；而民办非企业单位在行政上不受其他组织的领导，资金也不需要国家财政拨付，工作人员也未列入相应的编制。

按照是否为法人的标准，事业单位又可分事业单位法人和非法人事业单

---

① 关于事业单位概念的发展过程、体制特征、时代特征等，详见佚名：《事业单位理论与实际概念统一性的思考》，http://www.jnrs.gov.cn/content.aspx? id = 100000000212。

位。应当说,我国民法通则所规定的"事业单位法人"与刑法第二百八十条第二款中的"事业单位"并不包含民办非企业单位。如果说民办非企业单位属于事业单位范畴的话,那么1998年国务院颁布《民办非企业单位登记管理暂行条例》就没有任何意义;再者,事业单位与民办非企业单位之间存在的差异,也表明民办非企业单位不能包容于事业单位的范畴。

问题二:如何认定民办非企业单位的法律性质?从应然角度看,民办非企业单位应否得到与事业单位同等的法律保护?

主持人:如何认定民办非企业单位尤其是民办科教文卫等单位的法律性质?能否以事业单位认定?从应然角度看,民办非企业单位应否得到与事业单位同等的法律保护?

熊志海:虽然事业单位和民办非企业单位尤其是科教文卫等民办非企业单位组织提供服务性质一样,但是基于事业单位的国有性质(主要体现为资金的财政来源),民办非企业单位在现行体制下,显然也不能归类为事业单位。但是此种划分存在明显的不合理性。宪法和民法通则已经就我国社会组织和法人作了分类,机关、事业单位、社会团体、企业为我国的四大法人组织;而《民办非企业单位登记管理暂行条例》、《事业单位登记管理暂行条例》等从所有制形式上将相同性质的社会组织分为两种法人,分别隶属于民政部门和编制部门进行登记管理,显然与基本法不符,违反了法律制定中下位法服从上位法的原则。宪法和民法通则都是依照组织的性质来划分社会组织的,依据举办主体和所有制形式,将提供非生产性服务的公共事业组织进行两分法,不够规范。而且,随着社会主义市场经济体制的完善,多种所有制经济的并存和发展,科教文卫等公共事业组织举办主体的多元化和多样化是大势所趋。为了满足人民日益增长的对公共产品和公共服务的需求,国家在直接举办各项公益事业的同时,鼓励支持集体、个人、企业和其他社会力量兴办,或者引入非国有资产参与事业单位改造。公办民助、民办公助、股份制、股份合作制也日趋增多。这种以所有制作为划分标准必将无法涵盖事业单位和民办非企业单位。所以,我认为民办非企业单位这类社会组织与事业单位同样承担着向社会提供生产和生活服务之责,不能仅因举办主体、资金来源不同而对它们实行差别对待。故而,对于提供非生产性社会公共服务的民办非企业单位应和事业单位统一管理,其法律地位和性质应等同视之。

李雪山:根据民政部门的统计数据,2005年至2007年,民办非企业单位数量均以大于 8% 的速度增长，截至 2007 年底，全国共有民办非企业单位 17.4 万个。当前，事业单位正在进行改革，科教文体卫等许多事业不再由政府出资举办，而是广泛吸取社会资金参与。今后，民办非企业单位将会有更大的发展，可以预见，侵害民办非企业单位合法权益的行为也会增多。在这样一种大趋势下，刑事司法应当对一些个案现象保持足够的警惕，发现一些苗头性问题，从而确保我国的刑事立法具有一定的前瞻性。

赵磊：印章的本质在于"信"。印章是承载社会信用的重要载体。印章可表明一个单位的真实身份，证明一个单位意思表示和行为方式的真实性。如果刑法对单位印章不能提供一体的保护，对性质原本相似的单位仅因举办主体、资金来源不同而对它们实行差别对待，就会使人们丧失对民办非企业单位的信任，从而给民办非企业单位这一新生事物的发展带来不必要的阻碍。考察我国刑法关于印章罪的规定：一方面，刑法不因公司、企业、事业单位和人民团体之间存在设立目的、设立主体、资金来源差异，而对印章的保护进行区别对待；另一方面，又因国家机关与公司等单位的不同，而又分别给予不同的刑法评价。由于在 1997 年刑法制定当时，尚未颁布《民办非企业单位登记管理暂行条例》，民办非企业单位的概念尚未出现，所以刑法关于印章罪的规定，体现了当时的社会现实和刑法的正义要求。

但是，当民办非企业单位大量出现，其印章被伪造的苗头已经出现的时候，这种现象就应引起我们的高度重视。事实上，将事业单位与企业单位划分管理本就是我国的特有模式，是计划经济体制的产物，在市场经济蓬勃发展的今天，事业单位、民办非企业单位二者之间的鸿沟将会日渐消弭，公司、企业、事业单位、人民团体和民办非企业单位作为"单位"的共同属性，使其印章利益具有同等重要性，应当获得刑法的一体保护。国外的刑事立法也证明了这一点。例如，《日本刑法典》第 167 条规定："以使用为目的，伪造他人的印章或者署名的，处三年以下惩役。"《韩国刑法典》也有类似的规定。从国外的立法例看，在印章利益保护方面，国际上通行的做法，是按照刑法正义的要求，不区分印章主体，而对印章利益实行一体保护。当然，国外的立法走的更远，保护的范围还涉及个人的印章及署名。

梅传强：从应然角度讲，民办非企业单位应获得和公司、企业、事业单位、人民团体同等的印章利益保护；但从实然角度看，无论是从定罪的法律效果，还是社会效果等方面看，都不宜将伪造非企业单位印章的行为作为犯罪处理。具体理由如下：

从法律效果看，刑法的性质是"第二道防线"，是调整其他法律调整不了的社会关系，此行为显然用民事和行政法律能够调整（因为此伪造行为一般可能涉及经济问题和民事侵权等问题），不必动用刑法；并且此行为犯罪化，有违罪刑法定原则和刑法的轻缓化趋势。此行为的社会危害性一般比伪造公司、企业、事业单位和人民团体印章的危害性稍轻，显然，不能当然扩大解释为伪造公司、企业、事业单位、人民团体印章罪。随着社会的发展，刑事司法理念的变迁趋势应该是非常明显的：即对非暴力的、社会危害性不很大的行为的处罚应当越来越轻缓，甚至非犯罪化、非刑罚化；按照刑法第二百八十条第二款的规定，伪造公司、企业、事业单位、人民团体印章罪属于典型的轻罪（最高刑期为三年以下有期徒刑），而伪造民办非企业单位印章的罪刑还应该比刑法第二百八十条第二款规定的轻，所以，没有必要规定为犯罪。当然，如果考虑刑法的平等保护，也可将第二百八十条直接修改为伪造印章罪，但若这样规定，又似乎扩大了打击面。

从社会效果看，此类行为并不是非常严重的社会问题，更不是必须要用刑法调整的社会关系，用行政和民事法律处理此类行为也不会导致此类行为的进一步严重化。而且如果一个行为的社会危害性不是特别大，发生的频率又不高，将之犯罪化似乎社会效果也不好。

问题三：伪造民办非企业单位印章的行为能否认定为伪造事业单位印章罪？

主持人：《最高人民法院、最高人民检察院关于办理伪造、贩卖伪造的高等院校学历、学位证明刑事案件如何适用法律问题的解释》（以下简称《解释》）规定，对于伪造高等院校印章制作学历、学位证明的行为以伪造事业单位印章罪定罪处罚。该解释中的"高等院校"并未限制是否"公办"、"私办"，伪造民办高等院校学历、学位证明的行为同样适用此解释。那么，本案李某伪造民办非企业单位印章的行为能否参照该解释，将其定性为伪造事业单位印章罪？

李雪山：曾经有一段时间，我国部分地区贩卖假文凭活动猖獗，但由于高等院校学历、学位证明不具有国家机关公文、证件的属性，对制造假学历、学位证明不能以刑法打击。为将高等院校学历、学位证明纳入刑事保护范围，"两高"于2001年出台上述司法解释，将伪造高等院校印章制作学历、学位证明的行为，解释为伪造事业单位印章行为。而且，《解释》未限制高等院校是"公办"还是"私办"，这就在事实上将民办高等院校纳入了事业单位范畴。即，只要伪造了高等院校的学历和学位证明，不论是公办还是民办高等院校，一律可以认定为伪造事业单位印章罪。根据逻辑推理，既然《解释》已将伪造高等院校印章制作学历、学位证明的行为认定为伪造事业单位印章罪，那么伪造民办高等院校印章制发招生简章、录取通知书的行为当然也要构成伪造事业单位印章罪。

熊志海：前述《解释》的出台，主要目的是为了应对司法实践中逐渐增多的伪造高等院校学历和学位证明的行为，是伪造事业单位印章罪的一个特别规定。值得注意的是，《解释》并未直接指明伪造"民办"高等院校印章的行为就是伪造事业单位印章罪，只是其表述未有区分"公办"与"民办"，而是使用了"公办高等院校"、"民办高等院校"两概念之上位概念"高等院校"，因此我们有理由相信此《解释》中的高等院校包含了民办高等院校，换句话说，此《解释》对公办、民办高等院校的印章给予了同等的刑法保障。但是，《解释》毕竟未提及招生之事，其表述只是针对伪造高等院校印章制作学历和学位证明的行为，显然没有针对伪造高等院校印章制发招生简章、录取通知书的行为。当然，从理论、逻辑上分析，对于招生问题，学生及其家长的重视程度要高于学历和学位证明，伪造招生简章、录取通知书的社会危害性也要高于伪造学历、学位证明，如果说伪造高等院校印章制作学历和学位证明的行为受刑法所规制，那么伪造高等院校印章制发招生简章、录取通知书的行为也应受到刑法规制。然而，这就牵涉没有司法解释权的情况下在执法过程中能不能做类推的问题。我的意见是，罪刑法定原则要严格坚持，即便伪造民办高等院校印章制发招生简章、录取通知书行为的社会危害性很大，要定罪处罚，也还有待于法律的明确规定。

问题四：本案应如何处理？

主持人：通过讨论，我们对于民办非企业单位的法律性质、现行法律、法规和司法解释的有关规定做了大致梳理。具体到本案，联系到李某行为的社会危害性，这种行为应以民事行政法律进行调整，还是应以刑法调整？

熊志海：目前，国内很少有学者关注这个问题，比较通行的刑法教材也几乎没有提及民办非企业单位的印章的刑法保护。应当说，我们的研讨会提出了一个很好的问题。基于前面对民办非企业单位法律性质的结论，我们可以从两个层面认识本案。

应然层面,鉴于民办非企业单位与事业单位的性质和作用相同,对二者印章之侵害社会危害性并无相异,因此刑法对民办非企业单位之印章应按事业单位之印章提供同等保障,即应将事业单位扩大解释成包括民办非企业单位,对于伪造民办非企业单位印章的行为,应该认定为伪造事业单位印章罪。当然,根据国际通行做法,伪造印章行为通常是其他犯罪尤其是伪造文书行为之一部分,只有在文书、有价证券的伪造终于未遂的场合,才会单独追究伪造印章行为之刑事责任。[①] 因此,如果伪造印章行为系他罪之手段行为,应按牵连犯之处理原则处理,即法律无特别规定时,从一重罪处。

从实然层面考虑,鉴于本案中的江南某财税管理学校本身是合法学校,其招收学生之后收取学费亦属正常,且该学费之大部应用于学生之学习,所以不宜认定为诈骗罪。本案李某在招生宣传资料和录取通知书中加盖伪造的印章进行虚假宣传,可以视为广告行为,目前,全国各省、直辖市、自治区大多制定了《民办学校招生广告备案管理办法》,在这些规范性文件中,均将民办学校的招生宣传视为一种广告行为。如2005年江苏省教育厅发布的《江苏省民办学校招生广告备案管理办法》第三条规定:"民办学校发布的招生广告包括在本省或外省通过报刊、广播、电视、路牌、印刷品和霓虹灯等媒介,以刊登、播放、张贴、散发、邮寄等方式发布的各类招生广告(含招生简章及其他形式的宣传资料,以下简称招生广告)。"其他省、直辖市、自治区的规定大同小异。伪造印章行为系虚假广告宣传之手段行为,因此,我认为,本案李某有两个行为:伪造单位印章和虚假广告。由于法律并没有明文规定伪造民办非企业单位印章构成伪造事业单位印章罪,在现有法律框架下,本案宜由刑法第二百二十二条虚假广告罪论处。

梅传强:伪造民办非企业单位印章的行为是具有一定的社会危害性,但社会危害性大,不一定都要以刑法来调整。刑法具有补充性,社会中的许多失范行为,并不都需要通过刑罚手段加以规制。如果伪造印章后利用伪造的印章实施其他犯罪的,则直接按照所实施的犯罪定罪处罚即可。单纯伪造印章的行为,用行政的、民事的手段进行处罚就足够了。非犯罪化,轻刑化是世界刑法发展的基本趋势,尤其是在我国目前构建和谐社会和贯彻宽严相济刑事政策的

[①] [日] 西田典之:《日本刑法各论》,刘明祥、王昭武译,中国人民大学出版社2007年版,第298页。

大背景下，没有必要将任何有社会危害性的行为都纳入刑罚处罚的范围。本案中李某伪造的民办非企业单位的印章，并不属于事业单位印章的范畴，而且李某伪造民办非企业单位印章的行为还不具有刑事违法性，李某的行为不构成犯罪。但李某的行为已经侵犯了印章真实主体和招收学生的利益，而且违反了相关的行政法规。因此，李某应当赔偿印章主体和招收学生的经济损失，同时行政机关也应给予其相应的行政处罚。

赵磊：一般来说，严重的社会危害性、刑事违法性和应受惩罚性应是统一的。某种行为构成犯罪，就说明了该行为同时兼具了严重的社会危害性、刑事违法性和应受惩罚性。但如果站在刑事立法的立场，某种行为是否构成犯罪应当考虑的是行为的社会危害性和应受惩罚性，而不是刑事违法性；但站在刑法司法的立场，某种行为是否构成犯罪，应当考虑的则是行为的刑事违法性。因此，严重的社会危害性、刑事违法性和应受惩罚性之间也存在一定的紧张关系。就本案而言，受害学生都是贫困生，如果查处不及时，就会使学生经济受损，学业耽误；如果招生范围大，还会影响社会稳定。本案李某的行为，已经具有了严重的社会危害性和应受惩罚性，但目前而言，该种行为尚不具备刑事违法性。某种行为只具有严重的社会危害性和应受惩罚性，但不具有刑事违法性时，应当按照严格的罪刑法定原则，不能将该种行为认定为犯罪。但鉴于民办非企业单位的发展今后可能会更迅速，从打击伪造民办非企业单位印章行为的现实紧迫性来看，采用司法解释的形式将该种行为纳入刑法调整是一个便捷的方案，具体可规定为：伪造民办非企业单位印章的，参照刑法第二百八十条第二款的规定定罪处罚。

李雪山：民办教育促进法第五条规定：民办学校与公办学校具有同等的法律地位，国家保障民办学校的办学自主权。基于这一规定和"两高"的《解释》，本案李某伪造民办非企业单位印章的行为已经构成伪造事业单位印章罪，应当对其定罪处罚。当然，李某也应当对被伪造印章的单位和招收的学生承担民事赔偿责任。

刑 法

六、贪污贿赂罪

●俞振德

●贾 宇

●刘宪权

●张炳生

●卢勤忠

在市场经济条件下，国有单位作为市场主体参与经济活动日趋活跃，一些经济领域的隐性权钱交易活动逐渐凸显。在物资采购领域，国家工作人员非法居间介绍、变相收受回扣等不良行为尤为突出。如何从法律上对上述行为予以准确界定，是司法实践中经常遇到的难题。为此，本刊与浙江省宁波市北仑区检察院联合召开案例研讨会，结合典型案例，对国家工作人员居间介绍并收受回扣等问题进行探讨。

国家工作人员居间介绍并收受回扣的行为应如何处理

主 持 人： 俞振德（浙江省宁波市北仑区人民检察院副检察长）
特邀嘉宾： 贾　宇（西北政法大学校长、教授、博士生导师）
　　　　　　 刘宪权（华东政法大学法律学院院长、教授、博士生导师）
　　　　　　 张炳生（宁波大学法学院副院长、教授）
　　　　　　 卢勤忠（《华东政法大学学报》副主编、教授）
文稿统筹： 倪爱静　刘德方
摄　　影： 赵海定

【案情简介】

2004年5月，陈某得知某国有商业广场开发有限公司（以下简称"开发公司"）项目需购买电梯，即找到时任该项目筹建处工程部经理的叶某，告诉叶某自己的朋友黄某是做电梯配件业务的，能以优惠价格买到电梯，请叶某帮忙。随后，陈某把黄某带到叶某办公室，黄某表示如果业务做成，会有促销费，他们三人都有好处，叶某同意帮忙。几天后，黄某找到杭州某品牌电梯公司宁波分公司业务员王某（王某没有工资，只拿业务提成），两人把电梯报价单及型号等资料交给了叶某，叶某又将电梯资料给了开发公司负责人。该公司负责人在叶某、黄某、王某的陪同下到杭州电梯公司考察后决定购买该公司电梯。王某对黄某讲，若与杭州公司签订直销合同，是没有促销费可拿的；若同宁波分公司签订经销合同，就有促销费可拿。黄某表示要签订经销合同，并约定按合同金额的一定比例提取促销费。同年6月3日，宁波分公司与杭州电梯有限公司签订了购买6部电梯设备买卖合同（每部19.2574万元）。同月21日，由叶某经手开发公司与宁波分公司签订了购买6部电梯设备的买卖合同

（每部28.5万元）。后王某按公司规定，从公司领到40余万元业务费，并将其中的23.5万元分5次交给了黄某。黄某又把其中5.5万元给了叶某，把12万元给了陈某，自己拿了6万元。

【分歧意见】

本案在处理过程中，对叶某、陈某、黄某、王某的行为如何定性存在四种不同意见：

第一种意见认为，叶某、陈某、黄某三人构成共同受贿罪，王某是行贿人。理由是：当黄某告诉叶某、陈某若电梯业务做成，会有促销费可拿，他们三人都有好处，叶某同意帮忙时，三人主观上就产生了共同受贿的故意，且实施了共同受贿的行为，构成共同受贿罪。其中，叶某是纯正身份犯，陈某、黄某是帮助犯。

第二种意见认为，叶某、陈某构成共同受贿罪，黄某、王某构成共同行贿罪。理由是：黄某和陈某都是做电梯生意的，黄某是为了电梯业务做成后赚取中介费，王某是为了赚取业务费，他们事先向叶某、陈某许诺有好处费可拿，事后又向叶某、陈某送钱，所以，黄某、王某主观上有向叶某、陈某共同行贿的故意，客观上有共同行贿的行为。

第三种意见认为，叶某构成受贿罪，陈某构成介绍贿赂罪，黄某构成行贿罪，王某不构成犯罪。理由是：陈某、黄某在主观上并不是为了帮助叶某受贿，而只是希望在促成交易后，从中赚取中介费，因此，陈某、黄某与叶某的主观故意是不相同的，共同受贿主观故意难以认定。陈某在黄某和叶某之间牵线搭桥，目的是为了促成生意，得到介绍费，其行为只是介绍贿赂。黄某将电梯的直销通过签订两个合同改成了经销，导致购方成本增加，其谋取不正当利益的目的明显，构成行贿罪。王某没有行贿叶某做成生意的直接故意，事实上是叶某等主动找王某做这笔生意的，因此王某不构成行贿罪。

第四种意见认为，叶某构成受贿罪，陈某构成介绍贿赂罪，黄某、王某不构成犯罪。叶某构成受贿罪、陈某构成介绍贿赂罪、王某不构成犯罪的理由与第三种意见的理由相同。而黄某不构成行贿罪的理由是，黄某拉拢陈某是为了达到赚取好处费的目的，没有谋取不正当利益，他的行为不构成行贿罪。

【特别观点】

■贪污罪与受贿罪的犯罪主体都要求是国家工作人员，在犯罪客体上均侵犯了国家工作人员职务的廉洁性，区分二者的关键在于犯罪所侵犯的对象及客观表现不同。

■回扣或提成，其本身就来自于商品价款，是商品价款中的一部分，不能由此就简单地认为其原权属属于购买方，关键要看交易本身是否正当，拿提成款是否符合国家有关规定。

■我国在一定条件下是允许实施给付、收受回扣行为的，这个条件就是：必须公开给付、收受，而不能暗中给付、收受；必须在依法设立的财务账目上按财务会计制度如实记载，而不能在账外收受。

■介绍贿赂罪只是行为人在行贿人与受贿人之间牵线搭桥、传达信息或者转交财物，虽然一般都有谋求私利的目的，但他与行贿人的区别就在于他不是贿赂物的提供者，他与受贿人的区别在于他不能对索取或者收受的财物参与分赃，否则就构成行贿人或者收受人的帮助犯，就应根据其从属的对象论处。

主持人：随着改革开放的深入推进，我国市场经济在获得巨大发展的同时，一些商业领域内出现了诸如收受回扣、促销费等不良现象，特别是有的国家工作人员利用手中权力暗中收受回扣，有些购销人员专门向国家工作人员非法居间介绍，进行权钱交易。遏制商业购销领域中的腐败行为，需要司法人员正确适用法律，严格执法。我们今天讨论的案例就是经济生活中比较典型的涉及回扣或者促销类的案件，欢迎各位专家参与研讨。

问题一：如何认定贪污罪与受贿罪的界限？对商业行为中"回扣"的性质如何界定？本案叶某收受5.5万元好处费的行为，是否构成犯罪？触犯了何罪？

主持人：国家工作人员在经济往来中，利用职务上的便利进行贪污或者受贿，通常都以收取"回扣"、"手续费"等形式表现出来，在司法实践中很容易混淆，难以区分。请专家结合案例谈谈贪污罪与受贿罪的界限，以及叶某收受5.5万元好处费行为的性质。

贾宇：贪污罪与受贿罪的犯罪主体都要求是国家工作人员，在犯罪客体上均侵犯了国家工作人员职务的廉洁性，区分二者的关键在于犯罪所侵犯的对象及客观表现不同。对于贪污罪而言，立法上要求以侵犯"公共财物"的所有权为要件，主观上表现为故意非法占有自己所主管、管理、经手的公共财物，其犯罪对象是公共财物；受贿罪的主观故意表现为非法收受他人财物，侵犯的是他人（包括单位和个人）财物的所有权。因此，实践中界定一个具体行为究竟是属于贪污还是受贿，往往采用一种简便的判断方法：考察行为人占有的财产或财产性利益的原权属，若该财产或财产性权益来自于本单位或应当由本单位实际占有和支配，则该行为有可能构成贪污罪；若行为人占有的财产或财产性利益来自于其他单位，则该行为有可能构成受贿罪。

主持人：这的确是实践中较为通行有效的判断方法，然而，具体到本案，叶某所收受的5.5万元好处费，究竟是属于国有公司的财产，还是属于王某或是黄某的个人财产。有观点认为，由黄某出面洽谈业务，放弃价格更为低廉的直销方式不选却签订经销合同，这在本质上是把国有公司的钱多掏给了电梯销售公司，从中捞取个人好处，这是变相套取国有财产的行为，构成了对公共财产的侵犯，因而叶某构成贪污罪。各位专家对此观点如何评价？叶某究竟应构成何罪？

卢勤忠：叶某所在的开发公司与宁波分公司签订合同完全属于正当商业活动，购买电梯增加的费用已通过正当方式支付给了宁波分公司，因而这些费用的所有权是属于宁波分公司的，王某并没有直接占有开发公司购买电梯增加的这笔款项，事实上，王某从本单位提取的提成费从数额上也不完全等同于开发公司购买电梯增加的费用。因此，这是两笔不同性质的钱款，由于王某没有直接占有开发公司购买电梯增加的费用，所以，叶某的行为不能认定为贪污犯罪。与此相对，将叶某的行为定性为受贿罪则更为合理。贿赂的本质是权钱交易，受贿罪是国家工作人员利用职务上的便利为他人谋取利益的行为。本案中，叶某利用自己任项目工程部经理的身份及所享有的物资采购推荐权，将黄某、王某介绍的电梯推荐给公司领导，并最终促成交易。这种推荐权虽然不是决定权，但也属于利用自己职务上便利，为他人谋取利益，并最终收受了对方所给的促销费用，构成受贿罪。

刘宪权：问题的实质是叶某拿了谁的钱，为谁谋利？一方面，直销、经销是两种销售方式，没有正当与非正当的区别，不能说选择经销放弃直销就是违法。在经销方式中，按公司规定业务员可以拿提成，王某拿到的提成款完全是自己的应得利益。另一方面，叶某作为国有公司工作人员，其职权可以对电梯采购产生重要的影响作用。这种职权直接关系到电梯供应商及其所在公司的利益，也直接关系到黄某能否取得居间费。因此，叶某利用职权的行为事实上可以为王某、黄某两人谋取利益。而本案中黄某之所以会给叶某5.5万元人民币，正是由于叶某利用了该种职务便利，从而使黄某取得相关中介费用。因此，本案叶某的行为实质是，利用职务便利，为黄某谋取利益，拿了黄某的钱，其行为符合受贿罪的构成特征，构成受贿罪。至于叶某的受贿数额，是黄某向其提供的人民币5.5万元，这笔钱从所有权原始权属上说，属于王某的提成款，因此叶某并不存在套取公款的问题，叶某不构成贪污罪。

张炳生： 回扣也好，提成款也好，其本身就来自于商品价款，是商品价款中的一部分，不能由此就简单地认为其原权属属于购买方，关键要看交易本身是否正当，拿提成款是否符合国家有关规定。按照相关财务制度及王某的薪资构成，在生意做成以后，王某可以拿这样一笔钱，这是公司的规定，不能由此简单地认为是通过经销活动套取国有资产，因此这笔钱是经销人员的应得利益，不是国有的资产，叶某的贪污罪可以排除。叶某身为国家工作人员，利用了工程部经理的职务便利，为他人谋取利益，符合刑法第三百八十五条的规定，构成受贿罪。至于多出的五十多万元成本，只能认为是叶某给自己的公司造成的损失，是叶某受贿导致的一种危害。

贾宇： 关于叶某是否构成受贿罪的问题，可以援引刑法第三百八十五条第一款的规定，也可以援引第三百八十五条第二款的规定，即："国家工作人员在经济往来中，违反国家规定，收受各种名义的回扣、手续费，归个人所有的，以受贿论处。"只要国家工作人员在纵向的经济管理和横向的经济交往中，违反了国家如实入账、明折明扣等有关规定，收取较大金额回扣手续费归个人所有的，就以受贿论处，这是经济受贿罪与普通受贿罪的不同之处。

问题二： 实践中如何理解"不正当利益"，利用不正当手段谋取实质内容正当的利益是否属于"不正当利益"？行贿罪是否以谋取不正当利益为前提？如何理解本案王某给予对方好处费行为的性质？

主持人： 商业行贿是否以谋取不正当利益为必备前提？本案王某给予对方好处费的行为是正当的商业行为，还是行贿行为？是否构罪？

贾宇： 谋取不正当利益分两种：一是程序上不正当，一是实体上不正当。就本案而言，实际上牵扯到一个是不是构成行贿罪的问题。王某给别人送钱，其间他要得到的利益是不是正当的，这实际上是一个理论上的问题。刑法第三百八十五条第二款规定，国家工作人员在经济往来中，违反国家规定，收取他人财物的，即构成受贿罪。同时，刑法第三百八十九条第二款规定，在经济往来中，违反国家规定，给予国家工作人员以财物，数额较大的，或者违反国家规定，给予国家工作人员以各种名义的回扣、手续费的，以行贿论处。法律规定对于行贿人本身没有一个目的性的要求，只要求在经济活动中给予国家工作人员好处，即以行贿论处，我觉得这是要讨论的问题。可否这样理解，在商业行贿中，不以谋取不正当利益为必要前提。具体到本案，如果有充分证据能够证明王某清楚其所给的促销费中有一部分要到叶某的手里，则王某的行贿人的身份就能成立。反之，如果王某没有给叶某行贿的故意与行为，陈某、黄某又不是适格的受贿人，则王某的行为不构成行贿。

刘宪权：刑法第三百八十九条第一款规定的一般行贿罪必须以"为谋取不正当利益"为要件，理论上一般将第二款规定的情形称之为"商业行贿"，由于这一款没有在罪状中规定"谋取不正当利益"条件，因而对商业行贿是否以"为谋取不正当利益"为必要要件存在着较大分歧。商业行贿同样需要以"为谋取不正当利益"为必要要件，为谋取正当利益给予对方回扣、手续费等好处费的，不能构成行贿罪。理由有二：其一，将刑法第三百八十九条第二款规定理解为是对特殊情形下行贿罪的注意性规定更符合立法原意；其二，商业行贿需具备"谋取不正当利益"要件符合司法解释的精神，最高人民法院、最高人民检察院《关于在办理受贿犯罪大要案的同时要严肃查处严重行贿犯罪分子的通知》第二条规定："对于为谋取不正当利益而行贿，构成行贿罪的……"可见商业行贿也是以"谋取不正当利益"为要件的。本案中，王某在电梯买卖合同订立后取得的提成款及给予黄某的中介费均属可得利益，即根据有关法律、政策规定都是可能取得的利益，在实体上并非是不正当的。就程序而言，如果不能证明叶某为电梯买卖合同的签订提供了不正当的帮助和便利，就不能认定存在"程序违规"。由此可见，如果不能证明叶某提供了不正当的帮助和便利，本案王某取得的提成款和黄某取得中介款的行为就不存在"谋取不正当利益"的内容，王某不构成行贿罪。

张炳生：我国反不正当竞争法第八条规定："经营者不得采用财物或者其他手段进行贿赂以销售或者购买商品。在账外暗中给予对方单位或者个人回扣的，以行贿论处；对方单位或者个人在账外暗中收受回扣的，以受贿论处。经营者销售或者购买商品，可以以明示方式给对方折扣，可以给中间人佣金。经营者给对方折扣、给中间人佣金的，必须如实入账。接受折扣、佣金的经营者必须如实入账。"这表明，我国在一定条件下是允许实施给付、收受回扣行为的，这个条件就是：必须公开给付、收受，而不能暗中给付、收受；必须在依法设立的财务账目上按财务会计制度如实记载，而不能在账外收受。本案中，王某领取薪资的方式表明，公司是允许他通过公开的折扣、佣金等方式来进行从事经营活动的，他将所获提成款中的23.5万元给黄某，在实体上不具违法性；在程序上，王某给叶某送财物，并不是要求叶某做出违背职务的行为，而只是要求其秉公办事，这样的帮助就不属于不正当帮助，当然也不属于不正当利益。因此，王某行为虽具行贿性质，但尚不能构成行贿罪。

卢勤忠：关于不正当利益问题，我同刘教授的观点一致，但我认为本案王某已经构成了行贿罪。王某通过给予手续费、促销费的手段，使得叶某故意将电梯的直销改为经销，增加本单位购买电梯的费用，属于程序上的不正当利益。本案并不属于账外暗中给予回扣的行为，因为王某给予黄某的23.5万元中，并未讲是回扣，这23.5元只是王某从本单位提取的提成费用。促销费用与回扣不能等同。王某为谋取不正当利益而给予他人财物，构成行贿罪。

问题三：如何区分介绍贿赂罪与受贿罪、行贿罪共犯？陈某、黄某的行为应如何定性？

主持人：从行为表象上看，介绍贿赂人具有非法接受他人财物的行为和非法给予他人财物的行为，与受贿罪共犯、行贿罪共犯的表现相似。实践中，如何区别介绍贿赂罪与行贿罪、受贿罪共犯？本案黄某所收的23.5万元，是其应得的中介费？还是其代叶某收受的回扣款？

张炳生：介绍贿赂是指在行贿人与受贿人之间进行沟通、撮合，促使行贿、受贿得以实现的行为。从客观方面看，介绍贿赂行为是行贿或者受贿罪的一种帮助行为；从主观方面看，介绍贿赂的行为人与行贿或者受贿存在着行贿或者受贿的犯意联络，符合共犯的构成要件。但是我国刑法已专门将这种具有共犯特征的犯罪单列罪名，所以对这种行为就不能按共同行贿或共同受贿处理。介绍贿赂行为的特殊性表现在：介绍贿赂者不是在帮助行贿或者受贿一方，而是在帮助行贿、受贿双方，是一种双向帮助犯。如果他只与一方联系，为一方出谋划策，则应视为某一方的共同犯罪人。从本案看，陈某、黄某在王某与叶某之间沟通联络，目的是为了促成电梯业务，得到介绍费，因此陈某、黄某的行为具有介绍贿赂的性质。介绍贿赂，情节严重的，才构成犯罪；其社会危害性有依赖于行贿行为和受贿行为的社会危害性的一面。当行贿与受贿只有一方成立犯罪时，若介绍贿赂行为主要帮助的是未成立犯罪的一方，则一般应认定介绍贿赂罪不成立。在本案中，陈某、黄某主要是帮助王某，而由于王某谋取的是正当利益，不能构成行贿罪，因而对陈某、黄某来说，也不构成介绍贿赂罪。

贾宇： 区分介绍贿赂罪与行贿、受贿共犯，要害在于行为人是居间介绍还是与受贿人或行贿人共谋共犯。陈某、黄某行为的性质已经超出了介绍贿赂的范畴，其共同故意犯罪特征则更为明显。事实上，陈某、黄某、叶某三人在事前已进行了初步谋划，虽然三人的具体分工和参加程度不尽相同，所起作用也不尽一样，但是他们彼此心照不宣，在行动上配合默契，所有的行为都指向了同一个犯罪目标——促成合同签订，以获取好处。因此，三人已形成了共同犯罪的故意，可以构成受贿罪共同犯罪。

卢勤忠： 介绍贿赂罪只是行为人在行贿人与受贿人之间牵线搭桥、传达信息或者转交财物，虽然一般都有谋求私利的目的，但他与行贿人的区别就在于他不是贿赂物的提供者，他与受贿人的区别在于他不能对索取或者收受的财物参与分赃，否则就构成行贿人或者收受人的帮助犯，就应根据其从属的对象论处。确定本案是否成立共同受贿犯罪，关键是看叶某是否与他人形成了共同的犯罪故意和实施了共同的犯罪行为。在本案中，尽管叶某、陈某与黄某均认识到了"如果业务做成，他们三人都有好处"这一点，但他们三人的故意内容还是有所区别，因为三人所得好处的性质大不相同。叶某构成受贿毫无争议，不过对于陈某、黄某而言，却不是为了帮助叶某受贿，而是另有他图——希望得到王某给付的促销费。可见，叶某与陈某、黄某之间并没有形成共同的受贿故意，不具备成立共同受贿犯罪的主观要件。另一方面，叶某与陈某、黄某之间也没有通谋利用其职务上的便利为他人谋取利益，共同收受贿赂的犯罪行为。陈某、黄某的行为是单独地向国家工作人员介绍贿赂的行为，而不是受贿罪的帮助犯。

刘宪权： 本案中，王某从所得的提成款中拿出23.5万元支付给黄某。从性质上分析，黄某所收受的该笔款项，既可理解为黄某代叶某所收的回扣款，也可理解为王某支付给黄某的中介费。如果理解为前者，黄某的行为性质应视为共同受贿的帮助行为；而如果理解为后者，黄某所收钱款为其实施居间中介行为后的合法所得。综合本案材料，将23.5万元视为王某给予黄某的中介费较王某给予叶某的回扣款更为合理。理由如下：

第一，在电梯买卖合同订立过程中，叶某对其所在国有公司的决策具有重要的影响作用，如果王某为做成生意而支付回扣，其最终给予对象理应是具有职务便利、身为国有公司代表的叶某，这既是受贿罪"权钱交易"的本质特征,也是回扣系"卖方为争取交易机会在账外暗中支付给买方的财物"这样基本概念所决定的。本案中,王某只对黄某支付钱款而并未直接对叶某付款,特别是对黄某如何分款表示不关心;从数额上看,黄某最终分配给叶某的也只是 23.5 万元中的一小部分,以上事实表明叶某在本案收受钱款的行为中没有起决定作用。因此,将黄某所收 23.5 万元理解为其帮助叶某所收的回扣款并不符合常理,理解为王某对黄某提供了一个较大的电梯交易机会的回报,即中介费更为合理。

第二,王某与黄某之间的给付、收受行为并不违法。黄某在取得该笔款项后,将其中 5.5 万元给予国家工作人员叶某,该行为具有行贿性质。但由于黄某的利益来源系促成电梯交易后王某所给的中介费,该利益并非不当利益,故黄某不构成行贿罪。

关于陈某的行为,如果有充分的材料能证明陈某在事先明知黄某欲通过行贿谋求国家工作人员叶某职务行为的帮助,而向叶某提供了信息,可以认定为介绍贿赂罪,犯罪数额为黄某、叶某之间发生的行、受贿数额 5.5 万元。

当然,如果有证据能够证明王某清楚其所给的 23.5 万元中有一部分要到叶某、陈某的手里,三人确实在合同订立前曾商量过要将拿到的好处费平分,则叶某、黄某、陈某三人构成共同受贿罪,该笔款项可理解为黄某代叶某所收的回扣款。

问题四:本案应如何处理?

主持人: 各位专家结合案情对相关问题进行了深入探讨,那么,本案究竟应如何处理,请各位专家总结一下自己的观点?

贾宇: 如前所述,我认为,叶某、陈某、黄某构成受贿罪共同犯罪;王某的行为属于商业行贿,但是否构成犯罪,需要进一步查明他是否清楚地知道叶某会分得贿赂款。因为,如果他与叶某之间不能形成行贿与受贿的关系,加之陈某、黄某又不是适格的受贿人,则他的行为不具有谋取不正当利益的目的,所以,他给予陈某、黄某的钱款只是属于行贿性质,还不能构成行贿罪。

刘宪权: 如果有证据能够证明叶某、黄某、陈某三人在订立合同前商量过要将拿到的好处费平分,则表明三人事前进行了通谋,具有共同犯罪的故意,构成共同受贿罪;王某行为的性质则是行贿,但尚不构成犯罪。

如果王某并不清楚其所给的 23.5 万元中有一部分要到叶某的手里,且并未和叶某发生过任何联系,则该 23.5 万元就王某给黄某的中介费王某在行为性质上并无违法。黄某分给叶某的5.5万元具有向国家工作人员行贿的性质，但由于黄某行贿所谋取的是中介费而并非不当利益，故黄某不构成行贿罪。如果有充分的材料能够证明陈某在事先明知黄某欲通过行贿谋求国家工作人员叶某职务行为的帮助，则陈某构成介绍贿赂罪；反之，陈某只能被认定为实施了介绍贿赂行为。

卢勤忠：叶某构成受贿罪，陈某、黄某构成介绍贿赂罪，王某构成行贿罪。

张炳生：叶某构成受贿罪，由司法机关追究刑事责任。王某、陈某、黄某的行为涉嫌行贿、介绍贿赂，属于不正当竞争行为，应由工商行政管理机关进行行政处罚。

主持人：感谢各位专家参与今天的案例研讨。

● 周其华

● 刘祥林

● 王文华

在我国，国有事业单位的内设机构虽然不是独立的民事主体，但一些内设机构却在一定范围内相对独立地对外开展经济活动。在经济往来过程中，有时对方会给予一定的回扣。内设机构的负责人没有将回扣私自占有，而是将回扣作为福利分给所在部门的员工。一方面，对于该类行为是否触犯刑法，人们缺乏警觉；另一方面，该行为是否构成贪污贿赂犯罪、私分国有资产罪以及内设机构能否成为单位犯罪中的"单位"，争议比较大。近日，本刊选取典型案例，邀请专家、学者对相关问题展开研讨。

收取购书回扣并分给员工的行为如何处理

主 持 人：李和仁（《人民检察》编辑部副主任）
特邀嘉宾：周其华（国家检察官学院教授）
　　　　　　刘祥林（北京市人民检察院第一分院研究室主任）
　　　　　　王文华（北京外国语大学法学院副院长、副教授）
文稿统筹：孙永生
摄　　影：孟澍菲

【案情简介】

李某为某国有事业单位的图书馆馆长，靳某为图书馆管理员。2003年6月至2005年2月，李某伙同靳某利用职务便利，收受图书供应商给予的购书回扣款共计人民币8.4万元。他们违反单位有关规定，只将其中9000元上缴单位财务部门，其余7.5万元分发给图书馆职工作为福利，李某个人实得1.25万元。

2005年2月至2006年1月，靳某担任图书馆负责人。在此期间，靳某利用职务便利，收受图书供应商给予的购书回扣款共计人民币5.5万元，全部以过节费的名义发放给其他职工。经查，从2003年6月至2006年1月，靳某单独或伙同李某收受回扣共计13万元，靳某个人实得回扣款1.2万元。

【分歧意见】

对于李某、靳某行为性质的认定，存在以下分歧：

第一种观点认为，李某、靳某的行为构成受贿罪。李某和靳某身为国有事业单位工作人员，利用本人负责为单位图书馆采购图书的职务便利，在采购图书的过程中，非法收受书商给予的回扣款，主观上具有受贿故意，二人的行为构成受贿罪。

第二种观点认为，李某、靳某的行为属于单位受贿行为。虽然靳某、李某二人个人也从中获利，但从回扣款的整体处置来看，主要是用于给图书馆全体职工发放福利，应属于归图书馆非法占有后的再分配行为，受贿的款项应认定为归图书馆这个部门非法占有。

第三种观点认为，李某、靳某的行为属于私分国有资产行为。李某任职期间擅自处分的回扣款仅有 7 万余元，尚未达到私分国有资产罪 10 万元的立案标准，不构成私分国有资产罪。而靳某在接任图书馆负责人一职后，继续收受回扣并延续了私分国有资产的行为，其参与私分的总额已超过 10 万元的立案标准，故靳某的行为构成私分国有资产罪。

第四种观点认为，李某、靳某的行为构成贪污罪。

【特别观点】

■小金库的设立本身就是违反财务管理制度的，或者说就是不合法的，因此根本就不属于"账"的范畴。

■不应对国有资产作过于僵化、静态的理解。事实上，账外收入、账外账款、回扣、业务费等属于单位营业收入或应上缴款，当然也在国有资产的范围内。

■利用职务之便将应上缴单位财务部门账上的单位公款不予上缴，而是非法占有，这与单位无关，不能认定为单位受贿行为。

■单位犯罪的主体，并不一定要求是具有法人资格的单位，也包括其分支机构和内设机构。

主持人：本案表面看似乎并不复杂，现实中事业单位内设机构设立小金库，隐瞒、擅自截留应当上缴的对外经济往来中的收入、回扣等作为福利发给员工的现象并不少见，人们已经习以为常，很少意识到会触犯刑法的问题。同时，对该类行为定性也确实存在困难，前述分歧意见中的观点似乎都有道理，受贿罪与单位受贿罪、贪污罪与私分国有资产罪在构成要件上存在相似的地方，区分起来有一定的难度。正因如此，研讨本案很有典型意义。欢迎各位嘉宾参与今天的研讨。

问题一：根据刑法规定，经济往来中，在账外暗中收受各种名义的回扣、手续费的,以受贿论。如何理解"账外暗中"?这里的"账"是否包括单位小金库的账?

主持人:回扣是现实经济往来中比较普遍的现象,本案的焦点也是回扣的处理问题。应如何理解回扣和"账外暗中"收受回扣?

周其华:回扣是商品经济的一种报酬形式,在商业交往中多有发生。一般是指商品或者劳务买卖中,由卖方从所成交的价款中提取的一定的现金或者额外以定额酬金支付给对方单位或者个人的金钱或有价证券,以刺激买方购买其商品。我国法律规定,在经济往来中收受回扣的,应当归单位所有,不允许个人占有。所谓单位所有,就是记在单位财务部门的账上,参加单位的结算和纳税、上缴利润。在我国不允许单位设小金库,将回扣款归到小金库中是违法的,是不允许的。

王文华:"账外暗中"是指收受各种名义的回扣、手续费,未按照财务会计制度在依法设立的财务账目上如实记载,包括不记入财务账、转入其他财务账或者做假账等。这里的"账"不包括单位小金库的账,亦即单位小金库的账本身也是"账外暗中"。1995年,国务院办公厅转发的财政部、审计署、中国人民银行《关于清理检查"小金库"意见》规定,凡违反国家财经法规及其他有关规定,侵占、截留国家和单位收入,未列入本单位财务会计部门账内或未纳入预算管理,私存私放的各项资金均属"小金库"。"小金库"的本质是"化公为私"。在该《通知》列举的"小金库"表现形式中,第六项就是各种形式的回扣和佣金。回扣与折扣不同,是否属于"账外暗中"是正确区分回扣和折扣的唯一关键,折扣是合法的;凡是回扣都是违法的,没有合法的回扣。

刘祥林:"账"指的是单位的法定财务账,而小金库则是机关、企事业单位、人民团体及其内设机构为逃避财务监管、谋取本单位或者本部门利益而设立的账外之账。小金库的设立本身就是违反财务管理制度的,或者说就是不合法的,因此根本就不属于"账"的范畴。

按汉语词典解释,回扣是经手采购或者代卖主招揽顾客的人向卖主索取的佣钱。这笔钱实际是从买主支付的价款中扣除的,所以叫回扣。折扣是买卖货物时,照标价减去一个成数,该成数就叫折扣。回扣与折扣有所区别。但明示并且入账的并不一定是折扣。折扣当然是明示的,但折扣在支付价款时就已经扣除,不存在是否入账的问题。

问题二：李某、靳某收取的回扣可以看做应该上缴但没有上缴的国有资产吗？

主持人：本案中，如果书商意欲将回扣给单位，则回扣款可以看做应当上缴但没有上缴的国有资产；如果意欲给内设机构的图书馆或者意欲给予的就是李某、靳某本人，则回扣应认定为行贿款。这样认定准确吗？应如何认定本案中回扣款的性质？

周其华：李某、靳某收受的回扣款按单位的规定应归入单位财务部门账上，归单位所有，是国有财产。二人利用作为图书馆馆长的职务便利，将本应上缴单位的购书回扣款私自扣下，分给个人，是共同非法占有公共财物的贪污行为。私分国有资产罪与共同贪污罪存在不少共同点，例如在多人实施共同侵占国有财产或资产的行为时，二罪很相似。但本案不构成私分国有资产罪。主要理由是单位下属的图书馆不符合刑法第三十条规定的单位犯罪中单位的条件。

刘祥林：如果是明扣，给付的对象是事业单位，可以看做是国有资产，图书馆负责人李某、靳某私自截留并隐瞒该事实，成立贪污罪；如果李某、靳某私自截留并且私分，符合私分国有资产的特征。但本案不属于上述情形，书商给回扣的对象并不明确，而且是暗中给予，所以认定为贿赂款更为准确。

王文华：李某、靳某收取的回扣应当看做应该上缴但没有上缴的国有资产，对国有资产不应作过于僵化、静态的理解。事实上，账外收入、账外账款、回扣、业务费等属于单位营业收入或应上缴款，当然也在国有资产的范围内。李某、靳某将所收取回扣的大部分款项分给图书馆职工的行为，符合私分国有资产罪的特征，但是它又是受贿行为中的在回扣款项被图书馆非法占有后的再分配行为，因此二罪发生竞合，应以单位受贿罪论处。

从应入账而不入账的角度看，如果回扣被行为人截留而不是作为折扣入帐，与贪污罪的手段很相似。但是刑法明确规定，经济往来中在账外暗中收受各种名义的回扣、手续费的行为，以受贿论。根据罪刑法定原则，对这类行为也不再以贪污罪论处，而是以受贿罪或单位受贿罪论处。

问题三：如何区分受贿罪与单位受贿罪？

主持人：本案中李某、靳某的动机显然不是为个人谋取私利，从事实上看，回扣款的大部分也是分给了图书馆的员工，认定二人的行为为受贿罪，似不好理解。但如果认定为单位受贿，内设机构属于刑法意义上的单位吗？

周其华：李某、靳某收受的回扣款大部分没有交单位账上，不是单位决定的，且图书馆不是刑法上规定的单位犯罪中所指的单位。因此，本案不是单位受贿行为。李某、靳某利用职务之便将应上缴单位财务部门账上的单位公款不上缴，而是非法占有，这与单位无关，不能认定为单位受贿行为。

区分受贿罪与单位受贿罪的主要根据是犯罪主体不同。受贿罪的主体是国家工作人员，而单位受贿罪的主体是国家机关、国有公司、企业、事业单位、人民团体，即国有单位。另外，根据我国刑法规定，国家工作人员违反规定收受回扣归个人所有的，是受贿行为，可以构成受贿罪；而国有单位违反规定，在账外暗中收受回扣，没有归入单位法定账上，即使归入单位小金库账上的，也是单位受贿行为，可以构成单位受贿罪。

刘祥林：正如前面我所分析的那样，本案中，书商给付回扣的对象并不明确，在这种情况下，认定本案构成单位受贿还是个人受贿应依具体事实而定。如果李某、靳某将回扣款据为己有，成立受贿罪；如果存入单位小金库，并用于职工福利，我个人认为以单位受贿罪论处为宜。需要说明的是，刑法第三百八十七条规定的单位受贿的主体，包括国家机关、国有公司、企事业单位和人民团体。是否应当包括这些单位的内设机构呢？我认为应该包括。首先，单位犯罪的主体，并不一定要求是具有法人资格的单位，也包括其分支机构和内设机构。其次，从司法实践看，大量的单位受贿或者是私分国有资产的犯罪，经常发生在国家机关、国有公司、企事业单位内部的分支机构或者内设机构，因此，将这些机构从单位犯罪主体中剥离出去是不可取的。就本案而言，二犯罪嫌疑人在担任图书馆负责人期间，收受书商给予的回扣，用于解决图书馆职工的福利，具备单位受贿的特征。如果将其认定为个人受贿则与行为人收受贿赂的动机、目的不符，而且将其发放给职工的福利统统纳入其个人受贿数额也不科学。因为从案件事实看，行为人是以收受书商贿赂的方法，达到为图书馆创收，解决职工福利的目的。这与那种利用职权进行权钱交易的个人受贿还是有区别的。

王文华：单位受贿罪是通过直接负责的主管人员和其他直接责任人员来实施的，因此很容易与受贿罪相混淆。两者的区别主要在于以下三点：

第一，单位受贿罪是在单位意志支配下实施的。单位的意志是由负责人、其他主管人员决定或负责人与其他责任人员合议决定形成的；第二，单位受贿罪是以单位名义实施的，而受贿罪则是国家工作人员在自己个人意志支配下进行的；第三，单位受贿罪中收受的他人财物，是归单位整体或绝大多数职工所有，而受贿罪中收受的财物被受贿人个人（不一定是一个人）非法占有。因此，决策者是否为单位负责人或其他主管人员、是否以单位名义接受他人财物（包括回扣、手续费）、财物的去向三点是区分受贿罪与单位受贿罪的关键。如果实施的受贿行为是以单位名义进行的，且经过负责人或其他主管人员决定，非法利益也归单位全体或绝大多数职工，就应认定为单位受贿罪。相反，如果单位成员假借单位名义索取、收受他人财物，但是将财物占为己有，则应认定为受贿罪。

本案的情况是，李某、靳某并未将所收取的回扣全部据为己有，而是将大部分款项都分给了图书馆职工，该行为显然不构成自然人的受贿罪，因为刑法第三百八十五条规定的受贿罪的要件之一是贿赂财物归个人所有，而不是归单位职工所有。至于是否构成单位受贿罪，关键在于国有事业单位的图书馆是否可以视为刑法上的"单位"。

最高人民法院2001年发布的《全国法院审理金融犯罪案件工作座谈会纪要》指出，"以单位的分支机构或内设机构、部门的名义实施犯罪，违法所得亦归分支机构或者内设机构、部门所有的，应认定为单位犯罪。不能因为单位的分支机构或者内设机构、部门没有可供执行罚金的财产，就不将其认定为单位犯罪，而按照个人犯罪处理"，单位分支机构或职能部门实施某项犯罪行为一旦符合《纪要》的规定，就应以单位犯罪予以认定。具体而言，如果单位的分支机构或内设机构、内部职能部门具有人、财、物等方面的相对决策权，能以自己的名义对外开展活动，就应当按照《纪要》的规定处理。

问题四：本案中李某、靳某的行为构成何罪？

主持人：在上述讨论中，嘉宾们对认定本案中的关键问题表达得已经很清楚了。本案究竟该如何处理呢？应否追究书商以及图书馆员工的法律责任？

周其华：李某、靳某的行为构成贪污罪，分别按李某参与贪污7.5万元数额定罪量刑，在量刑时将李某个人实得1.25万元作为贪污数额情节之一，决定给予刑罚轻重；靳某按两次参与贪污13万元数额定罪量刑，在量刑时将靳某个人实得回扣款1.2万元作为处罚轻重的数额情节之一。

从介绍的案情看，现在还不能追究书商的法律责任。因为书商是否将给予回扣款记入单位账上以及是否是账外暗中给予回扣等情况并不清楚。在案件事实不清的情况下，还不能认定书商是否构成行贿。

本案中，分到回扣款的图书馆员工，如果明知所分得的是未入单位财务账的回扣款的，则是伙同贪污行为，但只要不是直接负责的主管人员和其他直接责任人员，可以不追究刑事责任，但应当负一定法律责任，将获得的款项如数缴回。对不明真相的图书馆员工，不负法律责任，但应追缴赃款。

刘祥林：就本案而言，我认为李某、靳某的行为构成单位受贿。是否属于情节严重，需要根据事实和证据作出判断。如果属于情节严重，作为主管人员和直接责任人员要承担刑事责任。书商的行贿行为是个人行为还是单位行为需要证明，而且单位受贿罪是否成立也是追究其责任的关键。至于图书馆员工，则不构成犯罪。因为在单位受贿的前提下，只有直接负责的主管人员和直接责任人员才涉嫌犯罪。至于其所得的款项，应当追缴没收。因为贿赂款作为违法所得是不应当返还单位的。

王文华：李某、靳某的行为属单位受贿罪。单位受贿只有情节严重的才构成犯罪。什么是"情节严重"，1999年最高人民检察院《关于检察机关直接受理立案侦查案件立案标准的规定（试行）》规定，"单位受贿数额在10万元以上的"，应予立案。李某和靳某利用自己负责为单位图书馆采购图书的职务便利，在采购图书的过程中，非法收受书商给予的回扣款，由于李某、靳某先后系国有事业单位图书馆负责人，因而在接受回扣款时体现的并非是个人意志，而是单位意志。虽然靳某、李某二人个人也从中获利，但从回扣款的整体处置来看，主要是用于给图书馆全体职工发放福利，应属于归图书馆非法占有后的再分配行为。由于李某和靳某的主体身份是国有事业单位工作人员，因此二人的行为属于单位受贿行为。

书商给予李某和靳某购书回扣款，似符合刑法第三百八十九条第二款行贿罪、第三百九十一条对单位行贿罪关于"在经济往来中，违反国家规定，给予国家工作人员财物、数额较大的，或者违反国家规定给予国家工作人员的以各种名义的回扣、手续费，以行贿论处"的规定。然而，行贿罪的立案标准（1万元）比对单位行贿罪（个人行贿10万元以上，单位行贿20万以上）"入罪"门槛低得多，而本案中，书商的行贿对象究竟是李某和靳某个人还是图书馆，书商是代表个人还是代表其单位行贿都不明晰，本着"疑罪从无"的精神，不宜追究书商的刑事责任。

主持人：各位嘉宾的分析非常精彩。最后，请嘉宾根据本案反映出的问题，对国有单位内设机构的负责人提些忠告。

周其华：李某、靳某私分购书回扣款的行为构成贪污罪应受刑罚，该案警示国有单位部门负责人，必须认真学习、全面掌握我国法律关于回扣、手续费等的规定，在经济交往中正确地处理回扣问题，防止由于违反国家规定滥给或收受回扣而犯行贿、受贿、贪污、私分国有资产等犯罪。

刘祥林：目前商业贿赂的现象普遍存在，相对而言，人们对自然人之间的行贿、受贿认识要清醒一些，而对单位受贿罪、对单位行贿罪在认识上十分模糊。许多单位内设机构的负责人出于本部门的利益，将回扣等作为福利发给部门职工，并没有意识到会触犯刑法，得到福利的职工更不以为然。本案就是如此，李某、靳某必须认识到，将回扣等作为福利分给单位职工的行为属于刑法调整的范围，情节严重就构成犯罪。

王文华：国有单位部门负责人应当比一般员工更加懂法并知法守法，具有更强的法律意识，否则不慎"入罪"是可悲的。国有单位部门负责人不可以对"潜规则"的行为掉以轻心。收取、给予回扣行为在很长一段时间以来被一些人认为是市场经济中的"润滑剂"，但是在法律明文规定其非法的情况下，就不应心存侥幸，以身试法。

国有单位部门负责人千万不要天真地认为法不责众，认为只要自己没有将单位的钱财放入个人的腰包，而是人人有份或绝大多数人有份就没有问题了。同样存在的问题还有将钱财给予对方单位而不是个人，或者单位行贿，许多人对这些行为的法律后果的认识也很模糊。现行刑法已经施行十余年了，单位受贿罪、单位行贿罪、对单位行贿罪、私分国有资产罪等都是明文规定，国有单位部门负责人对此应当引起足够重视，因为"不知法律不免责"。

●夏　阳

●陈忠林

●朱建华

●詹文渝

●孟卫红

X　执行公务行为不同于民事行为，在民事行为中，当事人可以对民事合同作对自己有利的解释，而在公务行为中，对单位决定、指示等，执行人应该从维护国家利益的角度理解，不存在利己解释的问题。近日，本刊与重庆市沙坪坝区人民检察院共同邀请专家，结合典型案例，对有关公务人员履行职务时的权利、义务，对单位决定、指示理解等相关的法律问题展开探讨。

销售公房时以高价出售他人、低价卖给自己的行为如何处理

主 持 人：夏　阳（重庆市沙坪坝区人民检察院检察长）
特邀嘉宾：陈忠林（西南政法大学法学院教授）
　　　　　朱建华（西南政法大学法学院教授）
　　　　　詹文渝（重庆市人民检察院第一分院公诉二处处长）
　　　　　孟卫红（重庆市沙坪坝区人民检察院副检察长）
文稿统筹：钱学敏　孙永生
摄　　影：周明均

【案情简介】
　　谢某系某县房管局商场办公室主任，负责对房管局所有的非住宅直管公房进行经营管理。1999年6月，该县房管局为偿还债务，决定将商场办公室具体管理的某处50号、面积为300平方米的一套门面房出售，售房资金用于该局调剂使用，并以文件批复的形式确定按每平方米1万元，总价300万元的价格出售。在经办房屋销售的过程中，谢某将房屋分割为50-1和50-2（各150平方米）两个单元，将50-1号以每平方米1.5万元的价格出售给王某，收取房款225万元。之后以其子的名义，以每平方米0.5万元的价格购买了50-2号单元，支付房款75万元（谎称其子系该房屋原承租使用人，骗取了房管局某领导同意以该价格出售50-2号单元①）。为掩盖真相，谢某伪造了王某以300万元购买整个门面房的购房合同和相应的收款票据，交县房管局备案。

---

①房管局相关文件规定：原房屋承租人购买所租房屋时，可以以低于规定售价的一半价格购买。

【分歧意见】

对于谢某的行为是否构成犯罪，存在两种意见。一种意见认为，谢某身为国家工作人员，在经营国有财产的过程中，利用职务上的便利以权谋私，利用权力将门面房一分为二，并以巨大差价卖出，符合贪污罪的主、客观构成要件，应当以贪污罪追究其刑事责任。

另一种意见认为，谢某将房屋卖了300万元，履行了自己的义务。而伪造合同是有过错，但有过错不等于有罪。谢某的行为不构成贪污罪。

【特别观点】

■房管局工作人员在销售公房时，其销售行为不是民事代理行为，而是履行职责的行为，履行职责应该遵守公务员法规定的相关义务，即尽量为国家争取最大的利益、不得以损害国家利益的方式谋取私利。

■房产局批复文件不是销售合同，其针对的对象是履行职责的公职人员，对批复只能从有利于国有资产的处理方面理解，而不能断章取义，弄虚作假利用职务之便实现其非法的目的。

■谢某分割房屋的行为，不论出于何种目的，都不能做不正当评价。但其伪造合同的目的显然在于：试图以合法的形式，来掩饰自己利用职权谋取私利的事实。

主持人：本案是发生在司法实践中的真实案例，案子的处理结果在实务界和理论界引起了比较大的反响。欢迎各位嘉宾参与我们的讨论。

问题一：房管局工作人员在销售公房过程中有哪些权力和义务？

主持人：认定谢某行为的性质，首先应该明确谢某的工作职责、销售行为的性质、谢某在销售中所具有的权力、应承担的义务，等等。我们先听一下实务部门的意见，然后请两位专家发言。

孟卫红：我认为，谢某在售房过程中的权力、义务实际上是与商场办的工作职责联系在一起的。房管局所属商场办公室的职责，就是负责对房管局所有的非住宅公房进行经营管理，因此其在销售公房过程中仅仅是一个执行部门，既无定价权，同时也无对售房款的处置权。谢某作为商场办主任，他的职责当然也就是执行，没有定价权，也没有对房款的处置权。

詹文渝： 谢某在销售公房过程中拥有履行职责应当具有的职权，如代表单位寻找买方、确定销售方式、商议价格、签订合同等。在拥有权力的同时，谢某必须履行其应尽的义务，如遵守国家法律和各项规章制度、按照规定的工作权限和程序认真履行职责、服从和执行上级的决定和命令等。具体到本案中，谢某应当严格遵守单位关于房屋销售程序、房屋售价的规定，认真履行职责，不得弄虚作假，损害单位的利益。

朱建华： 谢某作为国家机关房管局的工作人员，在对房管局所有的非住宅直管公房进行销售过程中，经房管局授权，有权在授权范围内对房屋进行销售，这些权力包括：在不低于房管局规定的最低价的基础上，可以确定适当的价格；在保证销售顺利进行的基础上，有权对房屋进行分割出售；有权在出现多个购买者的情况下，择优选择购买者；有权进行竞价销售。总之，作为房管局的代理人，享有一般代理人所享有的所有权力。但是，正因为他是代理房管局进行房屋销售，因此，谢某也同样应承担代理人应承担的义务，如不能进行双方代理，不能为自己代理，不能损害被代理人的利益，等等。但是他同时又有不同于一般代理人的地方，即他的代理行为是在从事公务，履行公职，不能利用此种活动为自己或者为亲友谋取私利。

陈忠林： 大家谈的都比较清楚。关于权力我就谈一点，谢某实际上就是具有在房管局规定的价格内（前面材料中介绍的以 1 万元/m² 为底线）出售这个房子的产权的权力。首先必须强调，谢某的销售行为不是民事代理行为，而是一个履行职责的行为，履行职责应该遵守公务员法规定的相关义务。具体到本案，我觉得有四个义务。两个一般性义务：一是尽量为国家争取最大的利益。履行职责，就应该为国家争取最大利益，法律依据是公务员法第十二条第（二）、（四）等项规定，要求公务员必须"努力提高工作效率"，要"维护国家利益"；二是不得以损害国家利益的方式谋取私利。法律依据是公务员法第五十三条第（七）项规定：公务员"贪污、行贿、受贿，利用职务之便为自己或者他人谋取私利"是应受行政处罚的行为。两个具体义务：一是不得以低于房管局规定的价格出售房屋。房管局规定的价格是一个底线，这是前两个义务延伸下来的义务；二是根据案例的背景材料，谢某工作中是要履行一定的手续的，他应该将相关情况备案，并如实向房管局报告。

问题二： 如何理解文件中关于销售单价与总价的规定？

主持人： 房管局文件并没有明确规定每平方米 1 万元是销售底价，能否将文件理解为目标价或承包价呢？

孟卫红： 批复内容确实很简单，既没有规定是保底价，也没有明确说这个不是保底价。但我认为，对价格性质的证明责任应该由谢某承担。只要其不能证明是承包价，根据国家工作人员必须最大限度地维护国家利益的前提，这个价格就是保底价。

詹文渝： 对于批复的价格规定应当这样理解：其一，每平方米的单价不低于1万元，总价不低于300万元，这两个价格条件是并存的，规定单价用以明确每平方米的基准价，规定总价是在确定每平方米基准价的前提下，通过明确该房屋的实际面积而确定该房屋的最低销售总价。其二，不能狭隘或者别有用心地将文件批复价格与实际销售价格完全等同看待。任何正常的经营销售行为都是以实现财产的最大价值为目标，包括国有资产的处置，这是不需要证明的常理。市场是多变的，价格也是不确定的，因此房管局的文件批复只能规定最低限价，以最低限价为前提通过市场行为去追求最高的售价。其三，要正确区分批复文件和销售合同的效力，合同的效力及于当事人双方，对价格的规定应当是特定的，产生了歧义可以从利己方面理解。而该案中的批复文件不是销售合同，针对的对象是履行职责的公职人员，因此对批复的理解只能从有利于国有资产处置的方面理解，而不能断章取义，弄虚作假利用职务之便实现其非法的目的。

朱建华： 我认为批复是房管局对其代理人销售房屋的最低限度的价格要求，既包括单价要求也包括总价要求。代理人无权以低于上述价格出售，就是说低于此价格就是超越代理权的。作为代理人，特别是作为从事公务的国家机关工作人员，应该争取为国家机关销售公房尽可能获得最大利益，而不应该只是在最低价基础上销售公房。正因为是一个最低限度要求，就意味着谢某必须在此价格以上销售房屋。要低于此价销售（包括单价与总价），应重新取得授权。

陈忠林： 对于该批复文件中关于销售单价与总价的规定可以有两种理解：

其一，规定的是每平方米单价的底限：即（1）每平方米的单价不得低于1万元；（2）总价不得低于300万元。其二，规定的是平均单价的底限：即总价不得低于300万元，单价可以浮动。由于国家机关及其工作人员履行职责负有为国家争取最大利益的义务，只要房管局文件没有明文要求，能够为国家争取到更大利益，应采取第二种理解。

问题三：谢某在销售过程中获得了利益吗？其获得利益的数额如何计算？

主持人：从一般道理上讲，将同一房产一分为二，两部分的差价不致过于悬殊，因此谢某获得了利益是肯定的。从证据角度看，认定谢某获得了利益的最充分的证据是什么？

孟卫红：很显然，由中介机构或专业机构对房屋分别进行评估，评估结果是最充分的证据，评估价与谢某交给单位的300万元之间的差额就是谢某所获得的非法利益。但由于本案发生在10年前，现在去评估10年前的房屋值多少钱，不太客观。即便没有评估价格，但至少谢某不能低于房管局规定的1万元/m^2出售，既然50-1号已经卖到1.5万元/m^2，那么50-2至少应不低于1万元/m^2出售。谢某虚构其子为原承租人骗取了0.5万元/m^2的批复，证明了50-2号起码保底的出售价应该是1万元，而谢某以其儿子的名义用0.5万元/m^2购买，则少支付75万元。也可以换一种说法，即谢某把50-1号多卖的75万元来贴补了自己买50-2号少付的75万元。所以我的理解是，他获取的利益就是75万元。当然如果能够进行评估，则可能还要大于75万元。

詹文渝：谢某显然获得了利益。从几个价格的比较我们就可以得出这样的结论。房管局规定是每平方米1万元，50-1号的销售价格是每平方米1.5万元，而谢某以其儿子名义购买的50-2号单价仅为每平方米0.5万元，这个价格仅为单位房管局规定单价的一半，仅为50-1号的三分之一。

按照房管局规定单价计算的话，50-1号的售价应当是150万元，谢某以225万元出售50-1号，溢价款有75万余元。此时，225万元的性质已经确定，应属国有，溢价款75万余元也为公款，并应上交单位。但谢某却采取虚假手段对该事实予以隐瞒，对单位造成50号公房均以1万元/m^2售出的假象，从而将这75万元用作自己购买50-2号的房款，使自己低价购房的目的得以实现。所以，谢某谋取的利益应当是75万元。

如何确定公房的销售价格，我认为还是涉及对房管局规定的理解问题。文件所规定的单价1万元/m^2应是最低价，即不能低于这个价格进行销售。因为销售公房同时也是民事交易行为，在销售过程中实现公房的价值最大化，这是公职人员的职责所在。至于将房屋分割后，各部分的销售单价如何确定的问题，我认为原则上应当由房管局对各部分房屋重新进行评估再予以确定。但是，由于谢某对单位隐瞒了分割销售的事实，单位不知道分割销售的情况，当然也不可能重新再确定价格。所以，在此情形下，仍然应当执行房管局文件的规定,即每平米单价不低于1万元。另外,从单位的文件、谢某将50-1号销售了225万元以及欺骗单位谎称其子为房屋原承租人等证据上足以得出50-2号的价格至少在150万元以上的结论。实际价格是否低于150万元,谢某应负举证责任。

陈忠林:谢某在销售过程中显然获得了不当利益。同一门面的房屋,不至于有1.5万元~0.5万元这么悬殊的差价,而且在一般情况下,如果不是特别便宜,谢某自己就不会买,更没必要伪造合同。

至于其获得的利益多少,我认为应先确定50-2号当时的市值。关于50-2号公房的销售价格,应在坚持合情合理原则的前提下,按最有利于被告人、最少争议的方法计算。具体可以按以下方式计算:先找出当时相同地段相同房屋的平均价,如果价格高于房管局文件规定的每平方米1万元,按1万元计算;如果当时的均价低于1万元,按均价算。如果无法确定当时的均价,可以请相关的评估机关根据当时50-1号与50-2号之间结构、位置等情况,做出两套房屋之间差价的比例。根据该比例,如果50-2号的房价高于每平方米1万元,按1万元计算;低于1万元,按比例计算出来的价格计算。

问题四:谢某将房产分割销售、伪造合同的目的、动机是什么?

主持人:如果将房管局批复的价格理解为承包价,谢某伪造合同、谎称其子是原承包人等行为的动机不好解释。谢某将房产分割销售、伪造合同的目的、动机是什么?

孟卫红:谢某分割销售无可厚非,但伪造合同,虚构事实,骗取批复(实际上他是欺骗了两次,一次是伪造合同,一次是虚构事实骗取单位同意以 0.5 万元$/m^2$ 的价格销售50-2号)这两个行为实际上就反证了谢某知道这个房价是什么含义,也反证了他知道他是没有权以 0.5 万元$/m^2$ 的低价售出50-2号的。谢某伪造合同的目的就是为了掩盖以高价把50-1号已经卖出的事实,同时掩盖低价将50-2号卖出的事实,给房管局造成以 1 万元$/m^2$ 的均价卖出50号的印象,从而达到占有高价卖出50-1号溢价款的目的。该行为充分证明了谢某利用权力谋取了私利,而且明知这个行为是不合法的。

詹文渝:认定谢某的目的和动机应当通过其客观行为来分析论证。谢某最初将房产分割销售的动机与目的,有可能是为了有利于公房的销售,比如说因为市场销售的原因,300平方米的门面房太大了,分割成两部分要好卖一些,但也有可能一开始就是为了从中谋取个人利益。如果说分割销售还有可能是出于公心的话，那么其随后采取的伪造王某以300万元购买门面的购房合同和相应的收款票据，谎称其子系该房屋原承租使用人，办理产权登记等一系列的虚假手段，其目的就是为了掩盖公房分割销售的事实、给单位造成公房已被整体出售的假象，掩盖个人侵吞50-1号门面销售房款75万元，以低价购买50-2号门面的事实。

朱建华： 虽然我认为谢某将房屋分割成两部分销售是可以的，但其前提必须是为单位利益。如果是为了让自己从中获取利益，则是非法的。由于案例中所涉房屋属于同一套门面房，没有理由认为这同一门面的房屋在分割以后会产生如此大的价格悬殊：一部分的价格是另一部分价格的三倍。因此，其对房屋进行分割销售以及其后的伪造王某以300万元购买门面房合同和相应的收款票据的行为、谎称其子系该房屋原承租使用人的行为，都是为了掩盖其以房管局底价的二分之一、实际售出价格三分之一以其子名义购买房屋的事实，从而为以不可理解的价格获得该门面的一半创造条件。反过来说，如果谢某认为房管局授权其以300万元承包销售，其只需要交300万元给房管局即可，则根本不需要如此自找麻烦地伪造相关证据。目的的卑鄙决定了手段的卑鄙，手段的卑鄙说明了目的的卑鄙。因此，其这一系列行为的目的就在于以极低的价格侵吞该150平方米门面房。

陈忠林： 谢某分割财产的行为，不论出于何种动机，都不能做不正当评价。但其伪造合同的目的显然在于：试图以合法的形式，来掩饰自己利用职权谋取私利的事实。

问题五： 从刑法、行政法的规定看，对谢某的行为应如何处理？

主持人： 看来大家对谢某的行为构成犯罪没有什么争议，只是在一些具体问题上观点有所不同。最后，请各位总结一下自己的观点。

詹文渝： 我个人认为，谢某的行为已经触犯了刑法第三百八十二条的规定，应当以贪污罪追究其刑事责任。根据刑法第三百八十二条的规定，国家工作人员利用职务上的便利，侵吞、窃取、骗取或者以其他手段非法占有公共财务的是贪污罪。谢某具有国家工作人员身份，在代表国家处置公房的履职过程中，采取伪造合同等虚假手段将本应属于国家所有的50-1号门面销售款中的75万元予以隐瞒，并将其作为自己购买50-2号门面的房款占为己有，其行为构成贪污罪。

朱建华： 由于谢某与房管局在销售房屋中的关系不是包死基数、盈亏自负的承包关系，谢某只是受房管局委托处理该房产的代表，其本身就是国家工作人员，利用从事处理该房产的职务便利，将他人以高于底价购买房屋的总价与自己以低价购买的房屋的总价进行平摊，属于利用职务上的便利，非法侵吞国有财产的行为，应该构成贪污罪。除非有证据证明谢某与房管局之间就该批房屋销售达成了包死基数的协议，或者单位有这方面的规定或决议或惯例，或者有证据证明谢某将真实情况告诉了房管局，并获得了相应的批准或认可。

陈忠林：从行政法的角度看，谢某的行为违反了公务员法第十二条第（二）项、第（四）项等规定的义务，属于公务员法第五十三条第七项规定的"贪污、行贿、受贿，利用职务之便为自己或者他人谋取私利"的行为。

从刑法的角度看，谢某利用职务上的便利，以伪造合同的方式侵吞国家应得利益，非法占有属于房管局所有的国家财产，属于刑法第三百八十二条规定的贪污行为。

主持人：各位嘉宾的发言非常精彩。再次感谢各位嘉宾！

● 王贵平

● 李 洁

● 于晓光

● 丁校波

X 随着经济的发展和经济体制改革步伐的加快，一大批国有独资或集体独资企业改制为包含公有资产的混合所有制企业，企业产权关系日益复杂，犯罪行为人的法律身份难以确定，办理混合所有制经济中的贪污、侵占类犯罪因此成为司法实践中遇到的一个难题。为此，本刊与吉林省白山市人民检察院共同组织研讨会，结合典型案例对相关问题进行研讨。

改制后医院医务人员冒名虚开处方套取药品应如何处理

主 持 人：王贵平（吉林省白山市人民检察院副检察长）
特邀嘉宾：李　洁（吉林大学法学院教授、博士生导师）
　　　　　于晓光（吉林省社会科学院法学研究所所长、研究员）
　　　　　丁校波（吉林省白山市人民检察院副检察长）
文稿统筹：倪爱静
摄　　影：倪爱静

【案情简介】

2005年，某市林业局医院改制为股份制医院，同时医院更名为市友谊医院。按照改制方案的规定，林业局职工（含离退休）医药费由该医院继续负责管理核销。

2008年3月22日，艾某、滕某得知林业局职工（含离退休）医药费将于4月1日起交由市医保部门管理后，经合谋，利用艾某担任该医院内一科副主任医师、滕某担任住院处主任的职务之便，采取以空挂林业局离休人员李某住院的名义，由滕某办理了假入院手续，艾某虚开处方药品，从医院骗取出价值人民币12851.76元的药品，艾某取走药品价值5980元，滕某拿回家中的药品价值905.76元，剩余价值5966元的药品放在滕某办公室内二人没有明确分赃。

2008年3月30日晚，艾某伙同本医院药剂师刘某，采取以空挂林业局离休人员曲某住院名义，由刘某办理了假入院手续，艾某虚开处方药品，从医院骗取价值人民币11509.45元的药品，艾某分得药品价值4370元，刘某分得药品价值7139.45元。

【分歧意见】

对于艾某、滕某、刘某的行为应如何定性，存在以下三种不同意见：

第一种意见认为，艾某等人的行为构成贪污罪。理由是，友谊医院作为林业局委托的林业局职工医药费管理人，拥有对林业局职工医药费的管理、处分权。该医院中医务人员医疗处置行为所引发的费用，不需任何人批准经核算后即可从林业局拨付的医药费中核销，因而医务人员自然成为管理国有财产的被委托人。艾某等人以非法占有为目的，共同预谋利用职务之便虚构林业局职工住院的事实，套取医院药品，从而直接造成国有财产的流失。因此，艾某等人的行为构成贪污罪。

第二种意见认为，艾某等人的行为构成诈骗罪。理由是，艾某等人作为医务工作者，所从事的是技术性工作，不具有管理职权，因此，三行为人虚构林业局职工住院的事实以骗取医院药品的行为，应认定为诈骗罪。

第三种意见认为，艾某等人的行为构成职务侵占罪。理由是，虽然林业局委托友谊医院管理其职工的医药费，但艾某等人作为友谊医院的员工并没有直接接受林业局的委托，不能以国家工作人员论，不符合贪污罪的主体资格。同时，由友谊医院负责管理、核销的林业局职工医药费，可以视为友谊医院的"本单位财产"，艾某等人的主体身份、客观行为都符合刑法第二百七十一条第一款的规定，构成职务侵占罪。

【特别观点】

■委托关系是基于委托人与受托人的约定，由受托人处置委托人事务的民事法律关系。林业局与友谊医院之间的委托关系并不必然延伸至企业的下属职工，企业职工的法律身份也不会因为所属单位某种民事法律关系的缔结而发生改变。

■职务侵占罪与贪污罪的区别主要体现在所处理的工作是不是具有公共性质的事务，即公务。公务主要表现为与职权相联系的公共事务以及监督、管理国有财产的职务活动。那些不具备职权内容的劳务活动、技术服务工作，一般不认为是公务。

■医生开处方是基于职业产生的行为，具有一定的技术服务性和管理性，应当认定是具有管理性质的职务行为。

主持人： 社会经济不断发展，层出不穷的新问题不断涌现于司法实践。同样是虚构事实、隐瞒真相、骗取药品的行为，因行为人的主体身份不同，所利用职务性质不同，就有可能构成其他犯罪。特别是在国有企业改制为混合所有制企业后，相关法律问题更趋复杂，给司法实践带来困难。我们今天与人民检察杂志社共同召开疑难案例研讨会，选取了一个此类的典型案例，希望各位嘉宾各抒己见，畅所欲言。

问题一：如何把握职务侵占罪、贪污罪与诈骗罪的界限？

主持人： 通常情况下，职务侵占罪、贪污罪与诈骗罪在犯罪对象、犯罪客观方面、犯罪主体方面存在显著的区别，不易发生混淆。但在有些案件中，譬如本案，医院医务人员却采取空挂方式开假处方、制造假病历冒领药品，该行为究竟应定职务侵占罪还是定贪污罪、诈骗罪存在重大分歧。那么，区分三罪的关键点是什么？

李洁： 依据我国刑法规定，贪污罪（刑法第三百八十二条、第三百八十三条）、职务侵占罪（刑法第二百七十一条）、侵占罪（刑法第二百七十条）具有是否利用职务的差别；同时也具有被侵害财产的所有性质的区别：贪污罪的对象是国家所有的财产，职务侵占罪的对象是企、事业单位的财产，而一般侵占罪的对象是公民个体的财产。除此之外，三者最重要的差别在于行为主体的身份：贪污罪的主体是国家工作人员，职务侵占罪的主体是公司、企业或者其他单位的人员，普通侵占罪则是一般主体。

丁校波： 职务侵占罪、贪污罪与诈骗罪在理论上的界限非常鲜明。三罪区分的关键点我认为主要在于主体。职务侵占罪的犯罪主体是公司、企业或者其他单位的人员。贪污罪的主体是国家工作人员和受国家机关、国有公司、企业、事业单位或者人民团体委托，管理、经营国有财产的人员。而诈骗罪的犯罪主体则为一般犯罪主体。其次，三罪区分还有一个关键点：财产所有权。职务侵占罪的犯罪对象是本单位的财物，贪污罪的犯罪对象是公共财物或者是国有财物，诈骗罪的犯罪对象是公私财物。

于晓光： 区分上述三罪，除了要看犯罪的主体资格、犯罪行为侵犯财产的性质之外，还要看实施犯罪行为的手段。职务侵占罪和贪污罪实施犯罪行为的手段是利用职务之便；诈骗罪实施犯罪行为的手段是虚构事实或者隐瞒真相，诱使被害人上当。

问题二：如何把握贪污罪、职务侵占罪的主体范围？国有控股、参股企业

中从事管理工作的人员，在什么情况下才能依照刑法第三百八十二条第二款的规定，视为受委托管理国有财产的人员，成为贪污罪的主体？委托、委派存在何种区别？如何理解本案艾某等人的主体身份？

主持人：国有企业改制重组后，成为拥有多元投资主体的混合所有制企业。对这类改制企业中的管理人员的主体身份如何认定？是符合职务侵占罪的主体范围，还是贪污罪、抑或是诈骗罪的主体范围？《最高人民法院关于在国有资本控股、参股的股份有限公司中从事管理工作的人员利用职务便利非法占有本公司财物如何定罪问题的批复》（法释〔2001〕17号）指出：在国有资本控股、参股的股份有限公司中从事管理工作的人员，除受国家机关、国有公司、企业、事业单位委派从事公务的以外，不属于国家工作人员。对其利用职务上的便利，将本单位财物非法占为己有，数额较大的，应当依照刑法第二百七十一条第一款的规定，以职务侵占罪定罪处罚。如何评价上述批复？

于晓光：职务侵占罪、贪污罪在主体范围上的区别在于，职务侵占罪的主体是特殊主体，即必须是公司、企业或其他单位中除国家工作人员之外的、从事管理性工作的人员；国家工作员利用职务上的便利，非法占有其所在单位的财物的，依据刑法第二百七十一条第二款的规定，应以贪污罪论处；上述单位中非从事管理性质工作的人员，因其无"职务上的便利"可供利用，不能成为职务侵占罪的主体，但有可能构成诈骗罪等非职务性犯罪。本案中林业局医院改制更名为友谊医院后，由原来的国有单位，变成了包括国有股份在内的多元投资主体的混合所有制企业。艾某、滕某、刘某原系林业局医院的职工，其身份为国家工作人员。企业改制前后，三人的工作岗位、职责均没有发生任何变化，其身份是否发生了变化呢？个人认为，鉴于企业改制重组过程中国有资产流失严重的现状，为加大对国有资产的保护力度，宜将上述人员视为国家工作人员。因此，根据刑法第三百八十二条第二款的规定，应将艾某等人的身份界定为受国有公司委托管理、经营国有财产的人员。

丁校波：本案中艾某、滕某、刘某的岗位、职责虽然在企业重组中没有改变，但由于企业在改制重组后，资产构成中介入了非国有成分，即使由国有资本绝对控股，企业在法律意义上也不再是纯粹的国有企业，大部分改制企业的管理人员，其身份也会随之改变。按照最高人民法院司法解释（法释〔2001〕17号）的规定：在国有资本控股、参股的股份有限公司中从事管理工作的人员，除受国家机关、国有公司、企业、事业单位委派从事公务的以外，不属于国家工作人员。那么，艾某等人是否属于受委派从事公务的人员呢？2003年《全国法院审理经济犯罪案件工作座谈会纪要》中指出，所谓委派，即委任、派遣，其形式多种多样，如任命、指派、提名、批准等。不论被委派的人身份如何，只要是接受国家机关、国有公司、企业、事业单位委派，代表国家机关、国有公司、企业、事业单位在非国有公司、企业、事业单位、社会团体中从事组织、领导、监督、管理等工作，都可以认定为国家机关、国有公司、企业、事业单位委派到非国有公司、企业、事业单位、社会团体从事公务的人员。国有公司、企业改制为股份有限公司后，原国有公司、企业的工作人员和股份有限公司新任命的人员中，除代表国有投资主体行使监督、管理职权的人外，不以国家工作人员论。而本案中艾某等人在企业改制过程中及改制以后，均没有受到林业局的委派从事公务，因此其身份也不再符合刑法第九十三条第二款的规定，不能再"以国家工作人员论"。

本案中，医院在改制后仍然继续负责管理核销林业局职工医药费，那么，能否据此将艾某等人视为受林业局委托管理、经营国有财产的人员呢？回答也是否定的。委托关系，是基于委托人与受托人的约定，由受托人处置委托人委托事务的民事法律关系。本案中的委托人与受托人分别是林业局与友谊医院，此种法律关系并不必然延伸至企业的下属职工，企业职工的法律身份也不会因所属单位某种民事法律关系的缔结而发生改变。因此，本案艾某等人也不属于受委托管理国有财产的人员，不符合刑法第三百八十二条第二款规定对犯罪主体身份的要求，对这类人员的侵财型职务犯罪，应当作为企业人员犯罪定罪处理，如构成职务侵占罪等。

问题三：怎样正确理解"本单位财物"？在某一单位管理、使用、运输中的财产，可否视为该单位的"本单位财产"？国有性质的单位的财物能否成为职务侵占罪的犯罪对象？怎样认识贪污罪的对象范围？含有公共财产成分的混合制经济组织的财物，能否成为贪污罪的犯罪对象？

主持人：本案中，艾某等人行为指向的直接对象是医院药品，侵犯的是由友谊医院负责管理核销的林业局职工医药费，如何理解该医药费的权属性质？

丁校波：对"本单位财物"的解释，不能仅以所有权来区分是否属本单位财物，还可以以"持有"为标准。即：在某一单位管理、使用运输中的财产，可视为本单位的财产。本案中，三名行为人侵占了友谊医院负责管理核销的职工医药费，我理解，这笔财产的性质应当是友谊医院的财产。按照林业局与友谊医院委托合同的规定,林业局将医药费定额拨付给友谊医院,由医院方面负责管理使用,超支不补,结余归己。这就像财政定项拨付资金一样,将钱拨付到某单位后,还能说这笔钱仍属于财政部门吗?因此本案三名行为人侵占的财产可以视为友谊医院"本单位财产"。

于晓光: 本案中,三名行为人的犯罪行为直接指向的对象虽然是医院的药品,但该行为在实质上侵害却是林业局委托友谊医院管理核销的职工医药费,药品仅为医药费的载体。市林业局的职工的医药费,其性质应当为国有财产。

问题四:如何正确理解和把握职务侵占罪之"利用职务上的便利"与贪污罪之"利用职务上的便利"?医生开处方套取药品的行为是否属于利用职务上的便利?

主持人: 医师艾某开假处方的行为、住院处主任滕某办理假入院手续的行为可否理解为利用职务上的便利?刘某作为药剂师办理假入院手续的行为可否视为利用职务之便?

于晓光: 职务侵占罪的利用职务之便是指利用本人职权范围内的或者因为执行职务而产生的主管、经手、管理单位财物的便利条件,不仅包括利用从事工作上的便利,而且也包括利用从事劳务的便利;贪污罪的利用职务之便是指利用本人职务范围内的权力和地位所形成的主管、经手、管理财物的便利条件,这种利用职务之便仅包括利用从事公务的便利。

本案中,医师艾某开具假处方、住院处主任滕某办理假入院手续是属于利用职务之便。而药剂师刘某办理假入院手续的行为应当与艾某的行为结合起来看待,也是利用了职务之便,因为若三人没有职务上的便利条件,是无法顺利达到上述目的的。

丁校波: 职务侵占罪与贪污罪都要求利用职务之便,两者的共同点在于其所利用的职务都具有一定的管理性质;但是,如果将两者的本质区别定位在前者可以包括劳务、后者不包括劳务上,则有失逻辑周延:在非国有性质单位从事劳务就具有管理性,在国有性质单位从事劳务则不具管理性,这样的解释显然难以服人。事实上,我认为二者的本质区别体现在所处理的工作是不具有公共性质的事务,即公务。《全国法院审理经济犯罪案件工作座谈会纪要》规定,"从事公务,是指代表国家机关、国有公司、企业、事业单位、人民团体等履行组织、领导、监督、管理等职责。公务主要表现为与职权相联系的公共事务以及监督、管理国有财产的职务活动。如国家机关工作人员依法履行职责,国有公司的董事、经理、监事、会计、出纳人员等管理、监督国有财产等活动,属于从事公务。那些不具备职权内容的劳务活动、技术服务工作,如售货员、售票员等所从事的工作,一般不认为是公务。"在本案友谊医院这种混合所有制单位中,既有国家工作人员,也有从事管理活动的非国家工作人员,还有从事劳务活动的人员,相同行为依其身份性质的不同可以分别构成不同的犯罪:国家工作人员利用职务上的便利犯罪构成贪污罪;担任一定管理职务、从事一定管理性质工作的人构成职务侵占罪;从事劳务的人员利用其职务上的便利,或是具有管理职务的人员利用与其职务无关,只因工作关系而熟悉作案环境、条件,较容易接近作案目标和对象的,构成诈骗罪。医生是一个非常重要的职业,医生开具处方是基于职业产生的行为,具有一定的技术服务性和管理性,应当认定是具有管理性质的职务行为,从这个角度讲,本案艾某等人的行为,可以认为符合职务侵占罪之利用职务上的便利的要求。

李洁: 不同的主体身份所导致的社会危害性不同甚至有相当大的不同。一般说来,国家工作人员在履行职务的过程中,其职务行为的特点,就是代表国家管理国家事务,在一定意义上说,国家工作人员的行为就意味着是国家的行为。因此为了保证国家的威信不受侵害或者受到侵害时能够得到有效恢复,就必须对国家工作人员的行为给予更严厉的否定评价,这种评价与侵占不同,不仅是关注侵财的法律后果,同时更关注对国家威信侵害的法律后果。这一点,从贪污罪不是设定在刑法侵财罪一章,而是设定在渎职罪一章中也可得到明证。从犯罪客体是否受到侵害的角度来说,本案行为人的行为不具有使国民对国家的信任降低的问题,实质上没有侵害贪污罪的主要客体——公职人员职务行为的廉洁性,不能构成贪污罪。

问题五: 如何把握本案的犯罪数额?共同犯罪案件中如何计算个人的犯罪数额?

主持人: 职务侵占罪、贪污罪与诈骗罪均为数额犯,三罪的数额起点标准应如何把握?共同犯罪人的犯罪数额按分赃数额计算,还是按照刑法总则中关于共同犯罪的责任原则计算?

丁校波: 三罪的数额起点标准,吉林省公检法司联席会议纪要有过规定:职务侵占罪数额较大的标准为一万元以上,巨大为十万元以上,贪污罪的数额起点刑法规定得很明确。诈骗罪的犯罪数额,按照最高法院的有关司法解释,二千元为数额较大的起点,三万元为数额巨大的起点。共同犯罪人的犯罪数额要按照刑法总则中关于共同犯罪的责任原则计算。2003 年《全国法院审理经济犯罪案件工作座谈会纪要》对共同贪污犯罪中"个人贪污数额"的认定，按照刑法总则的规定处理：即在共同贪污犯罪案件中，个人贪污数额应理解为个人所参与或者组织、指挥共同贪污的数额，不能只按个人实际分得的赃款数额来认定。尽管对职务侵占罪没有这样一个明确的司法解释，在刑法总则的指引下，参考这个司法解释，对职务侵占罪中的共同犯罪数额也应照此办理。

于晓光：在涉财案件中，犯罪数额的大小，是对犯罪行为实施处罚的重要标准，直接涉及行为人罪与非罪及罪轻罪重的问题。在司法实践中，对于单独涉财犯罪数额标准比较容易把握，但对于共同犯罪依据什么数额标准对犯罪人进行处罚则有一定的难度。对此，现行的刑事立法和司法解释中，没有一个十分明确的说法，理论和实务界的争论也较大，主要观点有："分赃数额说"、"分担数额说"、"参与数额说"、"犯罪总额说"、"综合数额说"等。我个人认为，对于涉财共同犯罪，定罪和量刑应当分别加以考虑。定罪时应坚持共同负责的原则，每一个共同犯罪人，都应当对其共同实施的犯罪行为承担刑事责任；至于在具体量刑过程中，则要充分体现罪刑相适应的原则，要根据每个人在共同犯罪中的地位和作用，确定其应承担的责任。

问题六：本案应如何处理？

主持人：通过讨论，我们对本案有了更全面、清晰的认识。那么，司法机关对艾某等人行为应如何处理？请各位专家总结一下各自的观点。

丁校波：就本案而言，我个人的意见是应当定职务侵占罪。评价艾某等人的行为，有三个问题需要澄清：首先，艾某等人的主体身份问题。艾某等人作为友谊医院的医生，并没有与林业局形成委托管理关系，也没有接受林业局的委派从事公务，不符合贪污罪的主体要件，而符合职务侵占罪的主体要求。其次，核销的医药费能否认定为友谊医院本单位财物的问题。我认为在某一单位管理、使用运输中的财产，可以视为本单位的财产，艾某等人侵占的药品既然由友谊医院负责管理核销，就可以视为友谊医院本单位财产，符合职务侵占罪的犯罪对象要求。最后，医生的职业性质，具有一定的技术性和管理性质，本案艾某等人的行为，符合职务侵占罪之利用职务便利的要求。

于晓光：艾某等人的犯罪行为，完全符合贪污共犯的要件。其一，艾某等人具备贪污罪的主体资格。艾某等人在实施犯罪行为时，所在单位虽已改制，但改制重组后的企业成为包括国有股份在内的多元投资的混合所有制企业。改制前后，艾某等人的工作岗位、职责没有发生任何变化，应当属于国家工作人员或者受国家机关、国有公司、企业、事业单位、人民团体委派从事公务的人员。其二，艾某等人为了达到骗取由其管理核销的林业局职工医院费的目的，分别相互预谋，达成犯罪共识，具有共同犯罪的故意。其三，艾某等人犯罪行为侵害的财产虽然直接针对医院里的药物，但实质上侵害的是林业局委托其管理核销的职工医药费，药品只是医药费的载体，因此，三名被告人犯罪行为侵害财物的性质是公共财物。其四，艾某等人之所以能顺利实现犯罪的目的，是因为他们在实施犯罪过程中充分利用了自己职务上的便利条件，没有职务上的便利条件，三名被告人要达到犯罪的目的还是有相当难度的。

李洁：本案的性质应当以行为人的主体身份为基本的定性依据。本案中的犯罪嫌疑人是股份制医院的医生，如果将本案行为人之行为作为贪污罪来定罪，就涉及该行为是否具有使国家威信受到严重侵害的问题，而这一点是存在疑问的。一个医院的医生用欺诈的方式侵吞了医院的财产，是否可以使国家的威信因此受到直接的影响？结论难于得到肯定，也就说明将其认定为贪污罪不具有充分的实质合理性。在此情况下，将该种情况解释为符合职务侵占罪的特点，可以解决刑法的实质合理性依据问题。

刑 法

七、渎职罪

●陈新生

●俞树毅

●刘荣芳

●卢永红

●李宏英

X 司法实践中,审判人员私自出具裁判书以帮助他人牟取不法经济利益的行为时有发生,对司法公信力造成严重影响。但是,对于审判人员私自出具裁判书行为该如何定性,由于对相关法条的理解不尽一致,导致分歧意见很大。在此,本刊与甘肃省人民检察院共同组织,特邀专家、学者和实务界人士结合典型案例对相关问题展开研讨。

司法人员私自出具裁定书帮助他人牟取不法利益应如何处理

主 持 人：陈新生（甘肃省人民检察院检察委员会委员、法律政策研究室主任）
特邀嘉宾：俞树毅（兰州大学法学院教授）
　　　　　刘荣芳（甘肃省人民检察院反贪局副局长）
　　　　　卢永红（甘肃政法学院副教授）
　　　　　李宏英（甘肃省兰州市七里河区人民检察院检察员）
文稿统筹：倪爱静　金　石
摄　　影：李　苹

【案情简介】

2003年以来，个体运输司机魏某、齐某等6人为了免缴车辆养路费，多次宴请并馈赠烟酒给某基层人民法院派出法庭庭长郭某，要求郭某弄几份扣押车辆的民事裁定书以办理车辆养路费报停手续。郭某接受请托，授意魏某、齐某等人制作假裁定所需要的材料。郭某依据假材料，虚构案号、申请人及请求事由，安排书记员制作了法院扣押车辆裁定书5份，魏某、齐某等人将上述民事裁定书送到交通征稽所办理了养路费报停手续，合计违法逃避车辆养路费8万余元。

【分歧意见】

此案在办理过程中，对郭某虚构事实、私自出具民事裁定书的行为应如何定性，存在以下四种不同意见：

第一种意见认为：郭某的行为构成民事、行政枉法裁判罪。理由是：虽然扣押车辆裁定书的作出未经法院的受理和立案程序，但其制作过程完全是按照民事、行政审判的程序进行的，郭某的行为明显是一种伪造、变造有关材料，又完全按照民事、行政审判程序制造假案的枉法裁判行为,应视为发生在"民事、行政审判活动中"。郭某的行为完全符合民事、行政枉法裁判罪立案标准第四项"伪造、变造有关材料、证据,制造假案枉法裁判的"规定,且这些行为严重损害了国家审判机关的形象,使国家利益遭受重大损失,故对郭某应以民事、行政枉法裁判罪追究其刑事责任。

第二种意见认为:郭某的行为构成滥用职权罪。理由是:郭某身为司法人员,在履行职务活动中违背法律规定的职责要求,不正当行使审判职权,其行为符合《最高人民检察院关于渎职侵权犯罪案件立案标准的规定》第一条第八项"严重损害国家声誉,或者造成恶劣社会影响"的规定情形,应当以滥用职权罪追究其刑事责任。

第三种意见认为:郭某的行为构成伪造国家机关公文罪。理由是:郭某非法制造国家机关公文的行为侵犯了国家机关的正常管理活动和信誉,破坏了社会管理秩序,其行为应构成伪造国家机关公文罪。

第四种意见认为:郭某的行为构成诈骗罪。理由是:郭某主观上明知他人索要民事裁定书的目的是骗免养路费,而为其提供虚假的民事裁定书,具有帮助逃避正常养路费征缴的故意,客观方面实施了滥用审判职权,虚拟案件事实,私自出具民事裁定书并提供给他人的行为,造成了国家养路费被骗免8万元的严重后果。郭某客观方面的行为是本案骗免养路费这一犯罪目的实现的手段行为,所以郭某属于诈骗罪的共犯,应以诈骗罪追究其刑事责任。

【特别观点】

■民事审判活动有广义和狭义之分,对此要有正确的认识。法官是否明知要审理的事实不存在,是区别一般的民事、行政审判活动于民事、行政枉法裁判罪中的民事、行政审判活动的标准。

■所谓枉法,违背事实、法律,损害当事人的利益才算是枉法,枉法的民事、行政审判活动最后分割的都是当事人依法期待能够审判的权利。

■伪造是滥用职权的一种表现形式,伪造国家机关公文罪不涉及利用职权问题,但如果有权力的人在职权范围内伪造国家机关公文,其行为应构成滥用职权罪而不是伪造国家机关公文罪。

■牵连犯,是指基于一个犯罪目的而实施了数个犯罪行为,行为人在这个最终犯罪目的的制约下,形成了与牵连犯罪的目的行为、方法行为、结果行为相对应的数个犯罪故意,犯意的异质性和相对复数性是牵连犯的构成特征之一。

主持人: 近年来,审判人员私自出具裁判书以帮助他人牟取不法经济利益的行为屡有发生,对司法公信力造成严重影响。司法公信力是法治社会的基石,检察机关作为国家的法律监督机关,必须严格地执行法律、切实维护法律尊严。但是,由于审判人员私自出具裁判书行为尚属近年来的新生现象,实践中对相关法条的理解也不尽一致,对这类行为应如何定性意见分歧很大。请各位嘉宾发表自己的看法。

问题一: 郭某私自出具民事裁定书的行为,是否属于"在民事、行政审判活动中故意违背事实和法律作枉法裁判"?如何正确理解民事、行政枉法裁判罪中"民事、行政审判活动"的外延?本案有没有进入民事审判程序?什么是枉法?

主持人: 本案在办理过程中,最具代表性的观点认为郭某的行为应定民事、行政枉法裁判罪。但如果认定为民事行政枉法裁判罪,就存在对法律的不同理解问题:首先,对"在民事审判活动中"如何理解,本案有没有进入民事审判程序?其次,什么是枉法?虚构事实和民事审判程序、私自制作裁判文书是否属于"枉法裁判"?

卢永红: 郭某的行为不构成民事、行政枉法裁判罪。对民事、行政枉法裁判罪的概念,我国刑法第三百九十九条第二款有明确界定,该罪是指在民事行政审判活动中故意违背事实和法律作枉法裁判,情节严重的行为。该条文明确了民事行政枉法裁判罪成立的两个条件:其一,犯罪行为是发生在民事、行政审判活动中。而本案所谓案号、申请人及请求事由等一系列"审理程序"是在郭某授意下直接伪造而成的,没有启动正常的民事审判程序,没有进入司法机关正常的审判程序,也就不具备构成民事行政枉法裁判罪的最基本条件。其二,故意违背事实和法律作枉法裁判。本案中,郭某制作裁定依据的材料是编造的,根本不存在可供违背的"事实"前提,也就谈不上枉法裁判,故郭某的行为不构成民事行政枉法裁判罪。

俞树毅: 对于刑法第三百九十九条第二款规定的"在民事审判活动中",应当作广义的理解,而不能狭义理解。按照《法学大辞典》对"审判"一词的解释,"审判"是指在诉讼中,审理和判决的统称。从民事诉讼程序来看,法院的立案、审理、裁判都是法院从启动诉讼到形成最后实体权利义务关系的一个诉讼阶段，民事、行政枉法裁判罪也当然发生在从立案到裁判的整个诉讼过程中。其中，枉法是指违背法律和事实，违背法律和事实有多种表现形式，在程序法上包括应当立案的不立案，不应当立案的决定立案，或者不经过立案程序而进入审判程序；在实体法上既包括不依照已查明的案件事实进行定性和裁判，也包括颠倒是非，捏造事实和证据进行定性和裁判。此外，《最高人民检察院关于人民检察院直接受理立案侦查案件立案标准的规定（试行）》也规定，具有"伪造有关材料、证据，制造假案枉法裁判的"情形应以民事、行政枉法裁判案立案侦查。

本案中，郭某的"枉法"行为就是通过伪造有关材料、证据立假案，并私自出具民事裁定书体现出来的，完全符合民事、行政枉法裁判罪的各项构成要件特征。

刘荣芳：民事行政审判活动有广义、狭义之分，对此要有一个正确的认识。我认为郭某的行为属于广义的民事审判活动，但不属于刑法所规定的"民事、行政枉法裁判罪"中的民事、行政审判活动。法官是否明知要审理的事实不存在，是区分一般的民事、行政审判活动与民事、行政枉法裁判罪中的民事、行政审判活动的标准。本案中，郭某作为法官，已经知道所要出具的裁定书所涉及的事实不存在。另外，所谓枉法，违背事实、法律，损害当事人的利益才算是枉法，枉法的民事、行政审判活动最后侵害的是当事人依法启动审判的权利。本案郭某出具的民事裁定所依据的民事纠纷完全是虚构的，根本就没有当事人，谈不上损害当事人利益，因此尚不能叫做枉法。郭某没有违背事实、法律进行枉法裁判，本案并非发生在真实的民事审判活动中，因此不构成民事行政枉法裁判罪。

李宏英：民事、行政枉法裁判罪必须发生在民事、行政审判活动中，在客观方面表现为在民事、行政审判活动中违背事实和法律作枉法裁判，情节严重的行为。违背事实和法律作枉法裁判行为的具体方式多种多样，有的是故意伪造、搜集证据材料；有的是引诱、贿买甚至胁迫他人提供伪证，等等，但这些都要求有真实的案由作为前提。而本案郭某伪造民事裁定书的行为，属于虚构案由，包括申请人的书面申请、借款协议、询问笔录，由于这些东西都是虚构的，因此本案没有真正进入正式的审判程序，故郭某伪造民事裁定书的行为显然不属于"在民事、行政审判活动中故意违背事实和法律作枉法裁判"。

问题二：如何理解《最高人民检察院关于渎职侵权犯罪案件立案标准的规定》关于滥用职权案中"超越职权，违法决定、处理其无权决定、处理的事项"的规定？何谓"严重损害国家声誉，或者造成恶劣社会影响"的情形？郭某利用法官身份，私自出具民事裁定书，是否属于滥用职权行为？

主持人：郭某利用法官裁判权，私自出具民事裁定书的行为是否符合滥用职权罪的构成要件？如何理解司法解释中关于"超越职权，违法决定、处理其无权决定、处理的事项"、"严重损害国家声誉，或者造成恶劣社会影响"的规定？

李宏英：滥用职权，首先是滥用国家机关工作人员的一般职务权限；其次是行为人以不当目的或者是以不当方法实施职务行为；最后是滥用职权的行为违反了职务行为的宗旨。超越职权必须以本人现有的职权为基础，而不是任意处理与本人职权毫无关系的其他问题，换句话说，所谓越权，是指本来属于行为人职务上有权处理的事项，但在实体上或程序上，超越了职务上有权处理的限度。"严重损害国家声誉"，主要指使国家信誉、威望、形象、地位受到严重影响；"恶劣的社会影响"主要指损害地方各级人民政府职能部门声誉、形象、威望和地位，导致人民群众不信赖各级人民政府及其工作机构的信誉，致使某项工作（政策或行政法规、行政命令）得不到统一贯彻执行，或者不能正常开展某项工作情形的。造成恶劣的社会影响，着重应考虑将犯罪嫌疑人多次（三次以上）给一个机关或部门的声誉、形象、地位在人民群众中造成了影响的，确定为造成了恶劣的社会影响。

本案中，郭某虽然是审判人员，但是，由于其整个犯罪行为不是发生在真实的民事、行政审判活动中，所以郭某的行为不属民事、行政枉法裁判罪。那么，郭某的行为是否适用滥用职权罪，从本案造成的后果看，因直接损失没有达到20万元的立案标准，故只能从是否严重危害了国家声誉或造成了恶劣的社会影响来判断是否构成犯罪。而该概念中严重或恶劣的标准弹性很大，不排除法院会有不同的认识。鉴于以上理由，对该案不宜以滥用职权罪定罪。

卢永红：根据《最高人民检察院关于人民检察院直接受理立案侦查案件立案标准的规定（试行）》，滥用职权罪是指国家机关工作人员超越职权，违法决定、处理其无权决定、处理的事项，或者违反规定处理公务，致使公共财产，国家和人民利益遭受重大损失的行为。本案中，郭某身为国家司法机关工作人员，在履行自己职责的过程中，违背法律，故意虚构案由及案号，私自制作民事裁定书，严重损害了司法活动的公正性和司法机关的威信，社会影响极为恶劣，应当以滥用职权罪追究刑事责任。

俞树毅：刑法对国家机关工作人员滥用职权犯罪采取一般规定与特别规定相结合的方式，如果国家机关工作人员滥用职权的行为刑法有明确规定的，则应按对该行为的具体规定定罪处罚，反之，按滥用职权罪定罪处罚。我们现在所讨论的滥用职权罪，与民事、行政枉法裁判罪之间是一般条款与特殊条款的竞合关系。按照特殊法条优先于一般法条的法律适用规则，对郭某的行为应首先适用民事、行政枉法裁判罪。

问题三：郭某利用法官身份，虚构事实和证据，私自指使书记员出具的扣押车辆裁定书，能否被认定为"假裁判文书"？郭某的行为是否触犯了伪造国家机关公文罪？

主持人：有人认为郭某虚构事实和证据，私自出具的裁定书是"假裁判文书"，这一称谓是否合理？郭某的行为是否触犯了伪造国家机关公文罪？

李宏英：假裁判文书，是针对真裁判文书而言的。真裁判文书，包括事实和程序上的真实性、合法性，其体现了国家法律的强制力、拘束力，在内容上真实、合法，在形式上具有严谨的文体和格式。真裁判文书属于按照诉讼程序制作的裁判文书，显然有既存的法律事实，同时亦进入了民事、行政诉讼程序，虽存在徇私枉法因素，也不是假裁判文书。而且，按照诉讼程序制作的裁判文书，在没有经过法律程序纠正的情况下，依然发生法律效力。但是，本案郭某授意他人虚构案由，没有进入真实的诉讼程序，这样的裁判文书当然是虚假的。本案中，魏某、齐某等人出于伪造裁定书的犯意，虚构了案件事实，事后用伪造的裁定书到征稽所办理停运手续，已构成伪造国家公文行为的共犯。

俞树毅：郭某的行为仍然应视为在其职权范围之内行使国家审判权，因此，就不能简单地认为该裁判书是虚假的，事实上，裁判文书虚假与否，这种认定于实践并无意义。一个文书，只要由有权机关发布、具备了法律规定的形式要件，就应视为是真实和有效的，这是维护法律权威和社会秩序的必然选择。即使该文书确实在内容和程序上存在瑕疵，也应按照法定程序予以撤销，就像我们任何其他的纠错程序一样。

伪造是滥用职权的一种表现形式，伪造国家机关公文罪不涉及利用职权问题，但如果有权力的人在职权范围内伪造国家机关公文，其行为应构成滥用职权罪而不是伪造国家机关公文罪。因此，郭某的行为可以构成民事、行政枉法裁判罪和滥用职权罪，但不能构成伪造国家机关公文罪。

刘荣芳：郭某作为有权制作和出具裁判文书的法院审判人员，尽管其车辆扣押裁定书的作出违反了法定程序，内容不具真实性，但该裁判文书一旦发出，就会为相关部门所认可并发生相应法律后果。事实上，伪造国家机关公文罪的主体是一般主体，但应排除有权制作公文的国家机关工作人员构成该罪的可能。因此，凡是国家机关工作人员出具的具有法律效力的文书都应视为正式的，都不构成伪造，至于文书在内容及内部通过程序方面存在的问题，只能通过法定程序申请撤销。

卢永红：民事、行政枉法裁判罪肯定涉及到滥用职权，滥用职权又可能包括伪造国家机关公文行为，但是否有权制作公文的国家机关内部人员都不构成伪造国家机关公文罪，我不这样认为。因为，伪造必须符合两个要素：其一，内容不真实；其二，程序不合法。如果刑事审判庭的法官超越职权，制作内容虚假、程序不合法的民事判决书，仍然是伪造。冤假错案中的假案就是凭空制造出来的，本案中的民事裁定书就是郭某凭空制造出来的。本案中，这个所谓"裁定书"并不是以郭某个人名义，而是以人民法院名义作出的，其之所以能在实践中产生"使魏某、齐某等人违法逃避车辆养路费8万余元"的效力，也正是因为是以法院名义作出的，因此，"伪造"特征明显。

问题四：郭某的行为能否构成诈骗罪？郭某的行为侵犯多种客体，是牵连行为还是法条竞合行为？

主持人：本案郭某为营运车主非法出具扣押车辆民事裁定书，帮助车主在交通征稽所办理养路费报停手续，其行为是否属于魏某、齐某等人诈骗犯罪的帮助行为？是否构成诈骗犯罪？郭某的行为侵犯多种客体，是牵连行为还是法条竞合行为？

李宏英：本案涉案人员魏某、齐某等人向郭某索要伪造的民事裁定书并用此裁定书去骗免养路费，客观上实施了使用伪造的裁定书骗免养路费的行为，数额较大，侵犯了公共财产所有权，其行为触犯刑法第二百六十六条之规定，构成诈骗罪。郭某主观上明知他人索要民事裁定书的目的是骗免养路费，而为其提供伪造的民事裁定书，具有帮助他人骗免养路费的故意，客观方面实施了滥用审判职权，虚拟案件事实，私自制作民事裁定书并提供给他人的行为，造成了国家养路费被骗免8万余元的严重后果。郭某客观方面的行为是本案骗免养路费这一犯罪目的实现的手段行为，所以郭某属于诈骗犯罪的共犯，其伪造法院裁判文书的方法行为触犯了伪造国家机关公文罪，目的行为触犯了诈骗罪。

俞树毅：牵连犯，是指基于一个犯罪目的实施了数个犯罪行为，行为人在这个最终犯罪目的的制约下，形成了与牵连犯罪的目的行为、方法行为、结果行为相对应的数个犯罪故意，犯意的异质性和相对复数性是牵连犯的构成特征之一。如果能够证明郭某与魏某、齐某等人存在事先约定与分工，存在共同的犯罪目的，则本案郭某的行为属于牵连犯，其中手段行为侵犯了国家司法机关的审判秩序，目的行为侵犯了交通征稽所的养路费管理秩序，按照牵连犯择一重处的原则，定诈骗罪。但本案并不能证明郭某与魏某、齐某等人存在共同诈骗的犯罪目的，郭某出具假裁定书的动机是贪图好处或碍于情面，其故意的内容是制作了这样的假裁判文书，其与魏某、齐某等人之间不能简单地说成是帮助行为，不能认定郭某具有诈骗的故意。

刘荣芳：郭某能否成为诈骗罪的共犯，关键在两点：一是魏某、齐某等人能否构成诈骗罪；二是魏某、齐某是否与郭某存在事先通谋，事先预谋可能比较具体，有行动目标、分工协作、分赃方案等等，也可能比较简单，提起犯意，其他人响应或默认。本案中，骗免养路费的行为并不是诈骗罪中典型的实际、直接占有公共财物，但是，诈骗行为不仅包括财物的取得，还应当包括债务免除，因此，魏某、齐某等人骗免养路费的行为应定为诈骗犯罪。单纯从郭某私自出具裁定书的行为来看，郭某的行为构成滥用职权罪。

卢永红：牵连犯，要求行为人必须基于一个最终犯罪目的，这是构成牵连犯的主观要件，而且是认定数个犯罪行为之间具有牵连关系的主要标准，同时也是各位在法条竞合犯与牵连犯之间形成意见分歧的关节点。我则主张构成吸收犯，即伪造国家机关公文这一低度行为为滥用职权这一高度行为所吸收。

问题五：对郭某的行为应如何定性？

主持人：本案应如何处理，请各位专家结合自己的发言，总结一下各自的观点。

俞树毅：本案不涉及伪造国家机关公文罪的问题，也不涉及诈骗罪的问题。民事、行政枉法裁判罪是对国家的民事、行政审判活动造成侵害，滥用职权是对是国家机关的正常活动造成侵害，郭某的行为应属于法条竞合犯，应以民事、行政枉法裁判罪追究刑事责任。

刘荣芳：郭某对魏某、齐某等人的帮助行为不是简单的诈骗犯罪的帮助行为，它是在特定情况下的帮助行为，这种帮助行为意味着郭某要通过滥用其享有的审判权来实现帮助朋友的目的，属于典型的徇私、徇情枉法。但由于郭某制作民事裁定书的行为比较特殊，属虚构案由，没有枉法裁判的事实前提，更未进入认定民事、行政枉法裁判罪所要求的民事审判程序，故郭某不构成民事、行政枉法裁判罪，只能构成滥用职权罪。

卢永红：由于本案尚未启动真实的民事审判程序，所以郭某的行为不构成民事、行政枉法裁判罪，其多次伪造裁判书的行为严重侵害了司法公信力，造成了恶劣的社会影响，更符合《最高人民检察院关于渎职侵权犯罪案件立案标准的规定》第一条中"严重损害国家声誉，或者造成恶劣社会影响"的情形，构成滥用职权罪。

李宏英：魏某、齐某、郭某为了实现逃避车辆养路费的目的，都使用了欺骗的手段，客观上也达到了利用伪造的法院裁判文书骗取征稽所工作人员信任、逃避养路费的目的。而要达到骗免养路费的目的，必须借助伪造公文的形式，必然牵连到伪造公文犯罪。所以，本案中郭某为了配合魏某等人实施诈骗犯罪，其伪造法院裁判文书的方法行为触犯了伪造国家机关公文罪，目的行为触犯了诈骗罪。按照牵连犯择一重处的原则，应以诈骗罪定罪处罚。

主持人：今天的讨论非常精彩，再次感谢各位专家、学者的热情参与！

● 王志祥

● 时延安

● 王新环

X 随着人口流动加速，需要社会救助的特殊人群增多，如流浪乞讨人员等。而某些负有救助职责的人员，比如极个别民政人员，出于畸形的政绩观，不仅不施救助，甚至发生将流浪乞讨人员推向无人救助的危险境地导致其死亡的极端事件。这样的行为是玩忽职守，还是故意杀人、遗弃，抑或是无罪，理论界与实务界意见不一。尤其是涉及如何理解渎职犯罪中复合罪过、是否增设见死不救罪等理论问题，存在很大分歧。日前，本刊组织疑案精解研讨会，特邀专家对此展开讨论。

镇民政干部跨县"扔乞丐"致人死亡如何处理

主 持 人：张建升（《人民检察》副主编）
特邀嘉宾：王志祥（北京师范大学刑事法律科学研究院教授、法学博士）
　　　　　时延安（中国人民大学法学院副教授、法学博士）
　　　　　王新环（北京市人民检察院公诉处副处长、法学博士）
文稿统筹：张志勇
摄　　影：孟澍菲

【案情简介】

2007年6月29日，安康市有关领导要来宁陕县广货街镇检查卫生和安全生产，该镇民政干部谌某看到街道上有一病重的流浪男子，身体极度虚弱，不能行动，急需救助，遂向主管民政的副镇长请示，这位副镇长说"你处理一下"。于是，谌某安排出租车司机姜某和个体户郭某驾驶面包车，将该流浪男子扔到邻县柞水县。姜某、郭某开车行驶至柞水县营盘镇境内的102省道黄花岭隧道处，将该男子遗弃在隧道内的台阶上。二人返回后，将处置情况告诉了谌某。

30日下午3时许，该流浪乞讨者被发现死在隧道口。经法医鉴定，该男子系因感染诱发心肌炎引起心力衰竭死亡。

【分歧意见】

对谌某的行为如何处理，存在四种不同意见：

第一种意见认为，谌某的行为构成玩忽职守罪。理由是：谌某身为镇政府民政干部，负有对流浪乞讨人员实施救助的职责，但其不是积极采取救助措施，反而雇用他人将流浪乞讨人员遗弃，谌某明知该流浪乞讨者身患疾病，不能行走，应当预料到不采取有效救助措施，会导致其死亡的严重后果，但却因疏忽大意而没有预见到，其行为符合玩忽职守罪的构成要件，应按刑法第三百九十七条规定的玩忽职守罪追究刑事责任。

第二种意见认为，谌某的行为构成故意杀人罪。理由是：最高人民法院《关于审理交通肇事刑事案件具体应用法律若干问题的解释》第六条规定："行为人在交通肇事后为逃避法律追究，将被害人带离事故现场后隐藏或者遗弃，致使被害人无法得到救助而死亡或者严重残疾的，应当分别依照刑法第二百三十二条、第二百三十四条第二款的规定，以故意杀人罪或者故意伤害罪定罪处罚。"同理，身为民政干部，负有救助义务的谌某不履行救助义务，跨县"扔"乞丐的行为，比交通肇事后司机遗弃被害人的行为有过之而无不及，应以故意杀人罪追究谌某的刑事责任。

第三种意见认为，谌某的行为构成遗弃罪。理由是：谌某身为镇政府民政干部，负有对没有独立生活能力的流浪乞讨人员扶养、救助的义务，谌某没有积极履行救助义务，反而雇用他人将流浪乞讨人员遗弃，造成被遗弃人死亡的严重后果，情节恶劣，符合遗弃罪的构成要件，应按刑法第二百六十一条的规定以遗弃罪追究刑事责任。

第四种意见认为，谌某的行为不构成犯罪。理由是：谌某执行领导的命令，是正当的职务行为，虽然造成致人死亡的后果，但依法不承担刑事责任。

【特别观点】

■立足于中国的立法与理论，如果认为玩忽职守罪既可以由过失构成，又可以由间接故意构成，不仅违反刑法的基本原理，而且造成玩忽职守罪与滥用职权罪之间界限模糊，不利于司法实践操作。

■基于客观解释论进行目的解释，应对遗弃罪的扶助关系范围进行必要的扩张。

■谌某的行为与其作为民政干部所负有的职责有一定联系，但是他指使姜某、郭某实施的抛弃行为，是将被害人从自己职责支配之下，转移到另一个风险更大的场所中，这不再单纯是一个玩忽职守的行为，已经转化为一个杀人的行为。

主持人：这次讨论的案件，具有一定的社会影响，案件的认定涉及国内外刑法理论中许多问题,争议很大。欢迎各位专家发表见解。

问题一:玩忽职守罪是渎职罪的一种,理论上存在一般犯罪与特别犯罪的划分,实践中又与滥用职权罪难以区分,如何理解玩忽职守罪?

主持人: 刑法第三百九十七条第一款规定:"本法另有规定的,依照规定",即刑法中有特殊类型的玩忽职守犯罪。如何理解一般玩忽职守罪与特别玩忽职守罪之间的关系?司法实践中玩忽职守罪与滥用职权罪容易混淆,两者如何区分?

王志祥: 特别玩忽职守罪是相对于一般玩忽职守罪而言的,刑法第三百九十七条第一款规定的是(一般)玩忽职守罪,刑法另有规定的是特别玩忽职守罪。特别玩忽职守罪的特别之处主要体现在两点:一是主体身份特别。相对于一般玩忽职守罪中的一般国家机关工作人员而言,特别玩忽职守罪的主体是各个具体国家机关中的工作人员。二是职权特别。特别玩忽职守罪的构成都要求主体承担具体特定的职责。此外,需要注意的是,从立法演进的角度看,特别玩忽职守罪的规定都是从玩忽职守罪分离出来的。一般玩忽职守罪与特别玩忽职守罪之间存在普通法条与特别法条的竞合关系。按照特别法优于普通法的原则,当某一行为同时触犯规定一般玩忽职守罪的法条和规定特别玩忽职守罪的其他法条时,应以其他法条所规定的犯罪论处。只有在某一行为未触犯规定特别玩忽职守罪的其他法条而只触犯规定玩忽职守罪的法条时,对该行为才能以玩忽职守罪论处。由此可见,刑法第三百九十七条所规定的玩忽职守罪具有一定的"兜底"功能。

1997年修订刑法时,立法机关之所以将滥用职权罪从玩忽职守罪中分离出来,目的之一就在于还玩忽职守罪以过失犯罪的本来面目,使滥用职权罪和玩忽职守罪能够从主观方面得以区分。应当以罪过形式区分滥用职权罪与玩忽职守罪,即故意实施的违背职责的行为,可以构成滥用职权罪,而过失实施的违背职责的行为,则可以构成玩忽职守罪。另外,滥用职权是指不正当行使职权或超越职权的范围行使职权,大多表现为作为的形式,有时也有不作为形式;而玩忽职守是指在工作中严重不负责任,不履行或不认真履行自己的职责的行为,大多表现为不作为形式,有时也有作为形式。因此,单纯以行为方式属于作为还是不作为来区分滥用职权罪与玩忽职守罪,并不妥当。

时延安: 刑法第三百九十七条第一款规定"本法另有规定的,依照规定"的目的,就是提醒法律适用者,如果符合其他玩忽职守型犯罪特征,应考虑以其他具体玩忽职守型犯罪定罪处罚。具体而言,主要考虑四个方面:一是与渎职罪中其他玩忽职守型犯罪的关系;二是与军人违反职责罪中的玩忽职守型犯罪的关系;三是与危害公共安全罪中有关安全事故犯罪的关系;四是与破坏社会主义市场经济秩序罪中一些玩忽职守型犯罪的关系。

区分玩忽职守罪与滥用职权罪,主要应考虑两个方面:一是罪过形式不同。玩忽职守罪是过失犯罪,而滥用职权罪的罪过形式比较复杂,包括间接故意和过于自信的过失的情形。二是客观方面表现不同,主要体现在违反职责的形式不同。玩忽职守罪,是国家机关工作人员严重不负责任,不履行或不认真履行职责的行为;滥用职权罪,是国家机关工作人员超越职权,违法决定、处理其无权决定、处理的事项,或者违反规定处理公务。比较而言,前者是具有一定的职权,但是在职权范围内没有尽到责任;后者则是要么没有职权而行使某项权力,或者违反其职权正当行使的程序来处理公务。从客观形式看,前者是消极的不作为,后者是积极的作为。

问题二:对于流浪乞丐的死亡,谌某的主观心态是故意还是过失?玩忽职守罪的罪过形式非常复杂,对此如何理解?

主持人: 作为民政干部的谌某,对于流浪乞丐的死亡,其主观心态是什么?有人引用"模糊论",认为玩忽职守罪既可以是故意犯罪,也可以是过失犯罪,对此如何评价?

王志祥: 我认为,对于流浪乞丐的死亡,谌某的主观心态是过失。一方面,谌某已经认识到乞丐极度虚弱,急需救助,能够预料到"扔乞丐"的行为会造成被害人死亡的结果;另一方面,谌某只是授意他人将乞丐扔到邻县,并未指明扔的具体地点,且其主观动机是维护本镇的形象,唯恐县领导视察时发现有乞丐流浪。从这一点考虑,谌某的主观心态很难说是追求或放任被害人死亡结果的发生,应当是"一扔了事",寄希望于乞丐能够存活下来或得到邻县的救助,属于过于自信的过失。

至于"模糊论",也就是"复合罪过"理论,认为某些犯罪的罪过是间接故意与过失的复合或者说合二为一。但是,我国刑法在总则明确规定了犯罪故意和犯罪过失的概念。立足于中国的立法与理论,如果认为玩忽职守罪既可以由过失构成,又可以由间接故意构成,不仅违反刑法的基本原理,而且容易造成玩忽职守罪与滥用职权罪之间界限模糊,不利于司法实践操作。

时延安: 与王教授的观点不同,我认为,对于流浪乞丐的死亡,谌某的主观心态应是间接故意。首先，他对乞丐已经处于生命垂危状态，如果抛弃可能导致死亡的后果是明知的。其次，在已经具有这样的明知的情况下，仍指使姜某、郭某二人将乞丐扔到偏僻之处抛弃，对死亡结果持一种听之任之的态度。需要特别强调两点：一是谌某如何指使姜某、郭某二人及其内容如何，都可能影响到对谌某主观罪过的认定；二是谌某的意志因素问题。谌某应当知道，当一个生命垂危的乞丐被抛弃在偏僻的地方后，被他人救助的机会极小，相反得不到救助而死亡的可能性却极大，在已经具有这种认识的前提下，仍决意为之，显然其意志因素是一种放任，而非对结果持排斥的态度。

王新环：传统玩忽职守被认为是消极的不履行职责，不作为。而近年来有更多的"作为"式的"玩忽职守"，具体认定上有争议，当然也不排除个案对犯罪主观状态的认定与传统认识相比有所突破。比如，理论上的所谓复合罪过概念就认为一个犯罪可能同时既有故意又有过失。另外，从因果关系角度考虑，谌某玩忽职守行为本身与死亡结果之间的因果关系不是特别明显。尽管谌某作为民政机关工作人员，有管理流浪人员的职责，并且没有履行救助义务，甚至违法抛弃流浪乞丐。但是，经法医鉴定，被弃乞丐系因感染诱发心肌炎引起心力衰竭死亡，这就意味着遗弃的违法行为不一定能够造成死亡结果，因果关系不是必然的。可以说，抛弃行为具有故意性，但是，死亡结果并不是追求的目的，而是一种过失心态，实际上是以积极的行为方式懈怠履行自己的职责。

问题三：司法解释有时直接规定罪名，是否超越立法权限，有违罪刑法定之嫌？对于见死不救的行为，我国刑法有无增设罪名予以规制的必要？

主持人：根据有关司法解释，如最高人民法院《关于审理交通肇事刑事案件具体应用法律若干问题的解释》第六条的规定，在某些场合，不救助被害人的行为有可能构成故意杀人罪。该司法解释是否违反罪刑法定原则？对于谌某的行为，有人认为是见死不救，建议我国刑法增设"见死不救罪"，对此如何评价？

王志祥：《关于审理交通肇事刑事案件具体应用法律若干问题的解释》第六条的规定并不违反罪刑法定原则，其规制的是行为人在交通肇事后将被害人带离事故现场后"隐藏或者遗弃"的行为。由于行为人的先行行为（交通肇事）造成被害人生命处于危险状态，此时行为人负有特定的救助义务；行为人不但不履行救助义务，反而"隐藏或遗弃"被害人，其行为直接妨碍了对被害人的及时救助，实际上使被害人陷入"死地"、"绝境"，因此以故意杀人罪论处没有问题。见死不救主要是指负有特定救助义务的人有能力救助而拒不救助的行为。这类行为或者可以评价为故意杀人、过失致人死亡等犯罪，或者在犯罪主体具有特殊身份时可以评价为各种职务犯罪。因此，没有必要增设"见死不救罪"。

时延安： 是否应该设立"见死不救"罪，我觉得必须结合社会现实来对待。可以从两个层面分析：第一，对一般公众而言，在目前的情况下，设立这样一个罪，效果未必好，而且可能会导致更多的社会矛盾出现。不过，我建议，可以考虑把这样的行为与个人信用评价联系起来，也就是说，如果对生命垂危的人有能力实施救助却没有提供救助，则该不救助行为将对他个人今后就业等方面产生一定不利后果，以此来督促一般公民在他人处于危险境地而具备救助条件的情况下，对他人实施救助。第二，对于负有一定职责的人员，对于属于他职责范围内的救助事项，而没有救助，如果因为没有救助而导致死亡后果的，则要考虑是否定罪，对此刑法已经有了规定，当然还不充分，比如实践中对于工厂、矿山等企业中的这类"见死不救"行为即很难定罪，刑法上的根据也不充分，立法上还需要进一步完善。

王新环： 存在义务是承担责任的前提条件，具有特定义务才负法律责任，见危救助属于对公民普遍的道德层面的要求，法律对道德领域的干预应当谨慎。最高人民法院的上述解释只是限定在因先前行为所产生救助义务的情况下，如果不履行义务必须承担责任，这种解释符合法理，不违背罪刑法定原则。现有刑法对类似行为已有相应的规范约束，没必要单独针对一般公民设立"见死不救罪"。

问题四：国外刑法关于遗弃罪规定比较详细，对我国刑事立法有无借鉴意义？我国刑法关于遗弃罪的规定是否需要完善？

主持人： 有人认为，遗弃罪的罪质不只是义务的违反，更重要的是对他人生命、身体造成危险，因此遗弃罪的犯罪主体与对象不需要是同一家庭成员，对此如何评价？国外刑法，如德国刑法、日本刑法，关于遗弃罪的范围不限于亲属之间，并将遗弃罪分为单纯遗弃罪、保护责任者遗弃罪与遗弃致死伤罪，这种分类对我国刑法有什么借鉴意义？

时延安： 关于遗弃罪问题，我国刑法规定只限于具有扶养和被扶养关系的人之间。对于是否一定要限定于婚姻家庭范围内，不能做如此狭窄的解释。基于客观解释论进行目的解释,应将遗弃罪这种扶助关系范围进行必要的扩张。比如,根据民法通则规定的监护制度,在特定情形下,居民委员会、村民委员会和民政部门可以担任监护人,而监护的内容实际上就是一种扶养义务。对于精神病院和精神病人、福利院与孤儿之间,也可以认为存在基于监护制度而形成的扶养关系。

是否如德国、日本刑法规定那样扩大遗弃罪的范围,是可以考虑的,尤其是关于保护责任者遗弃罪的规定。比如,目前同居的情形非常多,但是对于同居者而言,法律上并不承认由此而形成扶助关系等。如果同居一方处于危险状态,而另一方拒绝施救,则对拒绝施救的人,很难追究刑事责任,甚至能否追究民事责任,都很难说。其他如,寄宿学校与学生之间、工矿企业与职工之间等,都存在同样的问题。如果设立一个保护责任者遗弃罪,就可以涵盖类似情形。

王志祥:从立法演进的角度看,我国刑法中的遗弃罪确实是调整家庭成员之间扶养关系的规定。但是,实践中也出现了诸如精神病院工作人员遗弃精神病人、救助站工作人员遗弃被救助人员等特殊情况。对于这种在社会机构中接受救助、照顾的人员来说,由于该机构的特定人员实际上承担了对这类人员的扶养义务,因此遗弃这类人员的行为也可以构成遗弃罪。实践中已经出现了这样的案例。

从完善立法的角度来说,和国外刑事立法中的单纯遗弃罪、保护责任者遗弃罪及遗弃致死伤罪相比,我国刑法中关于遗弃罪的规定显得比较简单,调整范围也比较小。但是,这并不是说我们就一定要照搬国外的立法例。因为,除家庭成员之间的遗弃行为由遗弃罪调整之外,对在他人面临危险时负有救助义务而不予救助的其他行为,完全可以按照故意杀人罪、过失致人死亡罪或相应的职务犯罪处理。

问题五:主管民政的副镇长对于流浪乞丐的死亡,是否承担责任?将流浪乞丐扔到邻县的姜某和郭某,与谌某是否构成共同犯罪,为什么?

主持人:领导的言行往往对事态的发展起很大作用,副镇长指示谌某"你处理一下",法律上对此如何评价?姜某与郭某的主观心态如何,是否与谌某构成共同犯罪?

王新环:意思联络、认识因素与意志因素是共同故意概念中必不可少的要素,主管民政的副镇长只是指示谌某"你处理一下",其主观心态是概括性的，不具有特定性，尚不能判定授意内容具有犯罪的故意，也无共同的抛弃行为，不符合共同犯罪要件。但是，必须考虑到当地过去处理该事情的惯例做法，如果该副镇长长期在此地工作，遇有大检查等活动时，对流浪人员均采取抛弃而非救助的措施，那么这句"你处理一下"，显然具有放弃职守的明确授意，据此可认定为共同犯罪。姜某和郭某将流浪乞丐扔到邻县的行为，如果只是为了取得一点儿报酬，对自己的行为性质认识不清，就不构成共同犯罪。

王志祥：副镇长不承担刑事责任，因为其并未明确要求谌某如何具体处理。但其应当承担一定的行政责任。姜某和郭某不能与谌某构成共同犯罪，因为他们的主观罪过是过失。对于姜某和郭某，应根据他们各自的过失内容分别定罪。

时延安：仅凭一句话，很难说副镇长应当负刑事责任，可以考虑追究其纪律责任，当然是否应给予行政处分，也应当根据情况来决定。姜某和郭某受谌某的指使，并将结果汇报给谌某，应属于共同犯罪。

问题六：本案应如何处理？

主持人：通过讨论，各位专家对相关问题有了进一步的认识。那么，本案究竟应如何处理？

王新环：按照组织原则办事需要依法、依制度办事，而不是依据个人指令办事，谌某的行为虽然是执行领导的命令，但不是正当的职务行为，因为职务行为既不包括滥用公共权力的行为，也不包括违法犯罪的行为，正当的职务行为必须是合法的行为，所以，谌某的行为具有可罚性，其行为构成犯罪。本案关键是对案件定性究竟是认定为（间接）故意杀人罪还是玩忽职守罪。认定谌某有故意杀人的主观故意证据不足，而且抛弃行为与死亡结果之间的因果关系不能确定，因此谌某不构成故意杀人罪。我认为，谌某作为民政干部，负有救助流浪人员的职责，但却严重不负责任，将需要救助的流浪人员丢弃，不履行救助义务，其行为符合玩忽职守的行为特征，应定玩忽职守罪。

王志祥：我认为，谌某的行为构成玩忽职守罪。理由主要有二点：一是根据2006年7月26日《最高人民检察院关于渎职侵权犯罪案件立案标准的规定》，玩忽职守造成一人以上死亡的应予立案，从造成的危害结果看，谌某构成玩忽职守罪是没有问题的。二是谌某主观上是过失，尤其是对于该流浪乞讨者的死亡，谌某主观上没有致其死亡的直接故意或间接故意，谌某主观上是过于自信的过失。

时延安： 关于本案定性问题，应定故意杀人罪。理由有几点：一是谌某指使姜某、郭某抛弃被害人的行为，是一个具有导致被害人死亡危险的行为，是故意杀人罪的实行行为。二是这一行为并非不作为，而是作为。谌某作为民政干部，如果仅仅是对处于生命垂危状态的流浪乞丐不实施及时救助，其行为尚属不作为的玩忽职守行为；但在本案中，谌某不仅没有提供救助，反而雇用他人将被害人抛弃到一个偏僻的场所，大大增加了被害人死亡的风险，并最终导致被害人死亡，因此谌某行为是积极作为的行为。三是姜某、郭某抛弃被害人的行为与被害人死亡之间存在因果关系。传统的因果关系理论，存在很多问题。我倾向于借鉴德国刑法理论中的符合法则的条件说。就这个案件看，如果行为人的行为大大促进被害人的死亡的话，那么就具有因果关系。四是谌某等人对于死亡后果的发生在主观上具有放任的心理状态。五是本案不应定玩忽职守罪。玩忽职守罪，是行为人严重不负责任，不履行或不认真履行职责的行为。而综观整个案件，谌某的行为与其作为民政干部所负有的职责有一定联系，而且，他指使姜某、郭某实施的抛弃行为，是将被害人从自己职责支配之下，转移到另一个风险更大的场所中，这不再单纯是一个玩忽职守的行为，已经转化为一个杀人的行为。

● 刘明祥

● 赵 颖

● 牛正良

在现代社会中，公证的作用十分重要。公证法出台之前，我国公证机构一直是国家司法行政机关的组成部分，公证员犯罪也一直被视为渎职犯罪。2005年公证法颁布实施之后，对于公证员是否仍然属于渎职犯罪主体，争议很大。近日，本刊邀请专家，围绕典型案例，就公证行为、公证机构的属性，公证员是否渎职罪主体等问题展开深入探讨。

公证员违反程序出具失实公证书造成重大损失应如何处理

主 持 人：李和仁（《人民检察》编辑部副主任）
特邀嘉宾：刘明祥（中国人民大学法学院教授）
　　　　　赵　颖（北京工商大学法学院副教授）
　　　　　牛正良（最高人民检察院渎职侵权检察厅副处长）
文稿统筹：孙永生
摄　　影：孟澍菲

【案情简介】

2005年2月至2007年8月间，某公证处公证员赵某在办理朋友所介绍的申请人的公证过程中，违反公证程序，在没有认真核查相关材料真实性的情况下，出具多份《委托代理》、《继承权证明》等公证书，致使其所公证的7套住房及商铺分别被他人冒名出售、被当做"遗产"继承转卖或者抵押给银行办理贷款手续，造成了相关权利人和单位经济损失共计300多万元，并引发多名当事人向人民法院提起民事诉讼，要求公证处为此承担赔偿经济损失的民事责任。

【分歧意见】

对于本案性质的认定，存在下述分歧意见：

第一种意见认为，赵某所在的公证处，已改制为国有事业单位编制，赵某作为国有事业单位的工作人员，因工作严重不负责任，造成有关人员和单位重大经济损失和恶劣社会影响，其行为涉嫌国有事业单位人员失职罪。

第二种意见认为，根据公证法的规定，公证机构不属于国家机关，公证员也不属于国家机关工作人员，公证机构与承担资产评估、验资、验证、会计、审计、法律服务等职责的中介机构的法律地位相同。赵某严重不负责任，出具重大失实的证明文件，造成了严重后果，其行为触犯刑法第二百二十九条的规定，涉嫌出具证明文件重大失实罪。

第三种意见认为，虽然赵某所在的公证机关不是国家机关，但因公证是依法律规定开展业务，其出具的文书具有较强的证明效力，参照全国人大常委会《关于〈中华人民共和国刑法〉第九章渎职罪主体适用问题的解释》的规定，公证员属于受国家机关委托依法从事公务的人员，赵某的行为涉嫌玩忽职守罪。

【特别观点】

■现代公证的本质是以国家的信誉和名誉对请求公证的事务的真实性或合法性予以证明，公证机构或公证人根据国家法律的授权从事公证业务，在此意义上公证权本质上是一种国家权力。

■公证机构不同于传统意义上的中介组织，它与会计师事务所等中介组织的区别主要表现在：一是公证机构作为公益性的社会组织其根本特点是行使法律授予的特定权力；二是公证组织行使的是国家的公证权；三是公证机构从事的证明活动具有法律效力。

■"国家机关工作人员"的本质特征是"从事公务、代表国家行使职权"，判定渎职罪主体"国家机关工作人员"时应"重行为（职责）、轻身份"。"被授权组织"或"受委托组织"可以是非国家机关的事业单位、社会中介组织甚至企业（如行政性公司）、社会团体等。

主持人： 公证同人们的生活关系非常密切，合同买卖、遗产继承等许多事务都可以公证，公证所具有的特殊法律效力远非私证可比，在人们心目中，公证也一直享有很高的信誉。但公证机构失实公证的案件时有发生，曾经发生的陕西宝马彩票案更是令公众哗然。今天我们讨论的案例就是公证员失实公证的刑事责任问题，对公证员违反程序失实公证，究竟是渎职犯罪还是出具证明文件重大失实罪等其他犯罪展开探讨。欢迎各位嘉宾参与讨论。

问题一： 公证机构的证明行为是否属于公权力行为？从法理上分析，公证机构证明权是否属于国家权力的一个类别？

主持人：探讨公证机构的性质，应该首先从法理上确定公证行为的性质。如果公证行为属于公权力行为，对公证机构的国家属性就提供了一个非常有力的依据。公证行为是公权力行为吗？

刘明祥：公证机构的证明行为并非公权力行为，国家权力的一个重要特点是具有管理性，是管理社会的权力。而公证机构所作的公证，只是证明某种事实存在。公证机构的设立、公证员资格的取得，之所以要经过国家有关机关严格审批，只是为了保证其出具的证明具有更强的公信力。

赵颖：从本质属性上看，公证机构的证明行为是公权力行为。首先，从公证制度的产生和职能看，公证作为一种通过证明的形式实现对民事秩序的调节与预防的法律机制，具有固定事实、减少争议、预防纠纷的社会职能，这是一种社会发展的公共需要或公共事务，基于该公共事务之上产生了公证的公共权力。其次，从公证的效力看，根据各国尤其是大陆法系国家的规定，公证书有推定真实、强制执行和法律行为成立的形式要件等效力，我国公证法也明确了公证文书的上述法律效力。公证文书这种强制性的法律后果，体现了公证不同于普通证明的公权力色彩。再者，公证人身份、公证人执业资格的批准授权程序等方面也体现了国家意志，虽然大陆法系国家和英美法系国家公证制度和理念不同，但其公证人由政府任免以及政府对公证在行业自律基础上依法严格监管方面都是相同的，这一共同规律也体现了公证的公权色彩。

但是，公证权是否属于国家权力则需要具体分析。这里需要区分公权力与国家权力、国家权力与国家机关权力、公证的权力与管理公证的权力。现代公证的本质是以国家的信誉和名誉对请求公证的事物的真实性或合法性予以证明，公证机构或公证人根据国家法律的授权从事公证业务，在此意义上公证权本质上是一种国家权力。但国家权力仅是公权力的一种，公权力是一个内涵与外延很广泛且不确定的概念，其内容和行使方式在不同国家、不同时期会有所变迁。总的来说，公权力包括社会公权力和国家公权力，二者互相作用且互相转化。随着国家权力社会化，公证这种公权力不一定由国家机关行使，如果简单把国家权力等同于国家机关行使的权力，那么公证权就不一定属于国家权力。公证是国家职能的一部分，但并不必然等同于公证机构一定是或隶属于国家机关，国家完全可以通过法律授权的方式，让非国家机构的社会组织来行使公证职能。目前，我国对公证机构的改革仅是对其管理体制的改变，是为了更好地发挥公证的功能，其固有的国家职能和公权性质没有改变。公证机构组织形式的转变并不能否定公证的公权性质。另一方面，为保证公证功能的发挥，在公证业界自律不足的情况下，对公证这一公务进行监管和提供服务是国家的职责和权力。

牛正良：我认为公证机构的证明行为是一种国家公权力行为。公证法第二条规定，"公证是公证机构根据自然人、法人或者其他组织的申请，依照法定程序对民事法律行为、有法律意义的事实和文书的真实性、合法性予以证明的活动。"由此可见，公证是指国家认可的公证人对民事法律关系进行确认的具有权威性的证明活动。

根据公证法的规定，由公证人出具的公证书有推定真实、强制执行和法律行为成立的形式要件等法律效力，是人民法院认定事实的根据，这些效力都具有国家证明的性质。公证文书可以产生强制性的法律后果，这决定了公证权是一种国家权力。这种权力来源于法律的明确规定，由国家强制力保障实现，属于"公共权力"范畴。

公证权本质上属于国家证明权，而证明权既不同于行政权，又有别于司法权，更有异于立法权，因而是一种独立的国家权力。证明是一种社会性活动，在社会各种领域中，证明都普遍存在。当人们需要求诸证明活动时，可供选择的途径不外乎三种：私人证明、社会证明以及国家证明。公证制度是一项国际通行的预防性法律制度，即国家法律授权的专门机构及其专业人员，经当事人申请，对相关法律行为、有法律意义的文书和事实，证明其真实性、合法性、正当性的活动。顾名思义，"公证"区别于"私证"，其性质属于公权范畴，绝非私权。公证机构或公证人通过国家法律授权的方式来获得并行使这种证明权。经过公证证明的事项，依法具有优先的证据效力和相应的强制执行效力。公证是一个社会诚信的表征，是一个国家预防纠纷的制度，是减少市场交易风险的手段，更是降低权利救济成本的依靠。国际拉丁公证联盟的官员曾经说过，"多设一个公证处，就可以少设一个法院。"可见，公证制度的预防性措施和对民商事活动的适度干预，对于保障交易安全，化解交易风险，降低司法成本，减轻当事人讼累，强化社会信用建设无疑有着不可替代的推动作用。

问题二：公证机构与会计事务所等中介组织的主要区别是什么？

主持人：我国刑法第二百二十九条规定了出具证明文件重大失实罪，但并没有明确将公证机构列为中介组织。这是否意味着公证机构不属于中介组织呢？

刘明祥： 公证机构也在刑法第二百二十九条中所指的中介组织的范围之内，它与会计事务所等中介机构的不同仅仅是业务活动的范围不同，并无实质的差别，都是认定和证明某种事实存在。

赵颖： 公证机构通过证明活动，能发挥调节和预防纠纷的"市场中介"作用，从这个意义上说，公证机构与会计师事务所、律师事务所、资产评估事务所等中介组织有类似之处。但是，公证机构以实现国家社会职能为目的、以国家信誉作为后盾，它既非营利机构，也不是自愿设立的，而是具有公权性质和效力的机构，其他中介组织或者是营利机构，或者是不具有公共权力的社会团体，法律对它们的成立、运行程序、行为效力等并没有强制性规定。正因如此，公证机构虽然接受了申请人支付的公证费用，但公证员必须站在公正的立场上，从中立的第三方角度，依据事实和法律，提供以证明为核心的相关法律服务，而其他中介组织几乎都是站在委托人的立场上，维护本方当事人的合法权益。公证机构的社会服务职能更接近于法定义务，既不能放弃也不能滥用。再者，公证人员与其他中介服务人员的资格与身份取得方式上均有实质不同。

对于公证机构属于中介组织这一提法需要正确理解。公证机构成为社会中介组织，实际上是相对于传统的行政管理模式而言，是把原本由国家行政机关直接履行的职能交给其他非行政的法定机构行使，更多体现其独立性和自治性特点，适应市场经济发展的需要。这是公证管理体制的重大变化，而不是公证权性质的变化。

牛正良： 我认为，我国公证法规定的公证机构的"依法设立"、"不以营利为目的"、"依法独立行使公证职能"和依法独立"承担民事责任"的"证明机构"的性质特征，决定了公证组织的属性，即公证机构是国家法定的证明机构，不属于一般传统意义上的中介组织。它与会计事务所等中介组织的区别主要表现在：一是公证机构作为公益性的社会组织，其根本特点就是"依公证法成立"，其存在的理由就是行使法律授予的特定权力，这种"因权力而生，无权力而灭"的社会组织可以称为法定机构。法定机构是指依法设立，依照法律的规定自我管理、独立运作，不隶属于立法、行政或司法机关，履行一定公共职能的非营利机构。法定机构是当今世界各国常见的现象。"依法设立"、"独立运作"和"履行公共职能"是其三大特征。公证法第六条规定表明，我国立法者把公证机构界定为法定机构。这是会计事务所等中介组织所不具备的。二是公证组织行使的是国家的公证权，而会计事务所等中介组织行使的则不是。三是公证机构从事的证明活动具有法律效力,会计师事务所等中介组织虽然也经常出具资信证明,从事类似的证明工作,但这些行为并没有如同具有公证的执行效力。

另外,公证机构的法定机构性质,使其与国家机关、一般的非政府社会团体区别开来。一方面,公证机构与国家机关,特别是行政机关不同,具有独立和自治的性质。公证机构严格按照公证法规定的程序进行财务收支和人事管理,独立开展业务,不受其他机关的非法干预。独立和自治是现代公证制度的核心和灵魂,缺乏了独立性,公证机构就会重新走回附属于行政机关的老路上去。另一方面,公证机构也不是一般的非政府社会团体,一般社会团体的设立并非基于法律的规定,管理也依照内部章程行事。

问题三:我国公证法是否对公证机构的性质作出了明确规定?

主持人:有观点认为,随着公证法的颁布实施,关于公证机构性质的争论已尘埃落定,即认为法律已明确规定,公证机构不属于国家机关。各位嘉宾的观点如何?

刘明祥:公证机构从事的公证事务不属于管理国家和社会的事务,这就决定了它不属于国家机关。

公证员也不属于受国家机关委托依法从事公务的人员,因为公证业务并非具有管理性的公务。公证法虽然明文规定"公证机构是依法设立,不以营利为目的,依法独立行使公证职能、承担民事责任的证明机构",但这只能说明法律赋予公证机关独立行使公证职能的权力,并不能说明公证机关是从事公务的机关。

赵颖:我国公证法对公证机构性质的规定主要体现在公证法第六条:"公证机构是依法设立,不以营利为目的,依法独立行使公证职能、承担民事责任的证明机构。"它表明公证机构是我国法定的证明机构,具有法定性、唯一性、非营利性、独立性等特征。但"证明机构"是从功能上来定义公证机构,而不是从机构的组织形式上来定义公证机构。而不同组织形式的机构本身往往意味着其发挥功能作用的途径或方式有很大不同,其承担责任的方式也不会相同。目前,不同性质的机构与不同编制人员的并存现象构成我国公证机制一大特色,这与我国现阶段社会、政治、经济的过渡性有关。这造成目前立法上尚无法采用统一的标准解决现实中存在的公证机构组织形式及管理体制上混杂的困难和问题。在此意义上我国公证法对公证机构的性质仍未作出明确规定。公证机构组织形式或身份问题的根本性解决，取决于中国经济的发展和整体政治体制、经济体制及法律制度的改革与完善。

牛正良：我认为，2006年实施的公证法已经对我国公证机构的性质作了明确的规定。公证制度的预防性措施和对民商事活动的适度干预，对于保障交易安全，化解交易风险，降低司法成本，减轻当事人讼累，强化社会信用建设无疑有着不可替代的推动作用。世界各国基于不同的文化传统和法治理念，基于不同的经济和社会管理机制，基于对设置公证制度的不同功能预期，逐渐形成了两种不同模式的公证制度：即大陆法系模式（拉丁公证模式）和英美法系模式。大陆法系国家的公证制度是一种"准司法制度"。建立公证制度的根本目的，在于保障民事主体意思自治的前提下，实现国家对重大经济活动与公民、法人和其他组织的重要法律行为的适度干预，以预防经济纠纷的产生和避免可能产生的社会矛盾，维护经济活动的正常秩序和社会的和谐稳定。为达到这个目的，国家赋予公证机构或公证人以国家的名义对公民、法人和其他组织之间的契约关系和法律行为提供证明，确保经济活动、民事行为在法律范围内正常进行。经过激烈的研究讨论后通过的我国公证法，明确了公证机构的性质，即"公证机构是依法设立，不以营利为目的，依法独立行使公证职能、承担民事责任的证明机构"。

问题四：一般来说，界定国家机关的范围，必须基于宪法等相关法律的明确规定。法律并未规定仲裁机构属于国家机关，但我国刑法却规定了枉法仲裁罪，仲裁员被作为了渎职犯罪的主体。可否据此认为仲裁机构、公证机构等非国家机关的工作人员亦可成为特殊的渎职罪犯罪主体？

主持人：根据新的立法以及法律解释，可否认为通说关于渎职罪的主体是国家机关工作人员的说法并不准确？

刘明祥：刑法第三百九十条规定的枉法仲裁罪是《刑法修正案（六）》新增设的一种罪，由于该条文对本罪的主体作了明文规定，即依法承担仲裁职责的人员，并非是对国家机关或国家机关工作人员的扩大解释，因而不能由此推定仲裁机构、公证机构等非国家机关的工作人员也可成为特殊的渎职犯罪主体。

赵颖：虽然我国刑法规定的渎职罪主体是"国家机关工作人员"，但全国人大常委会《关于〈中华人民共和国刑法〉第九章渎职罪主体适用问题的解释》规定："在依照法律、法规规定行使国家行政管理职权的组织中从事公务的人员，或者在受国家机关委托代表国家机关行使职权的组织中从事公务的人员，或者虽未列入国家机关人员编制但在国家机关中从事公务的人员，在代表国家机关行使职权时，有渎职行为，构成犯罪的，依照刑法有关渎职罪的规定追究刑事责任。"可见，判定渎职罪主体"国家机关工作人员"时应"重行为（职责）、轻身份"，"国家机关工作人员"的本质特征是"从事公务、代表国家行使职权"。上述立法解释中的"被授权组织"或"受委托组织"可以是非国家机关的事业单位、社会中介组织甚至企业（如行政性公司）、社会团体等。公证机构改制后虽然不再属于国家行政机关，但公证法明确授予法定的证明机构地位，其公证职能及相应权力仍属国家职能和公权力，公证员在本质上仍是行使国家公证职能从事公证公务的人员，所以仍可构成特殊的渎职罪主体。

牛正良：我认为，在公证机构从事公证工作的非国家机关工作人员应该如仲裁机构工作人员一样属于特殊的渎职罪主体。理由主要有以下几点：一是我国公证法已经明确规定公证机构是依法设立的国家法定证明机构，其作出公证文书是国家司法机关认定事实的根据，属于国家证明权；二是我国公证法除对公证机构的公证原则、成立条件、公证程序等作出规定外，还对担任公证员的条件、任命程序等作出了明确的规定，如担任公证员应当报请国务院司法行政部门颁发公证员执业证书，公证员由国家任命。基于公证权的公权属性，公证员也就成为履行国家职能的公职人员；三是有法律依据。公证机构与仲裁机构一样，都是国家依法设立、行使国家特殊的公证和仲裁职能的组织，《刑法修正案（六）》已经对仲裁机构工作人员渎职犯罪如何处理作了明确的规定，同时，根据全国人大常委会《关于〈中华人民共和国刑法〉第九章渎职罪主体适用问题的解释》的规定，公证机构的工作人员属于在受国家机关委托代表国家机关行使职权的组织中从事公务的人员，属于渎职罪的特殊主体。

问题五：本案应如何处理？

主持人：大家的观点各不相同，可见探讨该问题十分必要。最后，请嘉宾总结一下各自的观点。

刘明祥：本案中赵某未认真核查相关材料真实性，出具失实公证书，给相关权利人和单位造成重大经济损失，如果其主观上有过失，则构成刑法第二百二十九第三款规定的出具证明文件重大失实罪，如果是故意提供虚假公证书，则构成该条第一款规定的提供虚假证明文件罪。

公证机构本身不属于国家机关，赵某不具有国家机关工作人员的身份，其行为不构成刑法第三百九十七条规定的玩忽职守罪。赵某的行为也不构成刑法第一百六十八条第二款规定的国有事业单位人员失职罪。公证机构即便属于国有事业单位，但由于刑法对公证人员的特别失职行为作了明文规定，根据特别法条优于普通法条这一处理法条竞合的原则，理应按刑法第二百二十九条第三款规定的出具证明文件重大失实罪定罪处罚。

赵颖：在公证机构改制"换汤不换药"的情况下，公证员仍属履行公务的国家工作人员，其渎职行为侵犯的客体没有改变，其社会危害性也没有改变，因此对其公证犯罪仍应依渎职罪立案处理。

牛正良：应按照刑法第三百九十七条规定，以玩忽职守罪追究赵某的刑事责任。虽然赵某所在的公证机关不是国家机关，但因公证机构是依法律规定开展业务的，其出具的文书具有较强的证明效力，参照全国人大常委会《关于〈中华人民共和国刑法〉第九章渎职罪主体适用问题的解释》的规定，公证员属于受国家机关委托依法从事公务的人员。因此，赵某符合玩忽职守罪的主体要件。尽管根据公证法的规定，公证机构的性质由国家公证机构转为依法独立行使公证职能，承担民事责任的证明机构，但其职能与《公证暂行条列》相比，基本没有变化，依然是代表国家行使公证权的证明机构，符合全国人大常委会有关渎职罪主体立法解释的规定。同时，赵某的行为已经造成严重的社会危害后果，触犯了刑法的规定，符合最高人民检察院有关渎职侵权犯罪立案标准的规定，应当依法追究刑事责任。

主持人：各位嘉宾的分析非常精彩，再次感谢各位嘉宾。

刑事诉讼法

●李忠诚

●王顺安

●倪泽仁

刑期的计算是刑罚执行制度中的重要问题，它关乎司法裁判的权威性和犯罪人的自由与权利。现行刑事法律关于刑期的计算规定得比较原则，缺乏可操作性，容易在刑事司法实践中产生争议。近日，本刊结合两则典型案例，邀请专家、学者就刑罚执行过程中涉及的刑期计算问题进行了深入研讨。

减刑后再审改判、监外执行期间又被羁押如何计算刑期

主 持 人：李和仁（《人民检察》编辑部副主任）
特邀嘉宾：李忠诚（最高人民检察院副厅长、兼职教授）
　　　　　王顺安（中国政法大学教授）
　　　　　倪泽仁（北京市紫光达律师事务所主任）
文稿统筹：王金贵
摄　　影：孟澍菲

【案情简介】

案例一：原审被告人伍某犯抢劫罪，被法院判处有期徒刑三年零十个月（刑期自2003年2月22日起至2006年12月21日止）。伍某在监狱服刑期间，由于表现良好而被依法减刑七个月，2006年5月21日刑满被释放。2007年2月，上级检察机关发现伍某抢劫案原审判决认定事实错误、适用法律不当而按审判监督程序提起抗诉。经再审后，伍某被判处有期徒刑十年。

案例二：王某因犯故意伤害罪、寻衅滋事罪于2003年4月10日被甲市人民法院判处有期徒刑六年。王某因患高血压，判决后监狱拒绝收监，遂羁押于看守所。2004年1月20日，甲市人民法院决定王某暂予监外执行六个月。王某在监外执行期间，于2004年4月13日，与他人在乙市涉嫌故意伤害（致人死亡）罪，被乙市公安机关立案侦查。甲市人民法院鉴于监外执行条件消失，于2004年6月24日决定将王某予以收监，下达了收监决定书，但王某仍在逃。2006年8月，王某被乙市公安机关抓获。因同案数名犯罪嫌疑人在逃，定罪证据不足，乙市人民检察院对王某作出了存疑不起诉决定。因前罪服刑期未满，2007年4月8日，乙市人民检察院将王某移交甲市公安机关建议收监

执行余刑。

【分歧意见】

　　对于案例一中，伍某被改判后，刑期如何折抵出现两种意见：

　　第一种意见认为：应以原审判决判处的刑期三年零十个月折抵刑期，即伍某还要服刑六年零二个月。理由是：伍某在执行原判刑罚过程中，努力改造，表现良好，因而被依法减刑七个月。如果按照实际服刑三年零三个月折抵刑期，就抹杀了其努力改造所获得的减刑，对伍某而言是不公正的。

　　第二种意见认为：应以伍某实际执行的刑期三年零三个月折抵刑期，即伍某还要服刑六年零九个月。理由是：目前法律与司法解释虽对类似本案的情形无明文规定，但却明确规定了刑期折抵的原则是人身自由受到限制的，予以折抵刑期；人身自由未受到限制的，则不予折抵刑期。本案中伍某被减刑的七个月未被限制人身自由，因而这七个月不能折抵刑期。

　　对于案例二中，王某剩余刑期如何计算也出现了两种意见：

　　第一种意见认为：王某在监外执行期间被乙市公安机关羁押九个月，因证据不足，人民检察院对其作出了不起诉决定，被羁押的这九个月应当计算在前罪的余刑内。理由是刑罚的目的就是通过限制人身自由，促进其认罪服法，接受改造，既然新罪不成立，那么，被剥夺自由的九个月期限就应当在前罪余刑中扣除。

　　第二种意见认为：王某在监外执行期间涉嫌故意犯罪被羁押，这种羁押期限与前罪刑期在法律上没有任何关系。因此，王某在乙地被羁押九个月期限不应计算在前罪刑期内。理由是：王某涉嫌故意犯罪被羁押，因证据不足被检察机关作出不起诉的处理，并不是完全排除了王某作案的可能，如果王某的同案犯被抓获归案后能确认王有罪，那么他在乙市被羁押的九个月时间就会被计算在新罪的刑期内，如果给王某前罪余刑中减去九个月，就会形成了双重折抵的结果。如果最终确认王某无罪，那么，他在乙市被羁押的损失，可通过其他途径解决。

【特别观点】

　　■"羁押一日折抵刑期一日"中的"羁押"，属于"判决前"所采取的刑事强制措施中的拘留和逮捕措施中的剥夺自由的暂时性强制措施。也就是说，对"羁押"应作狭义理解，与监禁刑的收监执行不同。

■罪犯没有自证其罪的责任，判决轻重是法院的事情，与罪犯无关，尽管犯罪行为是罪犯实施的，但如何认定、如何判处，都由司法机关负责。司法机关裁判有误不能成为被告人承担不利后果的依据。

■发生"暂予监外执行的情形消失"的情况与法院作出收监决定之间会有时间差，这个问题通过司法技术即可解决。比如，法院在收监执行决定书中可以明确规定"时间差"不得作为刑罚执行时间，剩余刑期应因此顺延。

■对犯罪人一边执行原判决，一边因无罪羁押九个月进行国家赔偿，无论从刑罚的效用还是法律的严肃性来看都是不可取的。解决这一矛盾，可以考虑赋予犯罪人如案例二中的王某以选择权。

■针对刑罚执行过程中的问题，应出台新法律，如"刑事执行法"，全面建立刑罚执行的制度体系，确保司法裁判得以切实有效执行，维护司法权威并保障犯罪人权利，在促进和谐社会建设的同时，加强社会安全防卫体系建设，进一步推进我国社会主义的法治进程。

主持人：感谢各位嘉宾参与人民检察杂志社的"疑案精解"研讨活动。以往我们选择讨论的案例多集中于罪与非罪、此罪与彼罪等方面，较少涉及刑罚执行。实际上，由于刑法规定得比较原则，刑事执行领域存在许多疑点、难点问题，给司法实践带来困惑。希望通过此次研讨，在辨析案例中的法理与操作技术的同时，能为刑事法学的研究提供新的思路与方法。下面我们开始讨论。

问题一：减刑的性质与效力如何理解？

主持人：刑法第四十七条规定了有期徒刑的刑期，从判决执行之日起计算；判决执行以前先行羁押的，羁押一日折抵刑期一日。对此规定应当如何理解？案例一中，对伍某减刑七个月，并未实际执行，若在新判决中折抵刑期，是否违背"羁押一日折抵刑期一日"的规定？若不折抵，是否会有损于法院减刑决定的效力与司法公信力？这种冲突如何解决？

王顺安：刑法第四十七条规定的"羁押一日折抵刑期一日"中的"羁押"，属于"判决前"所采取的刑事强制措施中的拘留和逮捕措施中的剥夺自由的暂时性强制措施。也就是说，对"羁押"应作狭义理解，与监禁刑的收监执行不同。基于人身自由的核心价值，从公平角度出发，定罪判刑后，理应在剥夺自由刑中折减羁押期限，这是世界上通行的做法。案例一中，伍某已服完刑期，是原判的实际收监执行三年零三个月，以及伍某积极改造、努力争取的减刑七个月，这属于已执行完毕的三年零十个月的实际执行期，尽管七个月的减刑未在监执行，但这七个月属于国家减刑制度的奖励与激励，是一种刑罚执行制度或回归奖励制度的体现，不能机械地理解刑法中的"羁押一日折抵一日"。

李忠诚：诚如王教授所言，刑事诉讼中的"羁押"与刑罚执行中的收监执行是不同的概念。尽管伍某原判刑罚中的七个月被减，并未实际执行，也应该在新判决中算作已经执行的刑期予以折抵。第一，这是尊重人民法院生效的减刑裁定的需要。对罪犯伍某减刑七个月是人民法院的裁定，尊重减刑七个月裁定就是尊重人民法院裁定的严肃性和权威性。第二，这是尊重改造成果的需要。罪犯在服刑期间，经过监狱管理人员的管理教育，通过劳动改造、悔过自新，因而减刑，这是罪犯社会危害相对减小的体现，是监狱进行劳动改造成果的体现，把罪犯减刑的期间计算在已经执行的刑期之中，是对劳动改造成果的尊重，对监狱管理人员辛勤改造教育工作的尊重。第三，这是维护罪犯合法权益的需要。罪犯在服刑期间努力改造，达到了减刑条件而减刑，这是对罪犯努力改造的法律回报，如果再审加重刑时，不考虑减刑的七个月时间并予以扣除，是对罪犯努力改造成果的不尊重，是对罪犯依法获得的权益的漠视。第四，此种扣除与再审加重刑罚的判决并不矛盾。罪犯原判决的刑罚轻且减刑，再审后加重了刑罚，说明原判决罚不当罪。罪犯没有自证其罪的责任，判决轻重是法院的事情，与罪犯无关，尽管犯罪行为是罪犯实施的，但如何认定、如何判处，都由司法机关负责。司法机关裁判有误不能成为被告人承担不利后果的依据。

倪泽仁：在司法实践中，因同一犯罪行为被判处刑罚且已执行完毕之后，又因为司法机关自身纠错而重新判处重刑，致使受刑人重新入监执行刑罚的情形，较为少见，可以肯定伍某的遭遇属于特例。按照刑法第四十七条的规定，羁押折抵刑期，是我国重要的刑罚执行制度之一，也是人权保障、司法公正的重要体现。先行羁押折抵刑期的适用前提是，犯罪嫌疑人必须具有依法剥夺或限制人身自由的事实，并且以此事实作为未来判决确定刑罚（含刑期）的一种"预支"。既然是刑罚的"预支"，那么就必然产生"结算"或"折抵"的法定程序，这就是先行羁押折抵刑期的由来。

本案从表面上看，伍某只涉及改判后刑期的确定和计算，而不存在判决前先行羁押时间折抵刑期的问题。但是，解决伍某的刑期确定问题，同样离不开设立先行羁押折抵刑期制度的法律根据和理论根据。

问题二：暂予监外执行的情形消失后，刑期如何计算？

主持人： 暂予监外执行期间涉嫌犯罪并逃避执行机关监管的，是否应视为"暂予监外执行的情形消失"？案例二中，王某应当收监执行，日期应当从涉嫌故意伤害之日计算，还是应当从法院作出收监决定之日开始？二者之间的时间差可否视为监外执行时间？

王顺安： 案例二中，王某在监外执行涉嫌犯罪并逃避执行机关监督，应当视为"暂予监外执行的情形消失"，应由负责监外执行的公安机关及时通过原执行机关收监执行。具体的收监执行日期，应依决定机关作出收监决定之日起计算，这是刑罚执行实践中的惯例，也是符合国际通行做法的。因为刑罚执行是一项严格的执法活动，变更执行场所均应有严格的法定程序的规定与要求。虽然王某监外执行的条件已消失，但未经法定的决定收监程序时，不能不将"暂予监外执行的情形消失"与作出收监决定间的时间差也算作执行时间。尽管我国刑事诉讼法与监狱法没有详细规定，但基于程序合法性的考量，理应如此。诚然，这里面存在"时间差"，将之视为刑罚执行时间，特别是针对又涉嫌犯罪的王某，似乎有"纵容"之嫌，但是，基于刑罚谦抑的精神，应当宽容。简单地说，王某收监执行日期应是甲市人民法院作出将其收监执行的决定之日。

倪泽仁： 依照法律规定，缓刑、假释的撤销条件是看其有无违法犯罪发生，而监外执行情形消失关键是看其原作出该决定的因素是否已经消失，比如疾病是否痊愈等。既然人民法院已经对其作出收监的决定，那就意味着作出收监决定之日即发生法律效力，如果法院作出决定之后犯罪人仍然没有被收监执行，则从决定开始的时间不能再计入刑期。也就是说，不存在从王某涉嫌犯故意伤害罪之日中断计算刑罚执行期限的问题。

李忠诚： 我的意见有所不同。从刑事诉讼法第二百一十六条"罪犯刑期未满的，应当及时收监"的立法精神分析，当发生"暂予监外执行的情形消失"情况时，即应收监执行，很明显在未将犯罪人收监的情况下，不能再将未收监的时间计算为执行时间。当然，发生"暂予监外执行的情形消失"的情况与法院作出收监决定之间会有时间差，这个问题通过司法技术即可解决。

比如，法院在收监执行决定书中可以明确规定"时间差"不得作为刑罚执行时间，剩余刑期应因此顺延。否则，将不利于维护刑罚执行的法定效力和司法权威。可以假设，"暂予监外执行的情形消失"后，若犯罪人不能被及时收监，或因司法腐败等因素，收监执行决定不能及时作出，岂不是放纵了罪犯、亵渎了法律。

问题三：不同行为引起的羁押与原判刑罚执行是什么关系？

主持人：王某因涉嫌新的犯罪被羁押与原判有期徒刑的执行是否有关系？存疑不起诉之后，王某被羁押的九个月若被视为原判有期徒刑的执行，在法律上是否有依据或障碍？

李忠诚：根据刑法第四十七条规定精神，不同行为引起的羁押与原判决刑罚执行之间没有直接的关系，原则上不能折抵。即王某因涉嫌新的犯罪被羁押九个月不能折抵原判有期徒刑的刑期，在现有法律框架内，也找不到此类情形折抵刑期的依据。

倪泽仁：在最高人民法院1990年3月30日出台的《关于监外执行的罪犯重新犯罪的时间是否计入服刑期问题的答复》中明确规定：关于监外执行的罪犯，擅自离开居住地到外地犯罪的时间能否计入刑期的问题。1989年8月30日最高人民法院、最高人民检察院、公安部、司法部《关于依法加强对管制、剥夺政治权利、缓刑、假释和暂予监外执行罪犯监督考察工作的通知》第五条规定："经过批准外出的监外罪犯，其被许可外出的期间，应计入执行期，但超过许可的时间不计入执行期；对于未经批准而擅自离开所在地域的监外罪犯，其外出期间，不得计入执行期。"据此，对于监外执行的罪犯擅自离开居住地到外地犯罪的这段时间，不得计入刑期。综合以上法律规定可以认为，王某在暂予监外执行期间又涉嫌实施了新的犯罪行为且外逃，已经严重违反了法律规定，故因新的涉嫌犯罪行为被羁押的九个月以及拒不返回监狱服刑的其他时间不能折抵或计入刑期。

王顺安：同意前两位嘉宾的意见，王某被羁押的九个月不能折抵原判刑期。需要进一步说明的是，王某被决定监外执行，其依据是刑罚执行过程中的基于人道主义考虑的变更执行场所的制度，监外执行仍然属于原判刑罚的执行。王某在监外执行过程中涉嫌新的犯罪，属于执行过程中的又犯罪，若犯罪成立，应依据数罪并罚原则，采取"先减后并"的方法决定最后的执行期间，因新罪被羁押的九个月，可以在新罪判决的刑期中，而不应在原罪所判的有期徒刑中折抵，否则，就破坏了判决前先期羁押所依附的罪刑关系。

问题四：若因新的羁押引起国家赔偿问题如何解决？

主持人：在存疑不起诉的情况下，若王某被羁押的九个月不被折抵刑期，是否会引起国家赔偿问题？

王顺安：根据国家赔偿法的规定，国家刑事司法赔偿是指刑事司法机关及其工作人员在行使侦查权、检察权、审判权和监狱管理职权时违法给无辜的公民、法人或其他组织的生命、健康、自由和财产造成损害的，国家所承担的赔偿责任。其前提是刑事司法机关违法侵权在先，存在着错误拘留、错误逮捕、无罪错判、原判刑罚已经执行等情况，国家才承担刑事司法赔偿责任。案例二中，王某在暂予监外执行过程中，与他人在乙市涉嫌故意伤害（致人死亡），已存在违法犯罪事实。在乙市公安机关立案侦查的情况下，王某外逃。2006年8月，王某被乙市公安机关抓获后，侦查终结移送乙市人民检察院审查起诉，仅因同案数名犯罪嫌疑人在逃，定罪证据不足，乙市检察院才对王某作出不起诉决定。因此，从既有案件情节分析，王某被存疑不起诉与国家刑事司法赔偿的条件不符，对其因新罪羁押的九个月不折抵刑期，不会引起国家赔偿。当然，王某涉嫌新罪的最终结果可能存在两种情况：一是同案犯被抓获归案后确认王某有罪，那么乙市被羁押的九个月时间就可以计算在新罪的刑期内；二是最终确认王某无罪，那么王某在乙市被羁押，就可能引起国家赔偿的问题。但不能因为可能引起国家赔偿，就先行减轻原判刑罚。

倪泽仁：依照最高人民检察院关于不起诉刑事赔偿的规定和相关司法解释，存疑不起诉符合国家赔偿的条件。检察机关对王某作出存疑不起诉决定，就可以认为王某涉嫌故意伤害致人死亡的罪行不成立，从而引起国家赔偿是很自然的。但是，对王某执行原判决，和因新的情况引起的国家赔偿问题是两个完全不同的法律问题，应分别看待，不能合并处理。

李忠诚：从司法实践看，国家赔偿条件的成立及实现赔偿需要经过相应的确认程序，王某在乙地被羁押九个月并不一定就会引起国家赔偿。当然，在可能引起国家赔偿的情况下，绝对地认为王某在乙地被羁押的九个月就不能从原判刑期中扣除，也是值得商榷的。对犯罪人一边执行原判决，一边因无罪羁押九个月进行国家赔偿，无论从刑罚的效用还是法律的严肃性来看都是不可取的。解决这一矛盾，可以考虑赋予犯罪人如案例二中的王某以选择权。即在执行原判决的同时请求国家赔偿和在原判刑期中扣减九个月二者间进行选择，毕竟这种案件比较特殊，不可能大量发生。

问题五：伍某及王某的刑期如何确定？

主持人： 这两个案例所揭示出的问题对刑法有关刑期计算制度的完善有何意义？

李忠诚： 对于伍某的刑期计算，无论是从尊重人民法院裁定的公信力、权威性，还是从尊重司法行政机关的改造成果、尊重罪犯的合法权益，或者是维护司法公正的角度考虑，都应当在再审判决中扣除已经减刑的七个月刑期。这不仅与先行羁押的折抵制度不矛盾，也没有因为再审改判加重刑罚，而让罪犯承担不应当承担的后果，体现了司法公正。对于王某，我坚持认为应进行综合考量，在可能引起国家赔偿的情况下，坚持以人为本、构建社会主义和谐社会为指导，应给予其相应的选择权，以体现刑罚的谦抑与宽容。

原判刑罚执行期间依法减刑，执行完毕后，犯罪人又被重判问题的提出，引发了我的进一步思考，因为这是司法实践中无法回避的问题。这种问题的产生也暴露了现行法律规定的不完备、司法解释的滞后性。因此，建议在相关司法解释中解决这一问题，即再审改判加重原判刑罚，而原判刑罚已经执行完毕的，重新确定执行刑期时，应当将已减刑期计算在已经执行完毕的刑期之内；反之，若再审改判减轻原判刑罚，而原判刑罚已经执行完毕的，在对多执行的刑期进行赔偿时，也应当考虑以原判决确定的刑期为准进行计算，即已经减刑的刑期也应当予以赔偿。例如，原判决十年徒刑，执行中减刑二年，实际执行八年，再审改判为三年徒刑，罪犯实际多服刑五年，但加上减刑的二年，理论上服刑七年，在赔偿时应当考虑已经减刑的二年也给予以赔偿，至少要有适当的赔偿，因为减刑的二年既是刑罚执行制度的体现，更是罪犯积极改造的结果，是罪犯积极改造，努力付出的回报，也要予以重视，而不能因减刑就不予以赔偿。这对明确原审法院审判责任具有重要意义，对于罪犯承担本不应当承担重刑判决的心理压力也是一种必要的慰藉。

王顺安： 同意李教授关于伍某的处理意见，对于王某在乙地被羁押的九个月因与原判刑罚没有关系，不应从原判刑罚中扣除。因这两个案例产生的有关争议，进一步反映出目前我国刑事法律中存在的缺憾。如刑事诉讼中羁押的性质不清、减刑及监外执行的规定可操作性不强、刑罚执行制度不健全及执行不力等。特别是案例二反映出当前暂予监外执行环节的薄弱，应引起理论界与司法实务界的重视。因此，建议加强或完善现行立法，以解决上述问题。针对刑罚执行过程中的问题，应出台新法律，如"刑事执行法"，全面建立刑罚执行的制度体系，确保司法裁判得以切实有效执行，维护司法权威并保障犯罪人权利，促进和谐社会建设，加强社会安全防卫体系建设，进一步推进我国社会主义的法治进程。

倪泽仁：从执行刑罚程序的正当、有效性看，伍某的确依照判决执行了原判决确定的宣告刑，而且已经刑满释放。这一客观事实，无论从事实上还是程序上均不可否认。其原判刑罚执行完毕，不仅包括原判确定的宣告刑，还应当包括在刑罚执行过程中，因遵守监规、积极改造等依法获得的减刑、假释等。依照刑法规定，只有因减刑、假释后重新犯罪才会导致已经作出的减刑、假释归于无效，而本案不属于上述情形。不能因为司法机关纠正自身过错的重新改判而否认了原判被依法执行的效力，包括被依法裁定减刑的效力。如果伍某因依法减刑而归类于"没有实际被剥夺或限制人身自由"，因而不能折抵刑期，进而令伍某为法院自身纠错而承担不利后果，重新执行被依法减轻的七个月刑期，就违反了我国刑罚教育改造的目的，也违反了刑罚执行程序的公正性。结果必然是，司法既失信于犯罪人，也失信于社会。至于王某的原判决与新行为造成的羁押，属于两个问题，不应当引起折抵或扣除。

● 任 进

● 张步洪

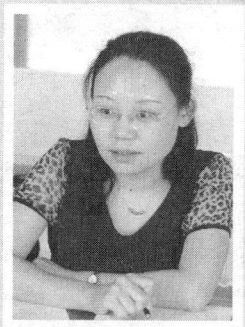
● 赵芳芳

X 我国民事诉讼法第十四条规定："人民检察院有权对民事审判活动实行法律监督"，行政诉讼法第十条规定："人民检察院有权对行政诉讼实行法律监督"。作为法律监督的重要组成部分，民事行政检察监督是检察机关的一项重要职能。本期"题案精解"所选的是一个行政诉讼的疑难案例，特邀行政法、行政诉讼法方面的专家，结合案情对行政行为的含义，行政诉讼的受案范围等基本问题作一探讨。

根据法院协助执行通知书实施的行为是否属于行政诉讼受案范围

主 持 人： 李和仁（《人民检察》编辑部副主任）
特邀嘉宾： 任　进（国家行政学院教授）
　　　　　　 张步洪（最高人民检察院司改办处长，法学博士）
　　　　　　 赵芳芳（北京市人民检察院第一分院检察员，法学博士）
文稿统筹： 孙永生
摄　　影： 孟澍菲

【案情简介】

　　1998年，因王某欠陈某债务，陈某提起民事诉讼。一审判决生效后，陈某向法院申请执行王某的三间房屋。行政机关依照法院的协助执行通知书将王某的产权证注销，但没有告知王某，同时给陈某办理了房屋产权过户手续。陈某取得房屋产权后，又将房屋转给吴某。王某就与陈某的债务纠纷向法院申请再审，再审判决重新认定了王某欠陈某的债务数额。但王某的房屋产权已在6个月前被注销，过户给陈某，且陈某已经将房屋产权转让。

　　2002年3月，王某提出行政诉讼。一审判决认定，行政机关的注销决定未送达，不具有法律效力，王某的产权证仍然有效，吴某所获得的产权证无效。吴某不服，提出上诉。二审维持原判。吴某仍不服，向司法机关提出申诉。

【分歧意见】

　　本案的主要分歧集中在对行政机关依照法院的协助执行通知书将王某的产权证注销、过户给陈某的行为性质的认定，以及该行为是否属于行政诉讼的受案范围问题上。

一种意见认为，行政机关依照法院的协助执行通知书实施的行为不是行政行为，不属于行政诉讼的受案范围。最高人民法院对此已有明确的司法解释。

另一种意见认为，对2004年7月13日最高人民法院《关于行政机关根据法院的协助执行通知书实施的行政行为是否属于人民法院行政诉讼受案范围的批复》（以下简称《批复》）不能机械理解，还要具体问题具体分析。就本案的实际情况看，行政机关所作出的行为应该属于行政诉讼的受案范围。

【特别观点】

■人民法院的判决书以及协助执行通知书，是对房屋权利人有效的法律文书，但并不是行政机关行为的法律依据。

■对于行政机关协助执行的非行政行为违法造成的侵害，当事人可以向法院提起民事诉讼，如果对执行依据不服，则应当依照法律规定向法院申请再审。

■行政机关的行为，只要创设、变更或者消灭了行政法律关系，那么，它就构成一个独立的行政行为；如果该行为没有创设、变更或者消灭行政法律关系，而是使经法定程序确认的行政法律关系得以实现，这个行为就是一个事实行为。

主持人：根据我国行政诉讼法第二条的规定，公民、法人或者其他组织认为行政机关和行政机关工作人员的具体行政行为侵犯其合法权益，有权向人民法院提起行政诉讼。然而在司法实践中，情况十分复杂，行政机关所作出的具体行为千姿百态，有时对行政机关所作出的行为的性质的认定十分困难。本期"疑案精解"所选的案例就是这样一种情况，当事人对行政机关所作出的行为究竟是否行政行为分歧很大。欢迎任进教授、张步洪博士、赵芳芳博士参加讨论，就本案疑难问题发表自己的看法。

问题一：行政机关依照法院的协助执行通知书实施的行为是何性质？

任进：根据行政法原理，行政行为，通常是指具有国家行政职权的行政机关或法律法规授权的组织即行政主体，依据法律、法规和规章的规定，以自己名义作出的、能够对相对人权利和义务产生实际影响的行为。行政机关依照法院的协助执行通知书实施的行为是不是行政行为，不能一概而论。2004年7

月 13 日最高人民法院公布的《关于行政机关根据法院的协助执行通知书实施的行政行为是否属于人民法院行政诉讼受案范围的批复》认为，行政机关根据人民法院的协助执行通知书实施的行为，是行政机关必须履行的法定协助义务，不属于人民法院行政诉讼受案范围。但如果当事人认为行政机关在协助执行时扩大了范围或违法采取措施造成其损害，提起行政诉讼的，人民法院应当受理。因此，判断行政机关依照法院的协助执行通知书实施的行为是不是行政行为，要看行为的依据和协助执行的具体内容。如果仅仅是执行人民法院的调解、裁决、判决，没有引起产生、变更或消灭行政法律关系的法律后果，则不是行政行为，而是事实行为；如果行政机关根据法律、法规或规章的规定，执行了人民法院的调解、裁决、判决，引起了产生、变更或消灭行政法律关系的后果，则是行政行为。本案中，行政机关本应根据《城市房地产管理法》和《城市房屋权属登记管理办法》的规定，对当事人提交的人民法院已经发生法律效力的判决书、当事人的有效证件等进行审查，并依法办理权属转移登记，但行政机关不正确地注销了王某的房屋权属证书。这里，人民法院的判决书以及协助执行通知书，是对房屋权利人有效的法律文书，但并不是行政机关行为的法律依据。行政机关办理权属转移登记或注销王某的房屋权属证书，不仅是协助执行人民法院已经发生法律效力的判决书确定的内容，而且是根据《城市房地产管理法》和《城市房屋权属登记管理办法》作出，引起王某房屋权属转移或消灭的法律后果，影响到相对人的权利义务，因此是一种行政行为。

张步洪：要回答这个问题，必须先弄清楚法院和行政机关的关系。根据宪法和有关组织法，行政机关和法院是两个相互独立的权力系统，前者行使行政权，后者行使司法权。二者的相互独立性表现在：行使职权的领域和方式不同；一人不得同时担任法官和政府组成人员；行政和司法都有职权的事务，二者的介入时机不同。宪法规定，人民法院依照法律规定独立行使审判权，不受行政机关的干涉。但是，审判权可以有条件地作用于行政权。法院对于法律规定属于行政诉讼受案范围的案件，可以通过行使行政审判权作用于行政权。但是，人民法院同样要受职权法定原则的约束。对于行政诉讼受案范围之外的事务，法院无权干涉。

民事诉讼法第二百三十条规定："在执行中，需要办理有关财产权证照转移手续的，人民法院可以向有关单位发出协助执行通知书，有关单位必须办理。"据此，人民法院在执行中需要办理房产证、土地证、山林所有权证、专利证书、商标证书、车辆执照等有关财产权证照转移手续的,行政机关有协助人民法院办理过户手续的义务。从客观上讲,这是司法权作用于行政权的一种形式,但是从判决效力的角度看,协助执行义务人不限于行政机关,还包括公民、组织。因此,民事诉讼法第二百三十条并不是司法权作用于行政权的一种制度设计。

行政机关受审判权作用而作出的行为从性质上讲可以分为两种情况:一是行政机关履行行政裁判确定的义务的行为;二是行政机关作为协助执行人协助执行法院的民事或行政裁判的行为。前者并不直接创设、变更或消灭法律关系,而是实现法院判决确定的法律关系,因此在性质上不属于行政行为,而是事实行为。后者情况稍显复杂,不可一概而论,应当区分两种情况:一是行政机关依据民事诉讼法规定协助法院扣留、提取作为本单位工作人员的被执行人收入的行为,与行政权的行使无关,既不是行政行为,也不发生行政法上的法律后果,因而也不属于行政事实行为;二是行政机关通过行使行政权协助法院执行判决的行为,在性质上应当属于行政行为。

问题二:行政机关依照法院的协助执行通知书实施的行为是否属于行政诉讼受案范围?如果不属于行政诉讼受案范围,当事人如何维护自己的权益?

主持人:本案发生在2004年最高人民法院《批复》之前,根据法律不溯及既往的原则,当然不适用本案。假定本案发生在该批复施行之后,各位嘉宾是否认为该种行为不属于行政诉讼的受案范围呢?

任进:根据《城市房屋权属登记管理办法》第十七条,因房屋买卖、交换、赠与、继承、划拨、转让、分割、合并、裁决等原因致使其权属发生转移的,当事人应当自事实发生之日起九十日内申请转移登记。就本案而言,行政机关应就王某的房屋办理转移登记,但本案行政机关不正确地适用《城市房屋权属登记管理办法》第二十五条注销了王某的房屋权属证书。根据最高人民法院《批复》,如果当事人认为行政机关在协助执行时扩大了范围或违法采取措施造成其损害,提起行政诉讼的,人民法院应当受理。因此,本案中,王某如认为行政机关依据职权和法院的协助执行通知书注销其房屋权属证书的行为违法,可以提起行政诉讼,以维护自己的合法权益。

张步洪:如前所述,行政机关依照法院的协助执行通知书实施的行为有些属于行政行为,有些属于非行政行为。根据行政诉讼法规定,行政机关依照法院的协助执行通知书实施的行为,只要符合具体行政行为的构成要件,就属于行政诉讼的受案范围。对于行政机关协助执行的非行政行为违法造成的侵害，当事人可以向法院提起民事诉讼，如果对执行依据不服，则应当依照法律规定向法院申请再审。

赵芳芳：根据最高人民法院《批复》，行政机关根据人民法院的协助执行通知书实施的行为，是行政机关必须履行的法定协助义务，不属于人民法院行政诉讼受案范围。但如果当事人认为行政机关在协助执行时扩大了范围或违法采取措施造成其损害，提起行政诉讼的，人民法院应当受理。我们注意到"认为"二字，强调的是当事人的主观感受，而非客观实际。这个规定与行政诉讼法第二条的规定是一脉相承的，即"公民、法人或者其他组织认为行政机关和行政机关工作人员的具体行政行为侵犯其合法权益，有权依照本法向人民法院提起诉讼。"在这个意义上讲，《批复》似乎对所有协助执行的行政行为提起的诉讼都不禁止，因为客观事实如何要经过法院的审理，而当事人只要"认为"这种行为侵犯了其合法权益即可提起行政诉讼。

如果行政机关根据人民法院的协助执行通知书实施的行为不属于行政诉讼受案范围，当事人以及第三人应就法院生效裁决，向相关法院或者检察机关提出申诉，启动审判监督程序。

问题三：本案中的注销房屋产权行为是否属于行政行为？

主持人：不动产登记行为，是指把土地及定作物的所有权和他项权利（用益物权与担保物权）的取得、丧失与变更，依法定程序记载于专职机关所掌握的专门的登记簿上。但对于不动产登记行为法律性质的争议一直存在，有人认为不动产登记行为是具体行政行为，也有很多人认为是民事行为。请嘉宾谈谈你们的看法。

任进：注销房屋权属证书是指登记机关发现有不符合房屋权属登记制度的情形，依职权取消对该项房屋权属的行政确认决定，并收回房屋权属证书的行为。因此，注销房屋产权证书，属于登记机关（通常是建设行政部门或房地产管理部门）的行政确认行为，属于行政行为的一种。

但是，注销房屋权属证书与注销登记是两个不同的概念。房屋权属登记主要分为总登记、初始登记、转移登记、变更登记、他项权利登记和注销登记。其中，注销登记是指登记机关依申请人申请取消已经取得的行政确认在登记机关登记的事项；而注销房屋权属证书是指登记机关发现有不符合房屋权属登记制度的情形，依职权取消对该项房屋权属的行政确认决定，并收回房屋权属证书的行为。

这两种行政行为的区别：一是提起程序不同：注销登记是因权利人申请而被提起；注销房屋所有权证是登记机关依职权而提起。二是提起事由不同：注销登记是因房屋灭失、土地使用年限届满、他项权利终止等原因提起；注销房屋权属证书是因申报不实、涂改房屋权属证书、房屋权利灭失而权利人未在规定期限内办理房屋权属注销登记、因登记机关的工作人员工作失误造成房屋权属登记不实的。三是处理程序不同：注销登记是经申请人申请并提交相关证明文件，经登记机关审查后核准注销，并注销房屋权属证书；注销房屋权属证书是登记机关经调查核实后作出书面处理决定送达当事人，并收回原发放的房屋权属证书或者公告原房屋权属证书作废。

张步洪：行政机关的行为，只要创设、变更或者消灭了行政法律关系，那么，它就构成一个独立的行政行为；如果该行为没有创设、变更或者消灭行政法律关系，而是使经法定程序确认的行政法律关系得以实现，那么，这个行为就是一个事实行为。

本案中的注销房屋产权行为显然属于行政行为。其一，根据国家机关分工，注销房屋产权属于行政机关的职权，注销行为属于行政机关的行为，而不是法院的行为。其二，注销房屋产权的行为直接导致原房屋所有权人对房屋的所有权归于消灭。因此，注销房屋产权行为属于行政行为。

赵芳芳：注销房屋产权的行为是具体行政行为，在司法实践中针对房屋行政管理部门注销房产证的行政诉讼也很多，如冯庭兰诉青河县房地产管理局注销房屋产权证案，刘树军诉肇州县人民政府注销房屋产权证案等。

问题四：行政机关依照人民法院协助执行通知书注销王某房屋产权证未告知王某，其注销产权证的行为是否有效？

主持人：具体行政行为必须满足特定的条件才能成立和生效。本案原告王某提起行政诉讼的最主要的理由就是认为行政机关以他为相对人作出的行政行为没有通知他，因而无效。王某的理由成立吗？

任进：根据《城市房屋权属登记管理办法》第二十五条，行政机关注销王某房屋权属证书的行为，应符合两项基本条件。

一是实质要件，即必须有下列情形之一：（1）申报不实的；（2）涂改房屋权属证书的；（3）房屋权利灭失，而权利人未在规定期限内办理房屋权属注销登记的；（4）因登记机关的工作人员工作失误造成房屋权属登记不实的。

二是程序要件,即注销房屋权属证书,行政机关应当作出书面决定,送达王某,并收回原发放的房屋权属证书或者公告原房屋权属证书作废。

但本案行政机关不正确地适用《城市房屋权属登记管理办法》第二十五条,将本应转移登记的事项适用于注销房屋权属证书事项,并注销了王某的房屋权属证书,属于适用法律错误;另外,行政机关未送达或告知王某,其注销产权证书的行为属于程序违法。

张步洪:行政行为的成立与生效并不是两个可以等同的概念。成立是行政行为有效的前提,尚未成立的行政行为不可能有效。一个行为,只要具备了作为行政行为的形式上的合法要件,即由具有法定职权的行政主体作出,完备了法律规定的程序,就是一个成立的行政行为。《城市房屋权属登记管理办法》第二十五条第二款规定:"注销房屋权属证书,登记机关应当作出书面决定,送达当事人,并收回原发放的房屋权属证书或者公告原房屋权属证书作废。"送达或者告知相对人,是行政行为生效的最低程序要求。依法行政,就是要防止行政机关搞突然袭击。行政机关注销王某的产权证书的决定,未送达王某,因而在法律上讲并没有生效。

赵芳芳:我同意任教授、张博士的观点。根据建设部《城市房屋权属登记管理办法》第二十五条规定:"注销房屋权属证书,登记机关应当作出书面决定,送达当事人,并收回原发放的房屋权属证书或者公告原房屋权属证书作废。"该办法规定房屋权属登记包括注销登记。同时第十条规定:"房屋权属登记依以下程序进行:(一)受理登记申请;(二)权属审核;(三)公告;(四)核准登记,颁发房屋权属证书。本条第(三)项适用于登记机关认为有必要进行公告的登记。"

根据上述规定,行政机关注销登记,应该告知房屋的原所有人,本案中行政机关的注销行为因程序违法而无效。从保障公民权利的角度出发,通知王某也更加符合为民行政的宗旨。

问题五:应该如何正确理解《批复》?

主持人:最高人民法院《批复》明确规定,行政机关根据人民法院的协助执行通知书实施的行为,是行政机关必须履行的法定协助义务,不属于人民法院行政诉讼受案范围。假定本案发生在该批复实施之后,法院不受理此案,也是有依据的。应如何正确理解最高人民法院的这个批复?

任进:目前,对注销房屋权属证书的性质,有不同认识。我认为,注销房屋权属证书属于对违法取得行政确认的撤销,是登记机关对已经取得行政确认的相对人的监督管理措施,它不属于行政处罚,也不是一般的注销登记,应属于整个行政确认行为过程中的一部分,属于登记机关的行政行为,并且是要式行政行为。因此,注销房屋权属证书,登记机关应当审查申请事项是否符合《城市房屋权属登记管理办法》第二十五条规定的情形,依法作出书面决定,送达当事人,并收回原发放的房屋权属证书或者公告原房屋权属证书作废。本案中,登记机关未正确适用《城市房屋权属登记管理办法》规定,错误地注销王某的房屋权属证书,也未告知王某并送达书面决定,应认定其注销产权证的行为适用法律错误,且违反法定程序,属于违法行政行为。法院应该根据行政诉讼法有关规定精神和2000年3月8日最高人民法院公布的《关于执行〈中华人民共和国执行行政诉讼法〉若干问题的解释》来理解最高人民法院的批复,不能仅仅局限于字面。

张步洪:批复作为一种司法解释在适用上不同于以规范性文件形式公布的司法解释,适用或者援引必须考虑当前的案件与批复所针对的案件事实是否一致。《批复》不符合行政诉讼法规定的精神。根据行政诉讼法规定,行政机关依据法院协助执行通知所作的行政行为并没有被排除在司法审查的范围之外。可以说,这个司法解释限制了公民、组织的诉权。本案中,法院受理王某提出的行政诉讼是合法的。另外,对于因行政机关协助执行法院裁决所作的行政行为提起的诉讼,在管辖和审理要求方面应当有一些特别的规则:一是发出协助执行通知的法院不得审理该行政案件;二是法院的审理范围受到一定限制,法院无须再审理行政机关启动行政程序的事由的正当性,即无须审查协助执行依据的合法性,而应当重点审查行政机关作出决定的过程是否保障了相对人和利害关系人的合法权益包括程序权利;三是这类行政行为如果具有不可撤销的事由,不宜作撤销判决,而是应该确认行为违法。

问题六:司法机关应如何处理本案?

主持人:通过各位嘉宾精辟的分析,本案的脉络已经十分清晰了。最后,请各位谈一下对本案该如何处理的认识。

任进:本案中,作出一审判决的法院应将民事判决书送达当事人,由陈某向房屋登记主管机关申请房屋产权转移登记,并提交法院判决书、本人的身份证件等,而不应由法院直接要求行政机关协助执行法院判决,注销王某房屋权属证书。

对行政机关依照法院的协助执行通知书将王某的产权证注销的行为，如王某提起行政诉讼，法院应当根据行政诉讼法和有关司法解释，受理本案，对本案中的房屋登记机关注销王某房屋权属证书的行政行为进行合法性审查，如果认为其行为违法，应根据行政诉讼法第五十四条予以撤销，以维护权利人合法权益。

张步洪：处理本案至关重要的是房屋产权的归属。尽管行政机关注销王某的房屋产权证的行为因违法而未生效。但同时，陈某取得房屋所有权以及陈某向吴某转让房屋产权的行为无论在民法上还是在行政法上讲都是有效的。从民法的角度看，陈某获得房屋产权是依据判决实现其债权；陈某与吴某之间的房屋产权转让协议符合法定生效要件（行为主体有理由认为自己的行为合法，协议内容合法，经过了法定登记程序），根据民法规定，吴某属于善意第三人。从行政法的角度看，陈某有理由相信行政机关为其发放房屋产权证的行为合法有效；行政机关根据陈某和吴某的房屋产权转让协议为吴某办理房屋产权证书，符合法律规定。行政许可法第八条第一款规定："公民、法人或者其他组织依法取得的行政许可受法律保护，行政机关不得擅自改变已经生效的行政许可。"因此，本案中出现了两个应当保护的房屋所有权权益。法院不可能同时满足吴某和王某的要求，这就需要从整个事件的起因和发展经过进行衡量。王某对自己所负债务怠于履行导致法院强制执行，成为行政机关注销其房屋产权证书的诱因，对整个事件应当承担一定责任，即使行政机关及时履行了告知义务，他也不可能在行政程序中直接以民事判决确定的债务数额有出入而提出抗辩阻止行政机关作出转让其房屋产权的行为。因此，法院通过行政诉讼判决撤销行政机关注销王某产权证书的行为并不恰当，只能确认违法。

从民事诉讼的角度看，法院通过再审对陈某与王某的债权债务关系的具体数额作了改判，说明他们之间的债权债务关系还是存在的，因此，不能彻底推翻原来的执行措施。王某应负债务的数额比原审判决确定的数额减少了，应当通过执行回转程序由陈某向王某支付相应金额的金钱。

对于行政诉讼判决，检察机关可以提出抗诉，通过再审予以纠正。但是，从根本上解决这类问题，既需要行政机关和法院提高执法水平和司法能力，也需要完善法律制度，尤其是细化行政行为规则，科学划分行政诉讼类型。

赵芳芳：本案的处理结果侵犯了善意第三人吴某的合法利益，行政机关应承担相应责任。该案中陈某取得房屋产权后，又将房屋转给吴某，因此吴某取得的房屋产权系合法有效的。吴某确信行政机关的房产证是真实有效的，因此对行政机关的权属登记行为确信无疑，其合法预期应该得到法律的保护。在本案中这种合法预期的损害，即失去房屋产权的损害来自于行政机关的违法作为，即行政机关不严格依照法定程序通知王某就将其房屋产权注销，因此导致该行政行为无效，而最后导致吴某失去了房屋产权。这个案件的厘清还是须回到纠纷的起源。本案因王某与陈某的债务关系而起，经过了民事一审、再审，王某欠陈某的债务数额尽管减少了，但债务关系是真实存在的，经过再审后，对王某多给付陈某的部分无疑陈某要退回去，但是这种补偿是否就应该将房屋执行回转呢？我以为大可不必，因为王某与陈某新的债权债务关系可以通过其他方式来解决，否则动辄执行房屋，不仅影响协助执行的行政机关的正常工作和公信力，而且还会给善意第三人吴某造成不应有的损失。本案的执行方式令人困惑，这个问题还应该结合具体案情再做深入思考。检察机关如果发现案件存在问题，应该按照行政诉讼法第六十四条规定按照审判监督程序提出抗诉。

●丁芙蓉

●杨建民

●唐保银

●王圣扬

●许乐生

X 随着经济体制改革的不断深入，林业发展呈现出新的特点，与此相关的林业人员职务犯罪案件给司法实践提出了新的问题，如何正确处理此类案件，既保证案件的实体公正，又能够实现程序正义？在此，人民检察杂志社与安徽省池州市人民检察院共同举办研讨会，结合典型案例，对相关问题进行了探讨。

林业工作人员私下购买林营权转让获利如何处理

主 持 人：丁芙蓉（安徽省池州市人民检察院党组书记、检察长）
特邀嘉宾：杨建民（安徽省人民检察院检察委员会专职委员）
　　　　　唐保银（安徽省人民检察院研究室副主任）
　　　　　王圣扬（安徽大学法学院教授）
　　　　　许乐生（安徽省池州市人民检察院公诉处处长）
文稿统筹：倪爱静
摄　　影：汪　明

【案情简介】

王某、江某分别为某县林业局项目办正、副主任，陈某等三人为某乡林业站的工作人员。该乡林业站曾与当地一村民组签订《承包荒山开办林场合同》，约定该林场山权属村民组，林营权属林业站，收益分成按林木纯收入的25%付给村民组，5%付给村委会。林业站使用银行贷款投资林场经营，由于还贷进度迟缓，县林业局准许其通过转让林营权归还贷款。时任该站站长的陈某与本站另二人商议，确定转让费为35万元。消息传出后，很快就有人来洽谈购买林木经营权，但因价格过高而未谈成。

县林业局王某和江某得知该林场要转让林营权的消息后，起意购买。经过实地察看，他们向陈某等三人提出，该林场有升值潜力，可以赚到钱，问其三人是否愿意合伙购买，价格就按已对外宣布的35万元。三人均同意。但考虑用自己实名购买影响不好，决定借用王某弟媳的名义，与该林业站签订了林木经营权转让协议。其五人各自筹集了2.5万元至10万元不等的现金，共出资35万元交给了林业站。对这一转让过程，除陈某找乡政府秘书在协议的鉴证单位一栏上加盖了乡政府公章外，村民组及县林业局均不知情。

一年以后，王某等五人筹划将该林场林木的经营权再度转让。他们以乡林业站名义对外公开拍卖，被郭某以58万元竞价买下。在签协议时，郭某得知该林场的经营权在此之前已转到个人名下，遂要求乡林业站作为丙方签字，并以修路为名迫使王某等人让出1.5万元，才签订了转让协议。对郭某支付的56.5万元，在扣除了付给村民组等费用后，王某等五人共获得14.6万元差价款，按原出资比例分给了个人。

【诉讼过程】

某县人民检察院对王某等五人以涉嫌贪污提起公诉，县人民法院一审认定该五人构成贪污罪，但犯罪情节较轻，且有自首、积极退赃等情节，判决免予刑事处罚。五被告人不服提出上诉，县检察院认为免处刑罚确有错误提出抗诉。市中级人民法院审理后，撤销原判发回重审。县检察院决定撤回起诉，对王某等五人作了相对不起诉处理。

【分歧意见】

本案在实体认定和程序处理方面均存在不同意见：

（一）实体性分歧意见

1. 本案构成贪污罪。五被告人身为国家工作人员，利用职务上的便利，隐瞒事实真相，侵吞公款，其行为均已构成贪污罪。

2. 本案不构成犯罪。五被告人虽然假借他人名义，私下购买其单位转让的林木经营权并再次进行转让，谋取利益，但是其行为是一种市场经济行为，虽有违法违规之处，但并未构成犯罪。

3. 本案构成私分国有资产罪。五被告人均是林业部门工作人员，其违反国家规定，将国有资产集体私分，构成了私分国有资产罪，应对其直接负责的主管人员及其他责任人员进行追究。

（二）程序性分歧意见

1. 程序适当。检察机关从法院撤回起诉，意味着案件又回到检察机关审查起诉环节，虽然依照有关规定不能按原认定的事实和证据再行起诉，但没有任何法律规定不能作出相对不起诉处理。

2. 程序失当。本案不符合撤回起诉的条件。对法院二审发回重审的案件，检察机关不能撤回起诉。撤诉以后，也不需要再作不起诉处理，尤其是不能对法院可能判处无罪的案件作相对不起诉。

【特别观点】

■在新的市场经济条件下，犯罪的手段、方式更为复杂、更为隐蔽，但职务犯罪的本质没有变，即是行为人均是利用职务上的便利攫取财务。

■刑事案件的发回重审制度的作用和价值目标有二：一是为了查清案情，其价值目标是追求案件的客观真实；二是为了纠正一审的程序违法，其价值目标是追求程序公正。

■撤回起诉是检察机关发现指控错误时，主动纠正错误、放弃指控的一种自动纠错机制，体现了检察机关负有"客观性义务"，维护法律统一正确实施的职责，如正确适用，有利于提高诉讼效率，维护当事人合法权益。

■发回重审的条件与撤回起诉的三种情形之间不存在对应关系。发回重审的案件是原判事实不清、证据不足或者是审判程序违法的案件，也就是说既可能因疑罪判无罪，也可能厘清了事实纠正了程序而判决有罪。而检察机关撤回起诉三种情形的事实和证据都是清楚的，即发现不存在犯罪事实、犯罪事实并非被告人所为系属无罪或者不应当追究被告人刑事责任。

主持人：面对纷繁复杂的社会生活，人们对同一个法律条文，理解往往各有不同，运用法律解决现实问题的角度也各有千秋。今天，我们讨论的案例，就是一个在实体上处于罪与非罪、在程序上处于当与不当之争的案件。欢迎各位嘉宾参与案件研讨。

问题一：如何认识行为人的主观故意？如何理解贪污罪"利用职务上的便利"的含义？

主持人：在市场经济快速发展的进程中，犯罪的手段、方式也随之更为隐蔽，特别是在国有单位经营活动中，利用职务之便，采取合法形式，截留本单位利润和公款的行为，对办案的挑战更大。本案中，行为人是否具有非法占有目的？利用本单位名义拍卖自己控制的林木经营权，是否属贪污罪中的"利用职务上的便利"？本案行为是否属于贪污罪所规制的侵吞、窃取、骗取手段或者其他手段？

王圣扬：在市场经济条件下，犯罪的手段、方式更为复杂、更为隐蔽，但职务犯罪的本质没有变，即：行为人均是利用职务上的便利攫取财物。抓住这一本质,结合本案的事实和证据反观本案:五被告人在本案中虽然实施了假借他人名义私下购买本单位林木经营权以及将该林木经营权再次转让这两种行为,但行为的目的是明显的:为了获利。没有职务上的便利,五被告人就不可能顺利地假他人之名购买、再借林业站名义对外拍卖而使"获利"成功。

杨建民:本案五被告人具有非法占有的主观故意。主要表现在他们共同集资购买林营权行为的隐秘性,完全搞暗箱操作,不敢使用真实姓名,所谓怕传出去"影响不好",就是明知自己这样做是违法的,为掩盖非法占有的真相,才故意假冒他人之名。2003年《中共中央国务院关于加快林业发展的决定》作出一个政策性规定,即为推动发展林业生产,允许各种社会主体,包括企事业单位和机关团体的干部职工等参与林业开发,本案五被告人就是以此为据为自己作无罪辩护的。但我认为,由于五被告人购买的是自己管理的林营权,属于自卖自买、假公济私的行为,且背着主管单位县林业局,私下购买。其行为方式属于贪污罪中的"其他手段",这是近年来侵吞国有资产的各种新的表现形式之一,即低价买下、高价卖出,获取差价,与"侵吞、窃取、骗取"的传统贪污手段有所不同,但本质并无两样。

许乐生:本案五被告人非法占有林木经营权转让所产生收益的动机和行为非常明显:第一次自卖自买行为,违反了林木经营权转让必须遵循的"公开公平公正"原则,不仅35万的售价是自己提出的,没有经过评估,而且隐瞒县主管林业部门,更将原山权所有人排除在外;第二次拍卖行为,是在五被告人怕行为暴露急于脱手的情形下促成的,也没有履行必要的审批、评估、登记等程序,以林业站名义再次违规转让林场林木经营权。五被告人行为属于贪污罪所规制的骗取手段。

唐保银:本案五被告人的犯案行为有两个相互关联的阶段构成,一是林营权的买入行为,二是林营权的卖出行为。目前有证据证明,县林业局准许林业站转让林营权,五被告人是在与社会其他人同等的条件下合伙购买的,并不存在故意压低价格购买林营权问题,因此,五被告人的主观故意实际上只有一个,就是获取利益的期待可能性。

我认为本案问题的关键在于刑法应该评价的是买入行为还是包括买入行为的卖出行为,一审起诉和判决显然依据的是后者。也就是说,在卖出时要是竞拍价等于或低于买入价因没有获利数额而无法认定贪污罪,如果竞拍价高于买入价则差价为贪污所得。如果这种评价可以成立的话,该种情形是否构成贪污罪及贪污数额多少实际上处于一种不确定状态。如果这样分析判断案件的话，法律始终处于不确定的状态，那严肃性和稳定性如何体现？

问题二：如何理解行为人拍卖林营权所获得差价款的性质，是"公款"、"国有资产"抑或是"非法所得"？

主持人：本单位领导、职工与社会上的其他人在同等条件下购买本单位物品是否构成违法？本案行为人拍卖林木经营权所获得的差价款是否属于公共财产？利用国有单位资产非法经营所滋生之收益是否属于公共财产？

王圣扬：本案行为人受其特殊身份（五被告人是国家工作人员且是本单位的）的限制，更为重要的，拍卖是以林业站名义进行的，社会公众及林场村民均认为该块林木经营权拍卖了58万元，认为差价款是经营获得的利益。故而拍卖所获得的差价款应当属于公共财产。当然，利用国有单位资产合法经营所滋生之收益理应属于经营者，反之，若是非法经营，则只能属于公共财产。

杨建民：贪污罪侵犯的对象是公共财物的所有权，因此本案五被告人通过转让林营权获得的差价款是否属"公共财物"就成为认定本案的一个关键。本案中，五被告人以他人名义秘密购买林木经营权的行为，在法律上和事实上都并未生效，没有经过评估、登记等合法程序、违反有关规定，虽有一纸协议书，但从其产生之始就是无效的法律行为，而且外界都不知道该项林营权已经从林业站转移到个人手中，第二次转让也是由林业站主持拍卖的，这些都表明在郭某最终竞拍取得该项林营权之前，其实际所有人仍是乡林业站而不是五被告人。五被告人侵吞的是林业站的国有资产，即使其通过所谓购买一度控制了该项林营权，因其取得方式不合法，故基于该项林营权而产生的拍卖差价款仍属公共财产。

许乐生：本案行为人拍卖林木经营权所获得的差价款属于公共财产。差价款依附于林木经营权。林木经营权在被非法转让的情况下，其所产生的收益与林木经营权一样，其法律性质不能也不会得以改变，行为人的占有依然没有正当性，只有违法性。

唐保银：直接利用国有单位资产非法经营所滋生之收益当然属于公共财产，但问题是本案五被告人并未"直接"压价出卖林营权，而是按近似市价交付35万元，即先买后卖，也就是说最后增值差价是由乡林业站林营权和五被告人所出资35万元共同形成。乡林业站林营权属于国家，而五被告人的35

万元出资也不能因为经营非法而视其为不存在。所以，我认为非法经营之收益不能简单地界定为"非私即公"或者说系"公"而非法占有就是贪污罪。实际上，在本案中只能界定为一种非法所得。

问题三：发回重审制度的作用和价值目标是什么？

主持人： 程序安定性原则要求诉讼程序应具有不可逆性、终结性、法定性。但是，我国刑事诉讼法规定了发回重审制度，那么发回重审制度的作用和价值目标是什么？实践中存在哪些问题，应作如何改进？

王圣扬： 诉讼程序的不可逆性决定了案件到了一审时一般不得退回起诉阶段、到了二审阶段一般不得退回一审，这是由诉讼的规律和诉讼的特征所决定的。而我国的诉讼制度，无论是刑事诉讼，还是民事、行政诉讼，法律都无一例外地规定了二审法院可以将案件发回一审法院进行重审。从我国刑事诉讼法第一百八十九条、第一百九十一条的规定来看，刑事案件发回重审制度的作用和价值目标有二：一是为了查清案情，其价值目标是追求案件的客观真实；二是为了纠正一审的程序违法，其价值目标是追求程序公正。

杨建民： 根据刑事诉讼法第一百八十九条和第一百九十一条规定，发回重审的案件只能是"原判决事实不清楚或者证据不足"，以及"违反法律规定的诉讼程序"，而且对前者首先是"可以在查清事实后改判"，然后是"也可以"发回重审。然而在实践中，二审法院直接改判的少，即使事实清楚的案件有的也发回重审，让下级法院重审后按上级法院的意见改判。这违反了诉讼经济和程序安定性的要求。

唐保银： 我认为发回重审制度主要是为了优化审判资源的合理配置。上级法院层级高、水平高，应集中资源解决案件的定性和处理问题，因而将"事实不清、证据不足"以及存在程序性问题的案件发回下级法院重审，同时提高下级法院的履职责任心。但在我国刑事司法实践中，有的上级法院实际上并未严格依法行事，为了解决上级人民法院审判力量紧张的问题或者因为懈怠职责等致二审发回重审的次数无限制性并产生适用扩大化和陷入循环诉讼的倾向。对此，刑事案件二审发回重审应当严格限制，除法律明确规定的四种法定程序违法之外，原则上应该不再适用发回重审制度，以防止司法权的滥用，保证案件得到公正、及时、准确的处理。

问题四：撤回起诉制度存在的法理基础和价值目标是什么？

主持人： 自1996年刑事诉讼法修订时取消了人民法院可以要求检察机关

撤回起诉的规定之后,刑诉法对于公诉案件撤回起诉未作任何规定。最高人民法院《关于执行〈中华人民共和国刑事诉讼法〉若干问题的解释》和最高人民检察院《人民检察院刑事诉讼规则》,分别对撤回起诉进行了规定。在立法并无规定的情况下,撤回起诉制度存在的法理基础和价值目标是什么?

王圣扬:从《人民检察院刑事诉讼规则》第三百五十一条的规定来看,撤回起诉只适用于三种情形,而这三种情形均是对检察院原起诉的否定且有利于被告人的。因此,我认为,撤回起诉制度存在的法理基础应当是人民检察院的客观义务,追求的价值目标是保障人权。

需要指出的是,虽然司法解释中规定的撤回起诉制度有其存在的法理基础和价值目标,但是,此类解释是对刑事诉讼法的"扩大"解释,不是授权解释。因为1996年刑事诉讼法已经取消了法院要求撤回起诉制度,说明立法者已经权衡了利弊得失,可以看出,立法者对法院要求撤回起诉制度是持否定态度的。那么,撤回起诉制度与法院要求撤回起诉制度又有多大区别呢?而且从理论上看,撤回起诉制度确实与诉讼的不可逆性不相适应。所以,撤回起诉制度有无存在必要,有待进一步探讨。

杨建民:1996年刑事诉讼法修订时,未对公诉案件撤回起诉制度作任何规定,我认为这是立法的疏忽,并不是立法机构深思熟虑的结果。刑事诉讼法修订前,法律规定人民法院可以"要求"检察机关撤回起诉,但是如果检察院不接受"要求"不撤回起诉,法律没有规定怎么办,而实践中的做法是"可以裁定驳回起诉",很显然,对公诉案件驳回起诉是不当的。为了解决这一问题,刑事诉讼法修订时干脆取消了要求撤回起诉制度。但是,撤回起诉权,是公诉权的题中应有之义,没有撤回起诉权便是不完整的公诉权。撤回起诉是检察机关发现指控错误时,主动纠正错误、放弃指控的一种自动纠错机制,体现了检察机关负有"客观性义务",维护法律统一正确实施的职责,如正确适用,有利于提高诉讼效率,维护当事人合法权益。但由于没有立法的明确规定,有关司法解释存在缺陷和不够明确、具体,导致实践中撤回起诉存在滥用和扩大化的迹象,必须采取相应措施予以进一步规制。

问题五:发回重审之后的刑事案件被附加了一定的刑事审判因素,这种刑事审判因素对检察机关行使撤回起诉权有何影响?

主持人:按照刑事诉讼法的规定,发回重审的案件应该是原判事实不清、证据不足的案件;而根据《人民检察院刑事诉讼规则》的规定,检察机关可以要求撤回起诉的理由有三种：发现不存在犯罪事实、犯罪事实并非被告人所为或者不应当追究被告人刑事责任。那么，发回重审的条件与撤回起诉的三种情形之间有对应关系吗？对发回重审案件检察机关的诉权有何限制？像本案这种情况能够撤回起诉吗？

王圣扬：如果发回重审的案件确系二审认为是事实不清、证据不足的案件，那么，发回重审的案件与撤回起诉案件所要求的三种情形之间好像不存在任何对应关系，这样的案件一般不宜撤回起诉。实践中，有些发回重审的案件不属于事实不清、证据不足，而被附加了其他刑事审判因素，如本案，二审并非认为案件事实不清，而是认为本案不构成贪污罪，属于适用法律错误。在事实、证据同样的情况下，二审与一审及检察官在案件定性问题上意见不一，而二审又没有直接改判，而是意图通过发回重审的方式借一审之手改判五被告人无罪。这时，检察院有没有必要因为二审的这一"刑事审判因素"而改变自己对案件性质的认定？甚至强迫自己"撤回起诉"而作不起诉处理？我认为没有必要。否则，检察机关公诉权的独立行使将会受到二审法院个别法官对法律认识的影响。当然，如果检察机关确系自己的认识发生了变化，对发回重审的案件亦完全可以撤回起诉而不应受到任何限制，而这也是检察机关独立行使检察权（公诉权）的应有之义。

唐保银：发回重审的条件与撤回起诉的三种情形之间不存在对应关系。发回重审的案件是原判事实不清、证据不足或者是审判程序违法的案件，也就是说既可能因疑罪判无罪，也可能厘清了事实纠正了程序错误而判决有罪。而检察机关撤回起诉三种情形的事实和证据都是清楚的，即发现不存在犯罪事实、犯罪事实并非被告人所为系属无罪或者不应当追究被告人刑事责任。像本案检察机关明确认为五被告人有罪而撤回起诉并作出有罪之相对不起诉决定既不符合《人民检察院刑事诉讼规则》的规定，也不符合刑事诉讼法精神。

许乐生：发回重审的案件与撤回起诉的案件之间有联系，但不是对应关系，两者的适用条件清楚地表明了这一点。公诉案件撤回起诉一定程度上意味着对原追诉行为的纠正，意味着国家追诉活动的中止，因此不可避免对公诉权有所限制，例如以原有事实证据再行起诉，有违"一事不再理"原则。像本案这种情况撤回起诉，根本原因在于考虑到案件质量考核标准，以及案件被判决无罪后的社会影响。

问题六：如何理解"判决宣告前"的含义？撤回起诉应在什么期限内

提出?

主持人：关于撤回起诉的时间要求，"两高"司法解释都规定检察机关撤回起诉要"在宣告判决前"，如何理解这一规定？有的地方检察机关（如北京市检察院）规定，"二审法院发回重审的案件及按照审判监督程序再审的案件，人民检察院不得撤回起诉"，有的地方则没有这样的限制性规定，司法实践并不统一。对撤回起诉是否需要规定期限，如何规定才比较合理？

王圣扬：根据"两高"的司法解释，这里的"在宣告判决前"可以理解为"在一审法院的判决宣告以前"，而不论该一审是第一次的一审，还是二审发回重审后的第二、第三次一审，还是按审判监督程序提起再审的一审案件。理由是：首先，无论什么一审，从程序上讲均属于一审，实质是相同的；其次，案件经过一审、二审等程序的反复进行，检察机关对案情的认识也在不断深化，有的可能发生变化，故而检察机关原先认为属于犯罪、需要追究刑事责任的行为而现在认为属于"撤回起诉"的情形，那么，检察机关当然可以依法撤回起诉而不应当受到任何限制。

唐保银："两高"司法解释都规定检察机关撤回起诉要"在宣告判决前"，三种情形下需撤回起诉是因为起诉错误应予及时纠正以保障被告人的合法权益、维护法律的严肃性和节约诉讼资源。并非是一审可以纠错，而二审法院发回重审的案件及按照审判监督程序再审的案件发现问题就可以听之任之。因此，我认为具体办案的检察机关应依照法律执行，没有必要在法律上设置限制性条件。

杨建民：目前，"两高"司法解释规定可以在"判决宣告前"撤回起诉，这个时间过于宽泛，有从严限制的必要。我赞同北京市人民检察院对这方面的限制规定，因为二审、再审的任务与一审是不同的：一审要解决起诉指控是否成立、如何定性、量刑等问题，二审、再审则要解决原判决正确与否、如何纠正等问题。如果检察机关在二审、再审发回重审的程序中撤回起诉，将有碍二审、再审功能的实现，法院将不能确定原审判决是否正确，也会把检察机关置于一种尴尬的境地。因此，我认为撤回起诉应限于在第一审第一次判决作出之前。

问题七：公诉案件撤回起诉后，检察机关应作何处理？

主持人：根据"两高"有关司法解释，检察机关要撤回起诉，需经人民法院裁定准许。撤回起诉具有何种法律效力？撤回起诉后是否需要作其他处理？能否决定不起诉，尤其是相对不起诉？

王圣扬： 撤回起诉的三种情形与刑事诉讼法规定的绝对不起诉、存疑不起诉、相对不起诉的情形并非存在着——对应的法律关系，可能有的地方存在着重合。撤回起诉后，由于案件已经回到了起诉阶段，检察机关可以也应当按撤回起诉的情形分别作出不同处理，但一般不能作出相对不起诉或存疑不起诉处理，因为，撤回起诉的三种情形与这两种不起诉没有重合之处（当然，相对不起诉是否属于被告人负刑事责任？这一问题存在争议）。

杨建民： 撤回起诉是公诉权中的应有之义，是检察机关对自身权力的处分，其本身应具有终结诉讼程序的法律效力，当然，是在法院裁定许可之后才能即行生效。目前，没有任何规定在撤诉之后必须作出其他处理。我认为，撤诉之后再决定不起诉，完全是多此一举，反而会引起不必要的程序倒置的不良后果。首先，三种不起诉的条件都与撤诉条件不相符合。相对不起诉更是一种"有罪"定性的无罪处理，在撤诉之后再对当事人作相对不起诉是不公正的。撤回起诉，诉讼就完全终结了，被告人事实上已被宣告无罪，无须再作其他处理。撤诉以后，检察机关有"新的事实、证据"可以重新起诉，问题是如何认定事实、证据是"新的"。对此尚无明确解释，实践中认识不一。我认为重新起诉的事实应是与原起诉事实不同的事实，在实质上应有变化。

唐保银： 我个人理解，属于撤回起诉三种情形中的前两种"不存在犯罪事实、犯罪事实并非被告人所为"的情形，具有终止法律效力；属于撤回起诉三种情形中的第三种"不应当追究被告人刑事责任"的情形，如果可以继续补充新的事实、证据足以证明犯罪，则该撤回起诉具有中止法律效力。

撤回起诉本身属于程序性行为，并未对案件作出实体性评价，当然应对案件予以结论性处理。因为被撤诉人的权益亦应受到保障和救济。如果检察机关撤诉后作绝对不起诉，被不起诉人先前被羁押的可以申请国家赔偿；如果检察机关撤诉后作存疑不起诉，被不起诉人有七日内申诉权，被不起诉人先前被羁押的有申请国家赔偿权（检察机关先予确认再决定是否赔偿）。因此，检察机关撤诉后必须对案件作出处理。

检察机关撤诉后对案件不能作出相对不起诉处理。因为相对不起诉是定罪不起诉，如此处理既有违《人民检察院刑事诉讼规则》的规定，也不符合刑事诉讼法规定精神。修订后的刑事诉讼法取消法院退查程序，因而基于同一事实起诉当然是认为有罪，撤诉自然是认为无罪，再作有罪认定之相对不起诉就会产生矛盾。因此，撤诉后只能作绝对不起诉或者存疑不起诉。

许乐生：撤回起诉与不起诉的法律形式不同、法律效力也有所差异。从实体上看，不起诉是法定的，而撤回起诉尚未上升到立法层次；从程序上看，撤回起诉是程序中止而并非终止，如果发现新的事实证据，当然可以再次启动审判程序。因此撤回起诉后，检察机关应根据案件具体情况，作出新的处理决定，包括不起诉决定。有观点认为，相对不起诉也是一种无罪处理，被相对不起诉人无须负刑事责任，因此撤回起诉后，检察机关再作相对不起诉决定，并无明显不妥。

问题八：对本案应如何定性处理？

主持人：本案既有实体问题，也有程序问题，请各位嘉宾根据上述分析，对本案应如何处理作一综合评析。

许乐生：本案在实体上对五被告人以贪污定罪是准确的，但依法可以从轻减轻处罚；本案在程序上撤回起诉，根据案件具体情况作出相对不起诉决定，是适当的，没有明显不妥。

王圣扬：五被告人的行为已经构成了贪污罪，应当追究刑事责任。鉴于案件目前已由检察机关撤回起诉，检察机关可以对本案作出法定不起诉决定。

杨建民：我认为五被告人的行为依法构成贪污罪，但是检察机关因法院对本案的不同认识而撤回起诉是不妥的，撤回起诉后决定相对不起诉更为不妥。撤回起诉决定作出后，应视为诉讼程序的终结；撤回起诉后，检察机关已经没有定罪权，即使在撤回起诉后作相对不起诉，也是一种无罪处理、有罪评价，被不起诉人是有权不服的。所以我认为对其相对不起诉是不妥的。

唐保银：我认为，五被告人出资35万元不能证明给国家造成了损失而无法认定其构成了贪污犯罪，但五人的行为违反了公务员法等行政法，其获利非法应予查缴。

关于本案程序问题。首先，检察机关认为案件构成犯罪不可因法院拟判无罪而撤回起诉。即便检察机关具有上级机关考评等缘故，但理论上此举与法理相悖。检察机关对法院无罪判决案件的救济途径只有抗诉而别无他法。其次，如果已经撤回起诉，依刑事诉讼法精神和《人民检察院刑事诉讼规则》规定的三种情形，只能作出绝对不起诉或存疑不起诉。

● 焦慧强

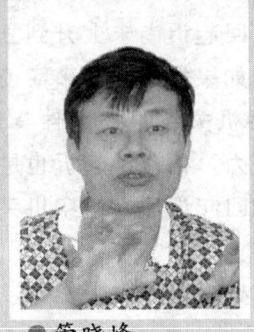
● 管晓峰

● 葛云松

● 肖荣远

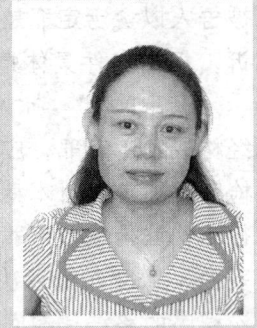
● 赵芳芳

X 原租赁合同解除后，转租赁合同是否解除？一种观点认为，原租赁合同解除后，转租赁合同随之解除，转承租人无须再向转出租人支付租金是十分自然的事情。但问题并不这么简单，这种关系所蕴涵的法理较为复杂。近日，本刊与北京市人民检察院第一分院共同邀请专家，结合典型案例，对原租赁合同解除后转租赁合同的效力、当事人之间的权利义务关系等问题展开深入探讨。

原租赁合同解除，转承租人应否继续向转出租人支付租金

主 持 人：焦慧强（北京市人民检察院第一分院民行处处长）
特邀嘉宾：管晓峰（中国政法大学民商经济法学院教授）
　　　　　葛云松（北京大学法学院教授）
　　　　　肖荣远（北京市第二中级人民法院法官）
　　　　　赵芳芳（北京市人民检察院第一分院检察官）
文稿统筹：孙永生
摄　　影：齐小妹

【案情简介】

2000年，某物业公司承租某房产公司一幢写字楼。合同约定，物业公司可以转租。2004年6月1日，物业公司与某眼镜公司签订合同，将写字楼一层转租，租赁期从2004年9月1日至2007年8月30日。由于物业公司不能按时向房产公司支付租金，2005年11月30日，房产公司根据与物业公司租赁合同的约定，解除了同物业公司的房屋租赁合同，收回写字楼，并将这一情况通知了眼镜公司。眼镜公司随即函告物业公司，在物业公司与房产公司之间的纠纷解决妥当后再履行合同，从2005年12月1日起不再向物业公司支付租金。2006年6月30日，法院判决认定物业公司与房产公司的租赁合同自2005年12月1日解除。2006年8月，在得知法院判决原租赁合同解除后，眼镜公司与房产公司签订了租赁合同，继续租赁该写字楼一层，并向房产公司补交了自2005年12月1日起未支付的房屋租金。眼镜公司随后通知物业公司，解除转租合同。2006年9月，眼镜公司向人民法院提起诉讼，请求法院判决物业公司退还其支付的房租押金15万元。在诉讼过程中，物业公司提出反诉，要

求眼镜公司向其支付 2005 年 12 月 1 日至 2006 年 8 月 30 日的房屋租金 45 万元。法院一审、二审均判决解除眼镜公司与物业公司之间的房屋租赁合同，物业公司退还眼镜公司房租押金 15 万元，眼镜公司向物业公司支付 2005 年 12 月 1 日至 2006 年 8 月 30 日租金 45 万元。眼镜公司不服，向人民检察院提出申诉。

【分歧意见】

在房产公司与物业公司解除租赁合同的情况下，转承租人眼镜公司应否向转出租人物业公司支付租金，存在不同意见。

第一种意见认为，根据建设部颁发的《城市房屋租赁管理办法》（以下简称《办法》）第三十一条规定，转租期间，原租赁合同变更、解除或者终止，转租合同也随之相应的变更、解除或者终止。因此本案中原租赁合同解除时，转租合同随之解除，眼镜公司不需要再依合同向物业公司支付房屋租金。

第二种意见认为，从合同相对性的理论出发，在房产公司与物业公司之间的租赁合同解除时，物业公司与眼镜公司之间的租赁合同并非自然终止，眼镜公司仍应按照其与物业公司的约定支付房屋租金，直到转租合同按照双方约定依通知而解除时为止。

第三种意见认为，尽管在房产公司与物业公司之间的租赁合同解除时，眼镜公司与物业公司之间的租赁合同并非当然解除，但在物业公司履行不能的情况下，眼镜公司可以依法行使不安抗辩权，无须继续向物业公司支付租金。

【特别观点】

■对合同相对性原理的理解不能绝对化，而应具体问题具体分析。在房屋次租合同中，出租（房屋）使用权须以拥有使用权为前提，出租者若有使用权，租赁合同就是客观上可履行的合同；若没有使用权，该合同就是客观上不能履行的合同。

■转租人对房屋的间接占有并不因出租人通知解除租赁合同而自然丧失，而应自转租人实际失去对房屋的控制之时丧失。

■根据合同法，合同解除原则上必须有解除行为，因此当解除的条件具备时，合同并不必然解除，欲使合同解除，一般还需要有解除行为。

主持人： 承租人转租房屋，在现实生活中很常见，但人们对原租赁合同与转租赁合同之间的关系认识还不够深刻，相关的纠纷很多。类似的案件表面上看似乎很简单，其中却涉及不安抗辩权、合同相对性原理、占有原理、不当得利等很多民法学原理，非常复杂。既为生活中所常见，又包含着深刻的法理，探讨其中的典型案例既有实践价值，又有理论价值，非常有意义。

　　问题一：《办法》第三十一条规定，转租期间，原租赁合同变更，解除或者终止，转租合同也随之相应的变更，解除或者终止。此规定能否作为判定转租合同解除的依据？

　　主持人： 关于本案所适用的法律，最直接的显然是《办法》第三十一条及合同相对性原理，但二者之间明显存在冲突。应如何理解和处理二者之间的冲突，请各位嘉宾就此谈一下自己的看法。

　　管晓峰： 我想首先对转租合同的名称提点儿看法。从逻辑上讲，转租关系可以多次进行，因而会形成数个转租合同，转租合同的说法表达不出其间的序位关系，在叙述时既拗口又易混淆，在分析法律关系时多有麻烦。为方便辨认数个租赁合同的序位，应将原始租赁合同称为主租合同，将第二次租赁合同称为次租合同，将第三次租赁合同称为三租合同，将第四次租赁合同称为四租合同等，通过对合同简单明确地描述，可以方便读者弄清数次租赁合同的序位关系。

　　对合同相对性原理的理解不应绝对化，而应具体问题具体分析。在房屋次租合同中，出租（房屋）使用权须以拥有使用权为前提，出租者若有使用权，租赁合同就是客观上可履行的合同，若没有使用权，该合同就是客观上不能履行的合同。根据我国合同法的规定，除了缔约过程中构成的赔偿责任外，客观不能履行的合同当事人无须再承担其他责任，更谈不上继续承担合同义务。在英国合同法上有一个约因决定合同效力的基本原则，约因主要指当事人的付出，甲提供 X（包括货物、服务、许可等标的），乙给付 Y（包括金钱、易物、易力等给付），若甲不能提供 X，则乙也无须提供 Y，反之亦然。本案中，物业公司租赁房产公司的房屋使用权，然后转租赁给眼镜公司，其标的也是房屋使用权。从这个角度可以看到物业公司若没有使用权，也就不可能转租使用权，在法律上若无主租合同也就不可能有次租合同。所以，眼镜公司在相对人物业公司不能履行合同时，停止履行义务是有根据的。因为物业公司自身没有使用权，次租人不向其支付租金对其并无损失，再收取租金显然不是一个正当的商业请求，不应当得到法律的支持。事实上眼镜公司向真正的权利人房产公司支付了租金，其遵守商业规则的行为应当受到法律的保护。

葛云松：房产公司与物业公司之间租赁合同有效，物业公司与眼镜公司之间于 2004 年 6 月 1 日订立的转租合同有效，对此各方当事人没有争议。基于债的相对性，该转租合同并不因为租赁合同的解除而丧失效力。转租合同的性质就是普通的租赁合同，只不过是出租他人之物而已。由于债的相对性，不论承租人是否获得了出租人的同意，或者之后丧失了这种同意，都不影响转租合同作为债权合同的效力。这是我国绝大多数学者所持的观点，合同法第二百二十四条第二款也隐含了这个意思。但是，租赁合同的解除会对转租合同的履行发生影响。至于《办法》第三十一条，该规定不应适用。该条规定的内容是，租赁合同被解除或者终止的，转租合同"也随之相应"解除或者终止，其字面意思是合同的效力自动消灭。从规范效力来看，依据合同法第五十二条第五项以及最高人民法院《关于适用〈中华人民共和国合同法〉若干问题的解释（一）》第四条，只有法律和行政法规能够作为认定合同无效的依据，行政规章不能作为依据。《办法》第三十一条规定的虽非合同的无效，但涉及合同效力的丧失，其性质与合同的无效问题类似，因此不能以此作为转租合同解除或者终止的依据。此外，依据立法法第七十一条的规定，建设部作为国务院的部门，可以在权限范围内，就执行法律或者国务院的行政法规、决定、命令的事项制定规章。《办法》第三十一条试图规范的是转租合同的效力，这是一个纯粹的民事问题，建设部无权规范，从理论上来看，是无效的规定。

从实质来看，《办法》第三十一条违反了债的相对性原理，而这一原理是合同法的许多条文所隐含的原理。即便不考虑立法权限的问题，《办法》是旧法、下位法，在与合同法冲突时，也不应适用。

肖荣远：首先，对于《办法》第三十一条存在一个解释问题，即对所谓"随之相应"是可以作出不同解释的。第一种解释是，租赁合同变更、解除或终止之时，转租合同也就同时、当然地变更、解除或终止了，这意味着两个合同的变更、解除或终止之间不存在时间差，也不需要通过两个解除程序来完成。此种解释应该说是比较符合法条字面意思的。第二种解释是，此规定只是从实体上规定两个合同在变更、解除或终止上具有关联性，就是说租赁合同的变更、解除或终止是转租合同变更、解除或终止的当然理由，但并不排除合同法关于合同解除程序规定的适用。这种解释虽然不像第一种解释那样符合法条文义，但如果考虑到《办法》是部门规章，是由行政部门主要从行政管理角度出发制定的，对民事法律关系的规定不可能太详细，而部门规章又习惯于把规范民事关系的具体内容留给民法规范来处理，这种解释也应该能说得通。按照第一种解释，《办法》第三十一条显然与合同法规定的合同相对性规则相冲突，因为根据合同相对性规则，合同权利、义务、责任只存在于合同当事人之间，规定转租合同随着租赁合同的变更、解除或终止而自动变更、解除或终止，混淆了两个合同关系，实际上也是让转租合同的当事人承担应由租赁合同当事人承担的合同责任。在《办法》与合同法的规定相冲突情况下，由于合同法是上位法，当然要适用合同法的规定。按照第二种解释，《办法》第三十一条将两个合同在解除、终止上关联起来与合同相对性规则在实体上并无严重冲突，当该条将两个合同在变更方面关联起来则会与合同相对性规则发生冲突。因为即使按照合同相对性理论，租赁合同解除或终止虽然并不当然导致转租合同解除或终止，但毕竟转租合同履行的基础丧失了，最终必然会导致转租合同终止或解除，只是解除的程序或时间上会有差异。但是，租赁合同的变更是否能够成为转租合同变更的理由则要具体分析，如租赁合同当事人出于自身原因通过自愿协商对租金标准进行调整，并不应当直接影响转租合同的租金标准；如发生情势变更导致租赁合同租金标准调整，则转租合同当事人则可主张对转租合同租金标准作相应调整。司法实践中基本都是直接适用合同法的规定，而很少适用《办法》第三十一条。

赵芳芳：《办法》第三十一条与合同法的冲突非常明显。从字面上理解，第三十一条采取的是当然解除主义，而根据合同法，合同解除原则上必须有解除行为，因此当解除的条件具备时，合同并不必然解除，欲使合同解除，一般还需要有解除行为。根据本案双方的租赁合同，应由解除权人眼镜公司发出解除合同的意思表示，合同自通知到达物业公司时解除。因此房产公司与物业公司之间的租赁合同解除，转租合同并不随之解除。

问题二：在出租人通知解除租赁合同至法院作出判决解除期间，转出租人对房屋的间接占有是否丧失，在此期间是否享有继续向转承租人收取租金的权利？

主持人：转出租人对房屋的间接占有是否丧失，对认定其是否有权继续收取租金十分关键。出租人通知解除合同，转出租人的间接占有就丧失了吗？

葛云松：物业公司有权主张这一期间的租金。因为，眼镜公司在这一期间继续占有使用着房屋，其占有使用仍然是源于物业公司的给付。因此，尽管眼镜公司可以基于不安抗辩权拒绝预交租金，但是对于实际使用房屋的期间，仍应支付租金。眼镜公司在解除合同之后的损害赔偿请求权，与此租金义务并不矛盾。

肖荣远：转租人对房屋的间接占有并不因出租人通知解除租赁合同而自然丧失，而应自转租人实际失去对房屋的控制之时丧失，即自出租人依据租赁合同从转租人手中或者依据物权请求权直接从次承租人手中，并通过当事人自动履行或者法院强制执行而实际恢复对房屋的控制之时丧失。在此之前，虽然出租人已通知解除租赁合同，但转租人仍在继续履行转租合同即按照转租合同约定向次承租人提供房屋，次承租人的承租权未受到实际影响，故转租人有权继续向次承租人收取租金。在此之后，转租人已无法继续履行转租合同，故丧失继续收取租金的权利。

本案中，物业公司是否有权向眼镜公司收取自房产公司通知解除合同至法院作出解除合同的判决期间的租金，要看物业公司实际自什么时间失去了对房屋的控制，具体要看所谓房产公司于 2005 年 11 月 30 日 "收回" 房屋是否是上述意义上的实际恢复对房屋的控制。

问题三：出租人解除原租赁合同，转承租人如何主张自己的合法利益？

主持人：本案中眼镜公司有先支付租金的义务，一旦原租赁合同解除，眼镜公司将有可能丧失房屋的使用权，风险很大。眼镜公司应如何保护自己的利益？

葛云松：即便在出租人向转承租人主张返还租赁物之前，转承租人也并非必须完全消极地等待他人来决定自己的命运。由于租赁合同被解除，或者转承租人有合理的理由认为租赁合同将被解除，就进而有理由担心出租人随时可能要求自己返还租赁物。也就是说，承租人有可能对转承租人违约。此时，如果约定预交租金，可以依照合同法第六十八条主张不安抗辩权，拒绝预交租金。符合条件时，还可以进而依合同法第六十九条解除合同。由于这种可能的违约的严重程度，如果其可能性已经非常确定，转承租人也可以直接依据合同法第九十四条第二项解除合同，并依合同法第九十七条主张赔偿损失。

本案之中，当房产公司于 2005 年 11 月 30 日将解除租赁合同、收回租赁物的意思通知眼镜公司，其通知可以解释为要求眼镜公司将房屋返还给自己。基于前面的分析，眼镜公司有权依据合同法第六十八条拒绝预交租金，并且依据第九十四条第二项解除合同并进而请求赔偿损失。

赵芳芳：本案中，转租赁合同系有先后履行顺序的双务合同。2005年11月30日，房产公司根据双方租赁合同的约定，解除了同物业公司的租赁合同，将写字楼收回，并通知了眼镜公司，应视为眼镜公司有确切证据证明其面临着先行支付租金，物业公司可能无法提供租赁物的现实风险，满足了不安抗辩权行使的条件。其随即依法通知物业公司，中止履行双方之间的租赁合同，并停止向物业公司支付房屋租金，该行为系依法行使不安抗辩权的合法行为。在法院判决确认原租赁合同解除后，眼镜公司依据双方合同约定和合同法的相关规定享有合同解除权。直至2006年8月眼镜公司得知法院判决内容后向物业公司行使解除权，可视为不安抗辩权行使的合理期限，双方间的权利义务处于中止状态，后眼镜公司通知物业公司解除双方间租赁合同的行为亦符合法律规定。

问题四：讼争期间，如果转承租人向转出租人或原出租人支付租金，有何法律依据？

主持人：不管是否认为转租合同随之解除，但事实上眼镜公司一直占有、使用着房屋，因而总是要支付租金。支付给物业公司，如何解释物业公司所获租金的性质？支付给房产公司，其中的法律依据是什么？

管晓峰：在实践中有一些租赁合同是无效或失效的，可主承租人事实上占用房屋，若房东怠于行使权利，主承租人就可免付租金，但主承租人与次承租人之间的租赁合同并不一定失效，次承租人仍然要承担支付租金的义务，只不过主承租人收取的租金是不当得利，房东可以在一年内要求返还。若根据《办法》第三十一条的规定，次租合同也随主租合同的解除而解除，次承租人就不用交付租金了，这个免交的租金实际上构成了不当得利，须返还给权利人。从这个角度分析，《办法》第三十一条的规定在逻辑上还是有缺陷的。本案中房产公司自2005年11月就因物业公司违约而解除租赁合同，物业公司在法律上已不享有使用权，而事实上的使用权早已由眼镜公司享有，所以物业公司既没有该房屋法律上的使用权，也没有事实上的使用权，丧失了继续向次承租人收取租金的权利。

葛云松：房产公司和物业公司之间的租赁合同在2005年12月1日即解除，从那时起，物业公司对眼镜公司的出租，就成为了出租他人之物，是典型的不当得利情形。依照民法通则第九十二条的规定，物业公司获得该租金后，应作为不当得利返还给房产公司。本案中眼镜公司没有向物业公司支付租金，而是按照与房产公司的约定，将租金支付给了房产公司。当事人所表达的意思是，眼镜公司对房产公司负有该租金义务，这并不符合实际的法律状况。但是，考察当事人的真实意思可以发现，房产公司在收到这笔租金后，就不会再向物业公司请求这段时间的不当得利。所以，眼镜公司的行为可以被理解为：代物业公司履行其不当得利返还义务，而房产公司收到该笔金额后，就丧失了对物业公司的不当得利债权。由于眼镜公司本无义务代物业公司履行不当得利债务，而有使物业公司得利的意思，因此构成无因管理，依照民法通则第九十三条，物业公司应将这笔钱返还给无因管理人眼镜公司。同时眼镜公司对物业公司负有租金义务，二者数额相当。眼镜公司可以主张抵销。尽管眼镜公司并没有以明示的方式主张抵销权，但是显然包含了该意思。所以，两个债务同时消灭。物业公司无权再要求眼镜公司支付租金。

肖荣远：我基本同意葛云松教授从理论上的解释，不过实践中的处理要简洁得多。另补充一点，司法实践中如房产公司未收到眼镜公司租金，甚至也不知道物业公司从眼镜公司收取多少租金，房产公司向物业公司主张不当得利还有一种方式，即直接将物业公司在租赁合同解除后继续占有房屋这一事实本身作为不当得利，要求支付占有房屋期间的使用费。

赵芳芳：就本案来看，眼镜公司与物业公司之间的租赁合同是在其行使解除权后解除的，根据合同相对性理论，眼镜公司支付租金给物业公司似乎并无不妥。但物业公司在房产公司收回房屋以后就已经丧失了对租赁标的物的支配权和收益权，因此本案就发生了根本变化。眼镜公司在行使不安抗辩权后将租金支付给房产公司，就更为直接地维护了合同履行中守信用方的合法利益。

问题五：检察机关在处理本案中应如何发挥作用？

主持人：各位嘉宾的分析十分深刻。最后请大家总结一下自己的观点。

管晓峰：在主租合同被解除后，次租合同是否独立存在须根据具体情况加以确认：第一，当主承租人享有事实上的房屋使用权时，次承租人应当继续向其支付租金；第二，当主承租人事实上已不再享有房屋的使用权时，次租合同支付租金义务随之终止，次承租人无须继续支付租金；第三，次租合同中约定的有关保密义务条款、解决合同争议条款、在解除之前发生的违约情形适用违约金条款等条款继续有效。

葛云松：在房产公司提出解除租赁合同到法院最终判决解除期间的6个月

中，转租赁合同并未解除，而且眼镜公司一直直接占有、使用房屋，其占有使用仍然是源于物业公司的给付。因此，尽管眼镜公司可以基于不安抗辩权拒绝交付租金，但是对于实际使用房屋的期间，仍应支付租金。但鉴于其已经将租金支付给了房产公司，可以认为其已经代替物业公司履行了义务，因而不必再向物业公司支付租金。但是另一方面，物业公司对房产公司构成不当得利，其债务范围相当于同期租金。眼镜公司将本应支付给物业公司的租金支付给房产公司，可以认为其已经代替物业公司履行了不当得利返还义务，因此而基于无因管理规则取得请求物业公司返还该金额的权利。这一权利与它的租金义务可以抵销，因此其已经不再对物业公司负有租金义务。一、二审法院的判决是错误的，检察机关应当依法抗诉。

肖荣远：房产公司通知物业公司解除租赁合同之日，物业公司与眼镜公司之间的转租合同并未因此而同时解除。在物业公司实际失去对房屋的控制之前，转租合同处于继续履行状态，物业公司有权继续向眼镜公司收取租金，至于物业公司实际失去对房屋控制的时间是个事实问题，需要进一步明确。但是，在眼镜公司得知房产公司已提出解除合同并提起诉讼的情况下，眼镜公司有权行使不安抗辩权，暂停支付到期租金。眼镜公司向房产公司支付租赁合同解除后至物业公司实际失去对房屋控制之日的租金可以解释为，眼镜公司直接以其应付物业公司的租金代物业公司支付物业公司应付房产公司的不当得利。

赵芳芳：房产公司与物业公司之间的租赁合同解除时，物业公司与眼镜公司之间的租赁合同并非当然终止。房产公司与物业公司之间的租赁合同解除只是物业公司与眼镜公司之间的租赁合同解除的条件，经眼镜公司的解除行为，合同才能解除。关于本案的处理，我认为，即使物业公司收取了租金，也属于不当得利，眼镜公司将租金支付给房产公司，可视为代替物业公司履行，因而不必再向物业公司支付租金。从检察监督的角度分析，根据民事诉讼法，检察机关受理该申诉案后，应依民事诉讼法第一百七十九条第一款第（六）项等依法抗诉，以维护申诉人合法利益。

主持人：再次感谢各位嘉宾。

图书在版编目（CIP）数据

刑事疑案专家精解.3／张本才，徐建波主编. —北京：中国检察出版社，2011.5
ISBN 978－7－5102－0479－1

Ⅰ.①刑… Ⅱ.①张…②徐… Ⅲ.①刑事犯罪—案例—分析—中国 Ⅳ.①D924.05

中国版本图书馆 CIP 数据核字（2011）第 069349 号

刑事疑案专家精解③

张本才　徐建波　主编

出版发行	中国检察出版社
社　　址	北京市石景山区鲁谷西路5号（100040）
网　　址	中国检察出版社（www.zgjccbs.com）
电　　话	(010)68658769（编辑）　68650015（发行）　68650029（邮购）
经　　销	新华书店
印　　刷	三河市燕山印刷有限公司
开　　本	720mm×960mm　16 开
印　　张	20.75 印张
字　　数	346 千字
版　　次	2011 年 11 月第一版　2011 年 11 月第一次印刷
书　　号	ISBN 978－7－5102－0479－1
定　　价	38.00 元

检察版图书，版权所有，侵权必究
如遇图书印装质量问题本社负责调换